ピエール・ブルデュー

加藤晴久・石井洋二郎・三浦信孝・安田尚訳

行動の理論について

実践理性

raisons pratiques

sur la théorie de l'action

pierre bourdieu

Bourdieu Library

藤原書店

Pierre BOURDIEU

RAISONS PRATIQUES
Sur la théorie de l'action

This book is published in Japan by arrangement
with les Éditions du Seuil, Paris,
through le Bureau des Copyrights Français, Tokyo.

実践理性／目　次

凡例

一　書名、新聞・雑誌名は『　』で示した。
一　原文の《　》は「　」で示し、（　）および［　］は原文そのままを使用した。
一　原文のイタリックで、強調を示すものは傍点で示した。
一　原注は章ごとに番号を付し、各章末にまとめた。
一　訳者による注や補足は、本文中に〔　〕で示した。長いものについては特別に＊1、＊2…を用い、各章末に置いた。
一　訳文中の重要語ないし要注意語には適宜、原語を挿入し、またはルビを振った。
一　「実践」「慣習行動」はともに原語が pratique であるが、日本語文としての理解しやすさを考慮し、あえて訳語は統一していない。

実践理性

行動の理論について

序

本書の主要な部分はわたしが外国でおこなった講演から成っている。フランスという個別的な事例について構築したモデルの普遍妥当性を外国の聴衆の前で論証するという状況のおかげであろうと思うが、これらの講演でわたしは、これこそは自分の仕事の本質と思うもの（にもかかわらず――その責任はわたしにあるのだろうが――善意に満ちた読者や評者にさえなかなか理解してもらえなかった本質的なもの）、つまり、最も基礎的なもの、最も根本的なものを展開することができたと思う。

わたしの仕事の本質的、基礎的、根本的な要素と言ったが、その第一は、様々な関係を重視するという意味で関係論的《ルラシオネル》と称しうる科学哲学である。カッシーラーやバシュラールのように、他の問題では立場の違う論者たちが、関係論的な科学哲学は近代科学総体の哲学である、と一致して述べているにもかかわらず、これが社会科学に応用されることはきわめて稀である。それはたぶん、この哲学は社会的世界についての普通の（あるいは似非学問的な）考え方と真っ向から対立するからであろう。社会的世界についての普通の考え方は、個人とか集団とかいった実体的な

「現実存在」に執着する。指さすことも手で触れることもできない、そして科学的作業によって獲得し構築し証明しなければならない客観的関係には関心を示さないのである。

本質的要素の第二は、行為者 agents の身体のなかに、また、行為者が行動する諸状況の構造のなかに、より正確に言えば、身体と構造の関係のなかに書き込まれている潜在性に着目するがゆえに性向的《ディスポジシオネル》と称されることのある行動哲学である。ハビトゥス、界《シャン》 champ、資本といった少数の基本概念に凝縮されるこの哲学、そして、客観的諸構造（様々な社会的界の構造）と身体化された諸構造（ハビトゥスの構造）との間の双方向の関係を礎石とするこの哲学は、社会的行為者、そのなかでも特に知識人が行動《プラティック》を説明する際にごく普通に用いる言語のなかに書き込まれている人間学的諸前提と根底的に対立する（おのれを動かす動機を十分に自覚した自律的個人が明示的に提示する理由によって生み出されたのではない一切の行動や表象を、知識人が、狭隘な合理主義の名のもとに非合理と見なす場合がその最たる例である）。性向的行動哲学はまた、ある種の構造主義の極端なテーゼとも同じく根底的に対立する。行為者をすぐれて活動的・能動的であると見なす（かといって主体に祭り上げるわけではない）がゆえに、行為者を構造の単なる付帯現象に還元することを拒否するからである（そのためにこの性向的行動哲学は主体主義者と構造主義者の双方から等しく欠陥があるとされてしまうのだが）。性向的行動哲学は、学問的言説に検討抜きで導入された多くの官許概念（「主体」「動機づけ」「行為者《アクトゥール》」「役割」など）とはじめから絶縁することによって、また、正常に形成されたすべての精神を構成すると思われている、社会的に非常に強力な一連の二項対立（個人／社会、客観的／主観的、など）と絶縁することによって、自己を確立する。

性向的行動哲学の原理と、この原理の実現形態である実践的性向（つまり社会学者の「メチエ」）とを、言説の力だけで、本当に伝達するのは難しいことは分かっている。それどころか、慣習に譲歩して、自分の理論的原理に「哲学」などという名を冠したために、この原理が理論的命題に変換されてしまう危険があることも分かっている。理論的命題ということになると当然、理論的討論の対象にされる。その結果、ひとつの方法を構成するところの、恒常的かつ統制された行動と思考の仕方を伝達する作業に新たな障碍を作り出す余地を与えてしまうことになる。それでも敢えてわたしは願っている。本書が、わたしの仕事に対する最も根強い誤解を解くことに役立つことを。こうした誤解のうちには、内容空疎な同じ異論を、意図的・非意図的な不条理な還元を倦むことなく繰り返すことによって、ときとして故意に維持されている誤解がある。[1] たとえば、「全体論《ホーリズム》」「功利主義」といった非難である。また、読解者《レクトーレス》たちの分類的思考、あるいは見習い著者《アウクトーレス》たちの性急な還元主義が生み出した、決めつけ的《カテゴリック》なカテゴリー化というのもある。

実に多くの知識人が、社会学的分析は粗雑きわまる還元主義であると疑惑の眼を向け、また（それが彼ら自身の世界を直接の対象にすると）おぞましいものと忌み嫌う。彼らのこうした抵抗は的はずれな（唯心論的）自負心に根ざしていると、わたしには思える。そのために彼らは、社会的世界を科学的に認識するための第一条件であるところの、人間の行動についての現実主義的な表象を受け容れることができないのである。より正確に言うと、彼らの抵抗は「主体」の尊厳についてのまったく見当はずれな考え方に根ざしている。そのために彼らは、行動の科学的分析のなかに、彼らの「自由」あるいは「利害からの超越《デザンテレスマン》」に対する侵害を見るのである。

言うまでもなく、社会学的分析はナルシシズムに対して譲歩することはない。それは、なんとしても「余人をもって代えがたい存在」であると自己を考えたがる者たちが擁護する、人間存在についてのいかにも独りよがりな考え方ときっぱりと絶縁する。また、言うまでもなく、社会学的分析は、社会的存在としての、すなわち個別的存在としての、自己を認識するための最も強力な道具のひとつである。この自己認識の形態のうちに「冥府への旅」を見、そして「自由の社会学」（ある社会学者はもうかれこれ三〇年前にこの名称を使っていた）をそれぞれの時代の好みに合わせて焼き直したものを歓呼して迎える者たちがいる。このような者たちが自分に認める自由の幻想を批判するとき、実は、社会学的分析は自由にアクセスする最も有効な手段を提供しているのである。社会的決定を認識することこそが社会的決定からの自由を獲得することを可能にしてくれるのである。

（加藤晴久訳）

原注

（1）様々な機会に様々な聴衆の前で同じ原理を説明する必要があった事情とあいまって、こうした批判にも答えなければならなかったことが、本書のなかに見られる重複の一因となっている。理解を助けるために、この種の反復を敢えて残すことにした。

1 社会空間と象徴空間

もし私が日本人だったら、日本人でない人々が日本について書いていることの大半は、きっと気に入らないだろうと思います[1]。もう二十年以上も前のこと、フランス社会に関心を抱きはじめていたとき、私はアメリカの民族学者たちがフランスについておこなっていた研究にいらだちを覚えておりましたが、これはルース・ベネディクトの有名な本、『菊と刀』にたいして二人の日本の社会学者、南博と和辻哲郎が批判の刃を向けていたのと同じたぐいの反応だなと思ったものでした。したがって今日は皆さんに、いわゆる「日本的感性」について語るつもりはありませんし、日本の「神秘」や「奇跡」について語るつもりもありません。私は自分のよく知っている国について語ろうと思います。それは私がそこで生まれたからとか、その国の言葉を話すからとかいった理由によるのではなく、その国を私が詳しく研究してきたからです。その国とはもちろん、フランスのことです。その場合、私は果たしてある単一の社会の特殊個別性に閉じ籠もり、日本については何も語らないということになってしまうのでしょうか？　そうは思いません。それどころか、フランスという個別的ケースに関して構築した社会空間と象徴空間のモデルを提示しながら、私は絶えず日本について語ることになるでしょう（たとえばここがアメリカだったらアメリカについて、ドイツだったらドイツについて語ることになるのと同じことです）。ですからこの講演は皆さんご自身に関わるものであり、フランスの「ホモ・アカデミクス」についてお話しする場合には個人的なほのめかしに満ち満ちているとさえ思われかねないのですが、こうした私の話を完全にわかっていただくためには、ぜひ皆さんに対象を特殊個別化するような読み方を乗り越えていただきたいし、そのようにお手伝いもしたいと思っております。そうした読み方は、分析にたいする強力な防御システムを構成してしまうだけでなく、受容という面から見ても、日本に関するあれほど多くの研究の源泉となってきたエキゾチックな特殊個別性にたいする好奇心と、正確に同じものにほかなりません。

私の仕事、中でも『ディスタンクシオン』は、こうした読み方をされてしまう危険にとりわけさらされています。いわゆる「大理論《グランド・セオリー》」というものは普通、何らかの経験的現実への参照がいっさい見られないことをはじめとして、いくつかの特徴によってそれと認知されるものですが、この書物では理論モデルがそうした特徴を何ひとつまとっておりません。そこでは社会空間、象徴空間、社会階級といった諸概念も、それら自体として、それら自体のために検討対象とされることは、けっしてないのです。つまりこの書物では、空間的にも時間的にもはっきりと位置づけられた対象、すなわち一九七〇年代のフランス社会という対象について複数の観察・測定方法が動員されており、量的な方法も使えば質的な方法も使い、統計学的方法もあれば民族誌的方法もあり、マクロ社会学的方法も用いればミクロ社会学的方法も用いるといった具合なのですが（これらの対立はいずれもまったく意味がありません）、理論的であると同時に分かちがたく経験的でもあるようなこうした研究過程のなかで、今しがた挙げたような諸概念はいわば活用され、試行されているわけです。それにこの研究の報告は、多くの社会学者たち、特にアメリカの社会学者たちがこれまで使い古してきた言葉遣いでは提示されておりません。そうした言葉遣いは一見普遍的なものに思えますが、それはただ、用語が不明確で普通の用法から明確に区別されていないという曖昧さのせいで、そう見えるにすぎないのです——ひとつだけ例を挙げれば、profession〔職業〕という概念のように。またこの報告では統計図表、写真、インタビューの抜粋、資料のファクシミリ、そして分析にあたる部分の抽象的文章などを並列するという、いわば言説のモンタージュとでもいった手法をとりましたが、そのおかげできわめて抽象的なものときわめて具体的なものが同時に共存しています。たとえば当時のフランスの大統領〔ジスカール・デスタン〕がテニスをやっている写真やパン屋のおかみさんのインタビューが、ハビトゥスのもつ生成力・統一力についてのきわめて形式的な分析と一緒に並んだりしているわけです。

私の学問的なもくろみの全体は、じっさい、次のような確信から生まれてきたものです。つまり社会的世界の最も深い論理を把握しようと思ったら、歴史的に位置づけられ日付を打たれたある経験的現実の特殊個別性の中にどうしても深く潜り込まなくてはならない、ただしそれはこの現実を、バシュラールの言葉を借りれば「可能態の特殊ケース」として、すなわちいくつかの可能な形態の配置から成る有限な圏域の中の、ある一形態のケースとして構築するためである、という確信です。具体的にいえば、一九七〇年代フランスのケースをよりどころとして私が提示した社会空間分析の作業は、現在を対象とする比較歴史学でもあり、ある特殊個別的な文化圏を相手取った比較人類学でもあるということで、その目的は観察された可変要素のうちに不変の要素、つまり構造を把握することなのです。

こうした論理に従って構築されたモデルを、自分の世界とは別の社会的世界に適用するという研究方法は、いかにもエスノセントリズムのように見えますが、自国との目につく差異にとかくこだわりがちなエキゾティズム愛好者に見られる明白な特殊個別性への関心（たとえば日本の場合で言うと、いわゆる「享楽文化」について言われたり書かれたりしていることが思い浮かびます）に比べれば、おそらくは歴史的事実（そして人間）をより尊重するものですし、何よりも学問的により豊かなものであると、私は確信しております。研究者は、単なるめずらしい事物の愛好家よりも謙虚であると同時に野心家でもあるので、社会空間の構築原理やその空間の再生産メカニズムのように、当該地域の住民の目からも外国人の目からも理由こそ別々であれ逃れてしまう種々の構造やメカニズムを把握することをめざし、普遍的有効性をもっていると自負できるような構築モデルのうちにそれらを提示しようとするのです。研究者はそうすることで、種々の構造及び性向（ハビトゥス）をたがいに隔てている現実的な差異の数々を見定めることができるのですが、それらの差異の生成原理は、もろもろの本性《ナチュール》——あるいは「魂《アーム》」〔国民性〕——の特異性のうちにではなく、たがいに異なる集合的歴史の特殊個別性のうちに求めなければなりません。

現実は関係的である

　こうした主旨で、私が『ディスタンクシオン』において構築したモデル〔本書二二ページ参照〕をこれからお目にかけますが、そのさいにまず、構造的な、あるいはより適切にいえば関係論的なものをめざしている分析を「実体論的」に解釈しないよう、注意を喚起しておきたいと思います（ここで私は、細かいことは覚えておりませんが、エルンスト・カッシーラーが「実体的概念」と「機能的概念」もしくは「関係的概念《ルラシオネル》」とのあいだに設定した対立を念頭に置いております）。補足的に申し添えれば、「実体論的」で単純に現実主義的な解釈とは、個々の慣習行動《プラティック》（たとえばゴルフをやること）や消費行動（たとえば中華料理を食べること）を、たがいに置換可能な種々の慣習行動の全体集合から切り離し、それ自体として、それ自体のために考察するものであり、社会的位置（あるいは実体的集合としてとらえられた階級）と趣味や慣習行動との間の照応関係を、ひとつの機械的で直接的な関係としてとらえてしまうものです。この論理でいけば、次のような事実のうちには、私が提示したモデルにたいする反証を見ずにはいられないでしょう。いささか安直な例かもしれませんが、日本やアメリカの知識人はフランス料理が好きであるような顔をしたがるのにたいして、フランスの知識人は中華料理や日本料理のレストランに行くのが好きであるとか、東京やニューヨーク五番街のしゃれた店はしばしばフランス風の名前をつけているけれども、パリのフォーブール・サン＝トノレ街のしゃれた店は「ヘアー・ドレッサー」といった英語の表示を掲げているとか、そういったことです。もうひとつ、さらに顕著と思われる例を挙げてみましょう。皆さんも御存知の通り、選挙にさいして日本では地方市町村の教育水準の低い女性層が最も投票率が高いのですが、これにたいしてフランスでは、この本のなかで世論調査にたいする無回答率を分析して示しましたように、無回答――したがって政治にたいする無関心――の比率は、特に女性、および教育水準の低い層、そして経済的にも社会的にも貧しい層において、とりわけ高い数字を示しているのです。ここに見られるのは、本物の差異を隠している見せかけの差異です。つまり政治的意見の生産手段を奪われていることからくる「政治的無関心」が、フランスでは単なる政治への不参加として現れ、日本では一種の非政治的な参加として表面化しているにすぎません。日本においては、政治参加に不可欠の条件である身分的・専門的能力を自分は保持していないという確信が代表者にたいする無条件的な権限委託への傾向を助長し、保守政党は支持者層のきわめて特殊なありようを通してこの傾向から利益を引き出すことができたわけですが、そうした事態をもたらした歴史的条件とはいかなるものであるのかを問うてみなければならないのです（ここでは日本の政治史全体を考えてみる必要があるでしょう）。

実体論的思考様式とは、いわゆる常識の――そして人種差別主義の――思考様式であり、ある時点におけるある社会の個人や集団に特有の活動や選好を、一種の生物学的な、あるいは――それよりましなわけではありませんが――文化的な本質のうちに決定的に書き込まれた実体的な特性として扱う傾向があるものなので、もはや異なる社会同士の比較ではなく、同じ社会の中で連続する時代同士の比較をおこなう場合でさえ、やはり同じ過ちへと人を導いてしまいます。ですから私が提示したモデル――構築された諸階級の空間と慣習行動の空間との照応関係を示したその図表は、全体を一目で見て取れるように形象化したものです(2)――にたいして、たとえばテニスが、あるいはゴルフでさえ、今日ではもはや昔ほど支配的な位置にある人々の独占物ではなくなっているという事実をもちだして反駁する人々もいるでしょう。乗馬やフェンシングのような貴族のスポーツ（あるいは日本だったら武道）が、もとは貴族の専有物であったけれども今ではもはやそうではないという反論と、ほとんど同じくらい大真面目な反論です……。最初は貴族の慣習行動であったものでも、貴族によって放棄されてしまうことはありえます。それはたいてい、増大してきたブルジョワないしはプチブルジョワ集団によって、さらには庶民階級によって、その慣習行動が取り入れられた場合です（フランスではボクシングのケースがそうで、十九世紀末期の貴族たちはこのスポーツをむしろ進んでやっておりました）。反対に、最初は庶民のものであった慣習行動があるとき貴族によって採用されることもありうるでしょう。要するに、何らかの集団（貴族でもサムライでも、生産労働者でも事務労働者でも）が一定の社会空間の中で、可能な財および慣習行動の一定の供給状態において、ある時点でその集団が占めている位置に応じてたまたま割り振られたにすぎない種々の特性を、その集団に本来備わった必然的かつ本質的な特性に仕立てあげてしまわないように注意しなければならないのです。ですから各社会の各時点について、それら自体が関係的に特徴づけられているさまざまな活動（ゴルフをしたりピアノを弾いたりすること）、あるいは財（別荘や巨匠の絵画）に、相同関係によって結びつけられた社会的位置の全体集合を、問題にするべきなのです。

この公式は、抽象的でわかりにくく思えるかもしれませんが、社会的位置（これは関係的な概念です）、種々の性向（またはハビトゥス）、および立場決定――たとえば料理やスポーツ、音楽や政治など、慣習行動のきわめて多様な領域において社会的行為者がおこなう「選択」――、これら三者の関係の分析を適切に読み解くための第一条件を表しています。つまりこの公式は、比較というのはシステム同士でしか可能ではないということ、したがって個別に取り出した種々の特徴が、一見したところ異なってはいても、「機能的」あるいは技術的にはたがいに等価であるとか（たとえばフランスのペルノ〔アニス入り食前酒〕と日本の焼酎または酒）、名目的には同一であるとか（たとえば日仏両国におけるゴルフの実践状況）、そう考えてこれらの特徴間に直接的な等価性を見出だそうとすると、構造的に異なる特性同士を不当に同一視したり、構造的に同一の特性同士を誤って区別したりする危険があるということ、そんなことを思い出させてくれるのです。そもそも私の書物のタイトルそのものが、以下のことを喚起するためにつけられたものです。つまり一般にディスタンクシオン distinction と呼ばれているもの、すなわち立ち居振舞いや態度物腰の、多くの場合生まれつきのものと考えられているある種の質の高さ（「生まれながらの上品さ《ディスタンクシオン》」といった言い方があります）が、じつは差異、隔差、弁別的特徴、要するに他の諸特性との関係において、かつそうした関係によってしか存在しない関係的特性にほかならないということです。

この差異の観念、隔差の観念は、まさに空間という概念の根底にあるものです。私の言う空間とは、明確に異なりつつ共存する複数の位置の集合にほかなりません。つまりたがいに相手の外部にあり、他の位置との相互関係において、すなわち相互的外在性によって、また近接関係や隣接関係や遠隔関係、さらには何々の上にとか下にとか間にといった序列関係によって定義される、そうした位置の集合のことです。たとえばプチブルジョワ階級の人々にそなわった特性の多くは、彼らが両極の位置の中間的な位置を占めていて、そのいずれにも客観的に同一化されえず、主観的にも同一化されないという事実から演繹することができるでしょう。

社会空間は、行為者たちや諸集団が統計的分布構造におけるそれぞれの位置に応じて、二つの差異化の原理に従って配置されるような仕方で構築されます。二つの差異化原理とは、アメリカや日本、フランスのような先進国において疑いもなく最も強い効果をもっているもの、すなわち経済資本と文化資本です。したがって行為者たちはこの二次元空間内で近接していればいるほど多くの要素を共有しており、遠く離れていればいるほど共通性が少ないことになります。紙の上での空間的な距離が、そのまま社会的な距離に等しいのです。より正確にいえば、私が社会空間を表象しようと試みた『ディスタンクシオン』の図表が示しているように、行為者たちは、第一次元（縦軸）においては各人が二種類の異なった形態で所有している資本総量の大小に従って、第二次元（横軸）においてはその資本構造、つまり資本の全体量において経済資本と文化資本と

社会的位置空間と生活様式空間

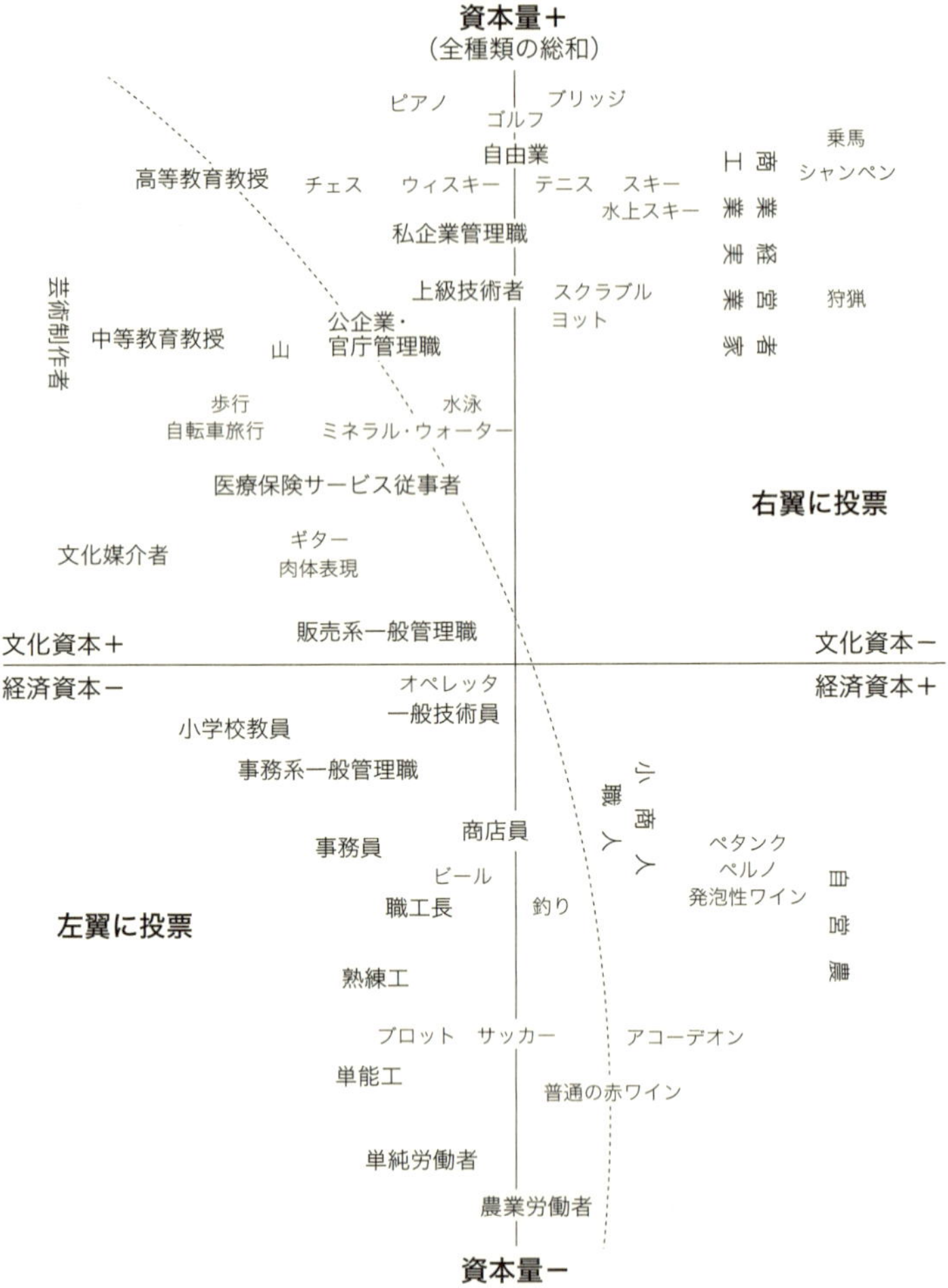

（『ディスタンクシオン』（邦訳Ⅰ巻）の192－193ページに掲げた図を簡略化し、好きな飲物、スポーツ、楽器、ゲームに関するいくつかの有意味な指標だけを抜き出したもの）
点線は、右翼に投票するか左翼に投票するかのおよその境界を表す。

いう別種の資本がそれぞれ占めている比重に従って、それぞれ分布しているということです。

ですから疑いもなく重要度の高い第一次元において、企業経営者、自由専門職従事者（医者、弁護士など）、大学教授など、総体として大きな資本量を保持している人々は、何も資格をもたない肉体労働者のように経済資本も文化資本も貧しい人々に、全体として対立しております。けれども別の観点から見れば、ということはつまり、彼らの資産構造における経済資本と文化資本の相対的比重という観点から見れば、大学教授（経済資本よりも文化資本のほうが相対的に大きい）は企業経営者（文化資本よりも経済資本のほうが相対的に大きい）にきわめてはっきりと対立しているのです。おそらく日本でも事情はフランスと同じでしょう——ちゃんと検証してみなければなりませんが。

この第二の対立は、第一の対立とともに、種々の性向同士の差異、したがって立場決定同士の差異を生み出すもとになっています。知識人と企業経営者との対立、あるいは社会階層のより低いレベルでは小学校教員と商店主の対立のケースがそうで、これは戦後のフランスと日本において、政治における左翼と右翼（革新と保守）の対立として具体化しています（図表で示唆したように、政治において右傾化するか左傾化するかという蓋然性は、少なくとも縦軸における位置に左右されるのと同じくらいには、横軸における位置にも左右されます。つまり、少なくとも所有資本総量それ自体に左右されるのと同じくらいには、総資本における文化資本と経済資本の相対的比重にも左右されるのです）。

より一般的にいえば、社会的位置の空間は、性向（あるいはハビトゥス）の空間を媒介として立場決定の空間のうちに具体化して現れる。あるいは言葉を換えれば、社会空間の主要な二つの次元においてさまざまな位置を決定する示差的な隔差の体系にたいしては、行為者（または構築された行為者集合）の諸特性同士、すなわち彼らの慣習行動や彼らが所有している財同士の、示差的な隔差の体系が対応しているということです。位置の集合の各々にたいして、それらの各集合に対応する存在状態に結びついた社会的条件づけの産物であるハビトゥス（あるいは趣味）の集合が対応し、さらにこれらのハビトゥスとその生成能力を媒介として、たがいにスタイルの親近性によって結びつけられている財や特性の体系的な集合が対応しているのです。

ハビトゥスという概念の機能のひとつは、ある単独の行為者ないしは行為者集合のさまざまな慣習行動や財を結びつけるスタイルの一貫性を説明することにあります（バルザックやフロベールが物語の舞台描写を通して示唆しているように――たとえば『ペール・ゴリオ』の下宿屋ヴォケール館や、『感情教育』の主役たちの家で飲食される料理や飲物がそうで、これらの描写はそこに住む登場人物を喚起する手段のひとつなのです）。ハビトゥスとは、ある位置の内在的・関係的な諸特徴を統一的な生活様式《ライフスタイル》として、つまり人間や財や慣習行動に関する選択の統一的な全体として具体化する、この生成・統一原理なのです。

各々のハビトゥスは、その生産母胎となるもろもろの位置と同様に差異化されています。しかしそれらはまた、差異化作用をもってもいる。つまりハビトゥスは、たがいに明確に異なり区別されている一方、自ら差別化をおこなう操作子でもあるわけです。それらは相異なる差異化原理を活用するか、または共通の差異化原理を相互に異なる仕方で用いるのです。

ハビトゥスとは、たがいに明確に異なるとともにそれら自体が弁別的である種々の慣習行動の生成原理です――労働者が食べているもの、特にその食べ方、彼らが実践しているスポーツやその実践の仕方、彼らがもっている政治的意見やそれを表明する仕方などは、工業経営者に見られる同種の消費行動や活動とは体系的に異なっています。しかしハビトゥスはまた、それぞれに異なった分類図式であり、類別原理であり、物の見方や分割の仕方の原理であり、趣味でもあるのです。それらはうまいものとまずいもの、良いものと悪いもの、上品なものと下品なもの、等々の間に差異を作り出すわけですが、それらの差異はたがいに同じものではありません。ですからたとえば同じ行動や同じ財が、ある者にとっては上品なものに映り、別の者にとってはこれ見よがしな気取ったものに思え、さらに別の者にとっては下品なものに見えるといったこともありうるわけです。

けれども重要なのは、慣習行動や所有されている財、表明された意見などにおける相互の差異が、こうした社会的な知覚カテゴリーを通して、つまりこれらの物の見方・分割の仕方の原理を通して知覚される場合には、象徴的差異となって文字通りの言語体系を構成するということです。異なる位置に結びついている種々の差異、すなわちもろもろの財や慣習行動、特に振舞い方などは、それぞれの社会において、ある言語における音素の集合とか、ある神話体系を構成する弁別的特徴や示差的隔差の集合と同じく、もろもろの象徴体系を構成する差異のように機能する、すなわち弁別的記号として機能するのです。

　ここでちょっと脇道にそれますが、『ディスタンクシオン』というタイトルに関して非常にしばしば重大な誤解を受けますので、それを解いておきたいと思います。このタイトルのせいで、本書の内容全体が、人間のあらゆる行動の原動力は差別化の追求であるという主旨に集約されると思われてしまいました。そんなことは無意味であるばかりか、たとえばヴェブレンとその「顕示的消費」(conspicuous consumption)のことを考えてみれば、何ら目新しい主張ではありません。じつのところ本書の中心的な思想は、空間内に存在すること、ひとつの点であること、空間内で一個人であること、それは差異をもつことであり、他と異なることである、ということなのです。バンヴェニストが言語について語っている言葉によれば、「弁別的であることと有意味であること、それは同じことである」。有意味《シニフィカティフ》というのは、さまざまな意味において無意味《アンシニフィアン》の対立概念です。より正確にいえば――バンヴェニストはいささか急ぎすぎましたが――ある差異、ある弁別的特性、たとえば肌の色が白いか黒いか、やせているか太っているか、車はヴォルヴォかドゥーシュヴォーか、赤ワインかシャンペンか、ペルノーかウィスキーか、ゴルフかサッカーか、ピアノかアコーデオンか、トランプはブリッジかブロットか(二項対立で列挙したのは、たいていの場合こんなふうに事が進むからですが、実際はもっと複雑です)といった差異は、俗悪な彩色画と本物の絵画、ヴァン・ゴッホとゴーギャンの違いがわかるような誰か――なぜなら当の空間に組み込まれている以上、その誰かは無関係ではなく、知覚カテゴリーや分類図式やある趣味を賦与されており、そのおかげで差異を見定め、判別し、区別することができるからです――によって知覚されてはじめて、可視的な、知覚可能な、無関係ではない、社会的に関与的な差異になるのです。差異は、それに物の見方・分割の仕方の原理を適用してはじめて記号になる、それも上品さ（あるいは下品さ）の記号になる。そしてこうした原理は、客観的な差異の構造（たとえば社会空間におけるピアノとアコーデオン、あるいは各楽器の愛好者の配分構造）を身体化した結果形成されるもので、ピアノの所有者であれアコーデオンの愛好者であれ、あらゆる行為者のうちに存在しており、ピアノやアコーデオンの所有者・愛好者について彼らが抱く知覚を構造化しているのです（被支配者の生き方はほとんど常に、そうした生き方をしている人々自身によって、支配者的美学を破壊したり還元したりする視点から知覚されるものであるとする論理――象徴暴力の論理――については、こうした分析をもっと精密にする必要があるでしょう）。

階級の論理

社会空間というこの見えざる現実、目に見えるように示すことも指で触れることもできないけれども、行為者たちの慣習行動や表象を組織している現実、そうした社会空間を構築することは、慣習行動およびそこから派生するあらゆる特性の二大決定因〔経済資本と文化資本〕という観点から見て、できるだけ等質な複数の理論上の階級を構築する可能性を同時に手に入れることにほかなりません。こうして活用される分類原理は、文字通り説明的なものです。それはただ単に分類された諸現実の全体を描き出すだけにとどまらず、自然科学のすぐれた分類法と同じく、次のような一連の決定的特性に結びついています。すなわち、悪しき分類法がもたらす表面的な差異とは逆に、他の諸特性を予言することを可能にし、相互にできるだけ類似していると同時に他の階級（隣接する階級であれ離れた階級であれ）の人々からはできるだけ明確に異なっている行為者たちを分別しひとまとめにするような、そうした決定的特性です。

けれどもこうした分類法の有効性そのものが、これら理論上の階級、紙の上にしか存在しない虚構の集合を、研究者の知的決断によって、現実の階級として、現実の中でそのように構成されている実在の集団として知覚させてしまいかねない危険をはらんでいます。じっさい研究をおこなってゆくと、『ディスタンクシオン』で描き出した諸集団への分割が、慣習行動の多様な領域、さらにはきわめて意外な領域においても、さまざまな現実的差異に対応しているということが明らかになってくるだけに、この危険はますます大きいと言わねばなりません。たとえばちょっと変わった例を挙げますと、犬を飼っている人と猫を飼っている人の分布も確かに本書のモデル通りになっており、商業経営者（図の右側）には犬を好む者が多いのにたいして、知識人（図の左側）はむしろ猫を好む傾向が強いのです。

ですからこのモデルは、さまざまな出会い、親近性、共感、さらには欲望などを予言する距離を規定しているわけです。具体的にいえば、空間の上方に位置している人々は下方に位置している人間と結婚する可能性がほとんどない。なぜかというと、まず第一に、前者は物理的に言って後者と出会う機会がほとんどありません（いわゆる「悪所」で出会うのでなければ、つまり空間的距離をさらに越えがたいものにする社会的境界線をあえて侵犯するのでなければ）。そして第二に、もしたまたま機会があって、通りすがりにばったり出会うことがあっても、彼らは「気が合う」ことはまずないだろうし、本当に理解し合ったり、たがいに気に入ったりすることもないでしょう。逆に、社会空間における近接性は人々を接近させます。つまり空間内の限られた一区域に組み込まれている人々は、（彼らの特性、性向、趣味などによって）他の区域の人々よりも近接していると同時に、たがいに接近しようとする傾向が強いわけです。また接近させやすくもあるし、集団として動員しやすくもある。しかしそれは別に、彼らがマルクス的な意味での階級、すなわち共通の目標のもとに、とりわけ他の階級に対抗するために動員された集団を構成しているという意味ではありません。

確かに私が構築している理論上の階級は、他のいかなる理論上の切り分け方よりも、たとえば性別や民族などによる切り分け方よりも、マルクス主義的な意味での階級になってしまう傾向が強いかもしれません。もし私が政治的リーダーだったとして、企業経営者と労働者の両方を含むような大政党を作ろうと考えたとしても、まずうまくいかないでしょう。両者は社会空間において、非常に離れた位置にあるからです。ある状況下では、たとえば国家的危機のおかげで、ナショナリズムやショーヴィニズムを基盤として両者が接近することはありうるでしょうが、この接近はかなり表面的な、まったく一時的なものにとどまるでしょう。ただしだからといって、逆に、社会空間における近接性が自動的に一体性を生みだすわけではありません。この近接性はただ、そこに一体性への客観的な潜在的可能性、あるいはライプニッツ的な言い方をすれば集団としての「存在志向」があるということ、つまり蓋然的な階級があるということを示しているのです。マルクス主義理論は、カントが存在論をめぐる議論において指弾していた過ち、あるいはマルクス自身がヘーゲルにたいして非難していた過ちと、まったく同様の過ちを犯しています。それは理論上の存在から実践状態の存在への、あるいはマルクスの言葉を借りれば「論理上の事物から事物の論理への」、いわゆる「命がけの跳躍」をおこなっているのです。

　マルクスは、他のどんな理論家よりも理論効果――認知され承認されない限りまだ完全には存在しないものを目に見えるようにしてみせる（theorein）文字通りに政治的な効果――を及ぼした人物ですが、逆説的なことに、この効果を自分の理論の中に組み込むことを忘れてしまいました……。紙の上の階級から「現実の」階級へと移行するには、どうしても動員という政治的作業をおこなわなければなりません。「現実の」階級は、もしそれが「現実に」存在したことがあるならば、現実化された階級、すなわち動員された階級でしかありえないのです。それはある社会的世界観を押しつけるための、より適切にいえば、人々の知覚や現実の中に社会的世界を構築するとともに、その世界を区切る根拠としての諸階級を構築するある仕方を押しつけるための、文字通りに象徴的な（そして政治的な）闘争としての分類闘争の帰結なのです。

このように階級の存在という問題は、誰もが経験上知っているように、理論においても特に現実においても、闘争の賭金〔獲得目標〕となっています。そしてこのことがおそらく社会的世界の科学的認識にとって、また社会階級の問題の解決（なぜなら解決がひとつはあるのですから……）にとって、主要な障害となっているのです。階級の存在を否定すること、それは保守の伝統が色々な論拠をもちだして執拗におこなってきたことであり、その論拠もすべてが常にばかばかしいわけではないのですが（誠実に研究を進めれば必ずその過程においてこうした議論に出会います）、結局のところは差異および差異化の原理の存在を否定することにほかなりません。アメリカ社会や日本社会、さらにはフランス社会でさえ、今日ではもはや巨大な「中間階級」にすぎない（あるアンケート調査によれば、日本人の八〇％が自分は「中流階級」だと言っているそうです）と主張する人々のやっていることがまさにそれですが、彼らも依然として「階級」という用語を使っているのですから、これではむしろパラドクスです。もちろんこうした立場は支持できません。私の仕事の全体が示しているのは、社会が均質化しているとか大衆化しているとか言われている国においても、差異は至るところにあるということです。そして今日のアメリカにおいては、かつて人々が均質性を見ようとしていたところにじつは多様性があり、意見の一致を見ようとしていたところには意見の衝突が、流動性を見ようとしていたところには再生産と保守がある、ということを示す新しい研究が現れない日は一日もないと言ってもいいくらいなのです。したがって差異（社会空間という言葉で私が表しているもの）は現に存在し、存在し続けている。けれども、それでは階級の存在を受容したり肯定したりしなければならないのでしょうか？　そうではありません。社会階級なるものは存在しないのです（マルクス主義理論に導かれた政治的作業が、場合によっては少なくとも動員決定機関とか民衆の代理人などを通して社会階級を存在させることに貢献してきたとしても）。存在するのは社会空間であり、差異の空間であって、そこでは諸階級が潜在的状態で、点線で、つまりひとつの所与としてではなく、これから作るべき何かとして存在するのです。

以上の通り、社会的世界はその分割形態とともに、社会的行為者たちが個人的に、またとりわけ他人と協力したり衝突したりしながら集団的に作りだすべきもの、構築すべきものなのですが、それでもやはりこうした構築作業は、一部のエスノメソドロジー論者たちがそう信じているふしがあるように、社会の空洞においておこなわれるわけではありません。ある人間が社会空間において、つまり異なる二種類の資本——それらは同時に武器でもあるわけですが——の配分構造において占めている位置が、この空間についての表象や、この空間を保守または変革するための闘争における立場決定を支配しているのです。

客観的構造と主観的構築とのこうした複雑な関係は、客観主義か主観主義か、構造主義か構築主義か、さらには唯物論か観念論か、といった通常の二者択一を越えたところにあるわけですが、こうした関係を要約するために、私はいつもパスカルの有名な言葉を少しだけ変えて引用することにしております。つまり、「世界は私を包含し、ひとつの点のように私を包み込んでいるが、私も世界を包含している」（原文は「空間によって宇宙は私を包含し、ひとつの点のように私を包み込む。思考によって、私は宇宙を包含する」——ブランシュヴィク版断章三四八）。社会的世界はひとつの点のように私を包み込んでいる。しかしこの点とはすなわち観点 point de vue であり、社会空間の中に位置づけられたある一点からの物の見方の原理、形式においても内容においてもその立脚点となる客観的な位置によって規定されたパースペクティヴの原理なのです。社会空間とはまさに、最初にして最後の現実であると言えるでしょう。なぜならそれは、社会的行為者たちがそれについて抱きうるさまざまな表象をも、なおこうして支配しているからです。

さて、『ディスタンクシオン』読解への一種のイントロダクションもそろそろ終わりに近づきました。その中で私は、自分の提唱するモデルを最大限に生かせるような、関係論的・構造論的な読み方の諸原則をお話ししようと努めました。関係論的であると同時に、これは生成論的な読み方でもあります。その意味は、本書の読者がこのモデルを日本社会というもう一つの「可能態の特殊ケース」について活用してくださることを、私は望んでいるということです。そして読者が日本の社会空間と象徴空間を構築し、基本的な差異化の原理を明確化するよう努めてくださることを、私は期待しております（それらの原理はフランスの場合と同じであろうと思いますが、たとえばそれぞれの相対的な比重が違わないかどうかといったことは、やはり確認しなければならないでしょう——私は違わないとは思いません、日本では伝統的に教育にたいして例外的に大きな比重が与えられていますから）。とりわけ明らかにしていただきたいのは、たとえばスポーツや料理、飲物などに関する差別化の原理、各分野における弁別的記号であり、さまざまな象徴的下位空間において有意味な差異を作りだすもろもろの関与的特徴です。私の考えでは、これが講演の最初で私が望んでいた本質的なものの比較研究が可能になる条件であり、同時にまた、社会学が作りだすことのできる、そして作りださなければならない不変要素と可変要素について、全体的な認識を獲得するための条件でもあろうかと思います。

　私はといえば、フランスでも日本でも、あらゆる先進国において社会空間と象徴空間の再生産を保証しているメカニズムとは一体いかなるものかということについて、明日お話しする予定です。そのさい、これら二つの空間とその関係の変容を引き起こす原因となっているかもしれないさまざまな矛盾や葛藤についても、触れるつもりです。

（石井洋二郎訳）

原注

（1）一九八九年十月、東京大学〔著者の記憶違いで、実際は日仏会館〕における講演。

（2）『ディスタンクシオン』I、石井洋二郎訳、藤原書店、一九九〇年、一九二―一九三ページ。

付論　「ソビエト型」変異と政治資本[1]

わたくしは、皆さんのなかに『ディスタンクシオン』を深く読み込んだ方々がおられることを知っています。そこで、皆さんがきっと疑問に思われるであろう問いに答えるべく、皆さんと一緒にこの本をざっと検討し直してみたいと思います。『ディスタンクシオン』で提示されたモデルはフランスという特殊なケースを越えて妥当するものなのでしょうか。また、このモデルをドイツ民主共和国〔旧東ドイツ〕のケースに当てはめることができるでしょうか。また、もしできるとしたら、それはどんな条件のもとで可能なのでしょうか。

『ディスタンクシオン』のモデルは普遍的なモデルであること、つまり、このモデルは――普遍的に（あるいはすべての差異化〔分化〕した社会に）適用すべき諸変数に一定の操作を加えることによって――歴史的変異《ヴァリアシオン》を解明することを可能にしてくれることを論証するつもりなら、社会空間の差異化《ディフェランシアシオン》の過程を説明するに際して、まず最初に、実体論的・素朴実在論的思考ときっぱり手を切らなければなりません。この種の思考は、関係に着目するのではなく、関係が発現する現象的現実にとどまってしまいます。ですからこうした思考は、異なる国で、あるいは同じ国の場合は異なる時点において、支配層と被支配層の同じ対立関係が、現象的には異なる行動《プラティック》に刻み込まれているにもかかわらず、それを見て取ることができないのです。たとえばテニスは、最近まで（『ディスタンクシオン』の基礎資料になった調査がおこなわれた時期にはまだ）社会空間で最も高い位置を占めている者たちのスポーツでした（すくなくともフランスでは）が、いまではごくありふれたものになっています。ただし、テニスをする場所や時間帯、その仕方には差異が残っています。このような例は、行動や消費のすべての分野からいくつも挙げることができるでしょう。

　したがって、社会空間を、差異化した諸位置——つまり、ひとつひとつのケースについて、特殊な種類の資本の分布のなかでそれらが占める場所によって定義される諸位置——から成る構造として構築しなければなりません（この論理からすると、社会階級とは、社会空間において同じ位置を占める行為者たちの——相対的に——均質な集合という範囲確定によって、理論的に、いわば紙の上で、規定された論理的階級にほかなりません。この意味での社会階級がマルクス主義的な意味での動員され行動する階級になるためには、その構築の、いや——トムスンが言う『イングランド労働者階級の形成《メイキング》[2]』と同じ意味での——製造《ファブリカシオン》のまさに政治的な仕事が必要です。同一の論理的社会階級への帰属はこのマルクス主義的な意味での社会階級の創出の成功を助けることはあっても、それを決定づけるものではありません）。

フランスの場合、社会空間を構築するには、その分布が社会空間の構造を規定する様々な種類の資本を考慮に入れる必要がありましたし、またそれで十分でした。フランスでは経済資本と文化資本が非常に重要な重みを持っていますので、社会空間は三つの基本的な次元によって組織されることになります。第一次元では、行為者は、彼らが所有するあらゆる種類の資本の総量に応じて分布します。第二次元では、行為者は、その資本の構造に応じて、つまり行為者の資産の総体における経済資本と文化資本の比重に応じて分布します。第三次元では、行為者は、資本の量と構造の時系列的な変化に応じて分布します。社会空間に占める諸位置《ポジシオン》の空間が、その位置の占有者たちの性向（つまりハビトゥス）の空間と照応しており、また、ハビトゥスに媒介されて、位置決定《プリーズ・ド・ポジシオン》の空間とも照応しているので、このモデルは適切な分類《クラスマン》原理として機能します。社会空間に様々な範囲を画定することによって作り出される諸階級《クラス》は生活条件の点からだけではなく、文化的行動《プラティック》、消費行動、政治的意見などの点で、きわめて同質な行為者を集合させるのです。

はじめに提起した問題に答えるために、つまり『ディスタンクシオン』で提示したモデルがドイツ民主共和国の場合にも適用できるかどうかを確かめるためには、どんな差異化の原理がこの社会に特有なものであるのかを検討しなければなりません（ということはつまり、「階級なき社会」、すなわち差異のない社会という神話に反して、この国にも差異化の原理が存在するということを認めることになります。今この国で始まっている異議申し立ての運動がそのことを裏付けているわけですが)。もっと端的に言えば、フランスに適用できた、また、同じ比重を持つすべての差異化の原理をドイツ民主共和国の場合でも発見しうるかどうかを確かめる必要があります。ドイツ民主共和国とフランスという二つの空間のあいだの大きな差異、これらの空間を定義する差異化の原理のあいだの大きな差異は、ドイツ民主共和国においては経済資本――生産手段の私的所有――が公式には(そしてかなりの程度まで実際に)関与しないという事実にあることがすぐ分かるでしょう(たとえ経済資本によって得られる便益へのアクセスが他の方法によって保障されうるとしても)。文化資本(フランスや日本と同様に、ドイツの伝統においても、文化貸本は高く評価されていると考えてよいでしょう)の比重はその分だけ大きくなります。

しかし、建て前としての能力主義的イデオロギーはそう思い込ませようとしていますが、稀少な財とサービスを所有するための機会における差異のすべてが、文化資本と学校資本の所有における差異によってもたらされるわけではないことは言うまでもありません。別の差異化原理、つまり他の種類の資本が存在するという仮説を立てる必要があります。この資本の不平等な分布が、とりわけ消費と生活スタイルにおいて観察される差異の源泉となっているということです。これは政治資本と呼ぶことができるでしょう。この資本がその所有者に公的な財とサービス(住宅、自動車、医療、教育など)の私有化を保証しているのです。この集団的資源の資産化《パトリモニアリザシオン》はスカンジナビア諸国のように、社会民主主義の「エリート」が数世代にわたって権力の座についている場合にも見られることです。つまり労働組合や政党の機関において獲得した政治的な性格の社会資本が家族関係のネットワークをとおして伝達され、本当の政治的名門家系を形成するにいたるわけです。ソビエト的と呼ぶべき（共産主義的というよりも）体制は、公的な財とサービスの私有化の傾向を極限まで推し進めました（それほど徹底してはいないにせよ、この傾向はフランスの社会主義にも見られますが）。

他の蓄積形態がほぼ完全に掌握されてしまっている場合、政治資本が主要な差異化原理となります。そして権力の界で展開される、支配的な支配原理をめぐる闘争において、政治的特権階級《ノーメンクラトゥラ》の唯一のライバルは学校資本の所有者だけということになります（実際、あらゆる徴候から次の仮説が立てられます。ロシアやその他の諸国で最近起きた変化は、政治資本の第一世代または特に第二世代の所有者と、その一部は政治的特権階級の出身である学校資本の所有者、つまりテクノクラート、とりわけ研究者や知識人とのライバル関係にその原因があるという仮説です）。

独自のソビエト型政治資本という指標（この指標は、諸政治機関、特に共産党のヒエラルキーにおける位置だけでなく、諸政治的名門家系の中での各人の、あるいはその一族の古さを考慮に入れて慎重に練り上げる必要がありますが）を導入すれば、おそらく諸権力と諸特権の、さらにはさまざまな生活スタイルの分布を説明することができる社会空間の構図を描くことができるでしょう。しかしここでも、ドイツの場合の特殊性を、特に公共的社交性《ソシアビリテ》のいささか灰色で画一的な性格を説明するためには、ピューリタニズムの伝統を持ち出すのではなく、文化的モデルを作り出す能力を持った者たちが国外移住によって払底してしまった事実、また特に、体制が擁護する平等主義のもと、差異の外的表出が政治的・道徳的統制によって抑圧されていた事情を考慮に入れるべきでしょう。

以上のようにして得られた社会空間のモデルを検証するために、このモデルが今日のドイツ民主共和国で起きている抗争を、おおまかにせよ、どの程度説明できるかを考えてみましょう。すでに述べたように、おそらく学校資本の所有者は、政治資本の所有者の特権に対して最も不寛容で反抗的な傾向を持つ人々であり、さらにノーメンクラトゥラに抗して、この特権階級が正統性を主張する根拠になっている平等主義や能力主義の政治的信条を逆手にとることができる人々であることは疑いを容れません。他方ではしかし、機関の人間（特に、機関の外では無価値な人間であるがゆえに、自分たちにすべてを与えてくれた機関のために自分たちのすべてを捧げるつもりでいる人々）が作り出し押し付けてきたカリカチュアに「真の社会主義」を対置することを夢見ている知識人たちが、被支配層、とりわけ肉体労働者たちと、また下級公務員たちと本当の、そして持続的な同盟を確立できるかどうかを問うべきでしょう。この肉体労働者たちは、日常的な資本主義、すなわち冷蔵庫や洗濯機、フォルクスワーゲンの資本主義が発揮する「デモンストレーション効果」の影響を受けやすい人たちなのです。他方、下級公務員たちは、社会主義を標榜する三流福祉国家が保証する僅かばかりの社会福祉、それも誰の目にも明らかな欠乏生活という代償を支払った挙げ句の僅かな福祉のなかに、自由主義経済が（国家の介入と社会運動による制約を受けつつも）彼らに約束する欲望の即時的な充足（これが特に失業というリスクを伴うことは明白です）を拒否するだけの理由を見出すことができないでいる人々なのです。

（加藤晴久訳）

原注

（1）一九八九年十月二十五日。東ベルリンでの講演。

（2）Edward P. Thompson, *La Formation de la Classe Ouvrière anglaise*, traduit de l'anglais, Paris, Hautes Études-Gallimard-Le Seuil, 1988〔E・P・トムスン『イングランド労働者階級の形成』青弓社、二〇〇三年〕.

2
新しい資本

学校という制度がいかにして文化資本の分布の再生産に寄与するか、また、それをつうじて、いかにして社会空間の構造の再生産に寄与するか（ここで私があえて「寄与する《コントリビュエ》」という語を使っていることにご注意いただきたい）、そのきわめて複雑なメカニズムを解明すること、これがきょうの私のお話のテーマであります。(1)

昨日の、日仏会館の講演で、私は社会空間の二つの基本的次元について、つまり経済資本・文化資本の総量と、この資本の構造の二つの次元について述べました。社会空間の、この二つの次元のそれぞれに、それぞれ異なる再生産メカニズムが対応しています。そして、再生産様式はこれら二つの再生産メカニズムの組合せによって規定されているのです。これら二つの再生産メカニズムは、資本が資本に向かって流れる、社会構造が（大きな、または小さな変化を蒙ることはあっても）永続化するように働きます。文化資本の分布構造の再生産は、家族の戦略と学校制度固有の論理との関係のなかでおこなわれます。

家族というのはスピノザ的な意味でのコナトゥス、つまり自己の社会的存在を、その権力・特権のすべてとともに永続化しようとする意欲をもった集合体（corporate bodies）です。この意欲が出産戦略、婚姻戦略、相続戦略、経済戦略、そしてとくに教育戦略といった再生産戦略を作り出すのです。家族の文化資本が大きければ大きいほど、家族の経済資本に対する文化資本の比重が大きければ大きいほど、そしてまた、その他の再生産戦略（とりわけ経済資本の直接的移転を目的とする相続戦略）の実行性あるいは収益性が小さければ小さいほど（第二次大戦後の日本はこのケースです。それほどではありませんがフランスも同様です）、家族は学校教育にますます大きな投資をおこなうのです（具体的に言えば、就学期間とかその他いろいろな援助、また日本の「塾」とか「予備校」の場合のように金銭といった形での投資です）。

このモデルは一見抽象的に見えますが、これによって、すべての先進国において、そしておそらく他の国にもまして日本で、家族が、とりわけ特権的な家族が、またその中でも知識人、教育者、あるいは自由業（医者、弁護士など）の家族が教育にますます大きな関心を寄せる理由が理解されます。また、このモデルによって（日本やアメリカ、またフランスでも）最高学府、つまり、最高の社会的地位に導く学校が特権的階層の子弟によって独占されつつある理由が理解されます。より一般的に言えば、このモデルによって、先進社会はいかにして自己を永続するか、そしてまた先進社会は、学校による再生産様式固有の矛盾の作用によって、いかにして変化していくかが理解されます。

学校はマクスウェルの悪魔か？

学校による再生産メカニズムの働き方を概略的に理解していただくために、英国の物理学者マクスウェル（一八三一―七九）が熱力学の第二法則の効果はいかにして停止されうるかを説明するために用いた譬えを援用することにします。マクスウェルは、温度に差のある、したがって運動速度に差のある粒子が自分の前を通過するときに、高速の粒子と低速の粒子をそれぞれ別の容器に送りこむことによって選別をおこなう悪魔を想定しています。高速の粒子の入る容器は温度が上昇し、低速の粒子の入る容器は温度が低下します。こうした選別をおこなうことによって、悪魔は差異を、秩序を維持しているのです。それでないと差異、秩序は次第に消滅してしまいます。

学校制度はマクスウェルの悪魔のように機能します。選別作業をおこなうために必要なエネルギーを消費することによって、学校制度は既存の秩序、すなわち、異なった量の文化資本を付与された生徒たちの間の格差を維持するのです。もっとはっきり言えば、一連の選抜作業によって、学校制度は相続した文化資本の保有者を非保有者から区別するのです。能力の差というものは相続した資本に応じた社会的な差と不可分なものである以上、学校制度は既存の社会的差異を維持する方向に機能するのです。

さらにまた、学校制度は二つの結果をもたらします。この結果は機械論的な（危険な）言語を放棄しなければ説明できません。グラン・ゼコル〔入学試験によって選別する、大学とは別に存在するエリート校〕の学生と大学の学生の間に断絶を作り出すことによって、学校制度は、かつて大貴族と小貴族を分けていた、そして小貴族と単なる平民を分けていた境界と同じような社会的境界を制度化するのです。この区別はまず、グラン・ゼコルの全寮制と大学の通学制との対立という形で生活条件の面にはっきり現れています。また、グラン・ゼコルの入学試験《コンクール》の準備を目的とした学習の内容と編成の面に如実に現れています。つまりグラン・ゼコル準備課程の場合、生活は非常にきびしく規整されており、学習形態はきわめて学校的です。とりわけ、はりつめた競争の雰囲気があり、これが従順さを育成しています。明らかに企業の世界を彷彿させる雰囲気です。他方、大学の「学生生活」はボヘミアン的生活の伝統につながり、規律や制約も緩やかで、学習時間についてもそれほどきびしくありません。グラン・ゼコルと大学の学生の区別はさらにまた入学試験のうちに、また入学試験によって画されます。入学試験は、最下位の合格者と最上位の不合格者を、ある名称、あるタイトルを保持する権利のあるなしという形で明示される本質的な差異によって区別することによって、儀礼的な断絶、呪術的《マジック》な境界を制度化するのです。学校制度がおこなうこの分別作業はまさに、デュルケームが分析した聖と俗の区別をパラダイムとする呪術的作業そのものです。

学校がおこなう分類作業は常に、そして特にグラン・ゼコルの場合、オルディナシオン ordination の作業です。このフランス語には二つの意味があります。この作業によってまず位《ラン》の社会的な差異が、決定的な序列《オルドル》関係が制度化されます。選ばれた者は生涯（……学校出身といった）その帰属を刻印されることになるわけです。これらの選良たちは中世的な意味でのオルドル、貴族団のメンバーなのです。彼らは本質的な差異によって普通の人間とは区別された、そしてそのことによって支配する権利を与えられた一団の者たちなのです。この集団の輪郭は画然としており、人々はこれに属するか、属さないか、のいずれかしかありえません。かくて学校がおこなう区別は聖別 consécration という意味での、あるいは聖なる階層、貴族への叙任 intronisation という意味でのオルディナシオンでもあるのです。

われわれは学校制度に日常的に馴れ親しんでいるために、それがおこなう一見純粋に技術的な作業の蔭に隠れているものを見て取ることができません。ですから、証書《ディプローム》を教養証書《ビルドゥングスパテント》として、また試験を合理的選抜の過程として分析しているマックス・ウェーバーの見解は間違いではありませんが、きわめて部分的です。このウェーバーの分析は学校教育の呪術的《マジック》な側面を見落としています。学校教育は、合理化の機能をも果たすものですが、しかしこの合理化とはウェーバーの言う意味ではないのです……。修了試験とか入学試験は、合理性を必然的原理として持っているわけではない区分を合理的に正当化します。そして試験の結果を証明する称号《タイトル》は、実は貴族の称号にきわめて近い社会的能力の証明書を、技術的能力を保証するものとして提示するわけです。フランスやアメリカ、日本などすべての先進社会において社会的成功は、既存の社会的差異を学校という場で聖別する最初の命名行為（これは普通は東大とかハーバードとかエコル・ポリテクニックとかの教育機関の名称を授与する形をとるわけですが）に大きく左右されます。証書の授与はしばしば厳粛な儀式を伴いますが、これはまさに中世の騎士の叙任式に相当するものです。技術的能力の養成や伝達とか、技術的能力のすぐれた者の選抜といった、明白な、あまりにも明白な学校制度の技術的機能は、ある一つの社会的機能を隠蔽しているのです。社会的能力、つまり指揮する権利を身分的に保持している者たち、日本のいわゆる「二世」を聖別する機能を隠蔽しているのです。こうしてフランスでも日本でも、産業界のリーダーや高名な医師や高級公務員やさらには政治家から成る、学校によって作り出される世襲貴族が存在することになります。そしてこの学校貴族には、貴族の称号を学歴、学校的な称号に転換したかつての家門貴族の末裔がかなり含まれています。

学校制度は、世襲的特権に代わって個人の能力を優先させることによって、メリットクラシーの一形態を導入することになるとかつては信じられてきたのですが、現実には、学校的能力と文化的相続財産とのあいだの隠れた関係をつうじて、国家貴族 noblesse d'État を形成する機能を果たします。学歴によって権威と正統性を保証された国家貴族です。歴史を振り返ってみれば、国家と緊密に結びついている、この独特な貴族の出現は長い過程の帰結であることが見て取れます。フランスでは、そしておそらく日本でも、国家貴族は国家を形成しつつ自らを形成した集団です。言い換えれば、国家権力に対する正統な独占権を保有する者として自己を形成するために、国家を形成しなければならなかった集団です。フランスの場合、国家貴族はいわゆる法服貴族 noblesse de robe の継承者です。法服貴族は時代が下るに従って婚姻によって武家貴族 noblesse d'épée と合体するようになりますが、そのステイタスを文化資本、おもに法的な文化資本に負っているという点で武家貴族と区別されます。

私は『国家貴族』の最終章で、教育史、国家史、思想史の専門家の著作（これらを総合する試みはきわめて稀です）に依拠しつつ、歴史的分析を試みましたが、そのすべてをここで繰り返すことはできません。しかし自分の歴史的分析は、十九世紀後半の日本における武士集団による近代国家建設過程の比較研究の方法的基礎になりうるものであると信じています。私は、表面的な差異にもかかわらず、日本のこの過程はフランスのそれと類似したものであると考えています。武士の一部は十七世紀にすでに文人的教養を備えた官僚に転化していましたが、彼らは貴族としての出自と豊かな学校的教養を兼備した官僚群を基礎にした近代国家を作り出したのです。彼らは、貴族主義に、また実業家や商人、さらに政治家に対する強い優越感に深く根を下ろした国民国家崇拝の感情のなかで、またそうした国民国家崇拝の感情によって、自己の独立を主張しようとしたのだと思います。

さて、フランスの場合に戻ります。フランスでは国家が創設されたのは、とりわけ「公共」public とか「公益」bien public とか「公共奉仕」service public といった国家の核心をなす諸観念が確立したのは、国家貴族の権力と国家貴族の再生産との土台をなす諸制度が創設されたのと同時のことでした。例えば学校制度の発展期（十八世紀に「学院《コレージュ》」が誕生しましたが、これは貴族の一部と法服ブルジョワジーの子弟を寄宿舎に収容した新しいタイプの学校であり、今日のグラン・ゼコル制度の先駆けをなすものでした）と国家官僚制（副次的には十六世紀の教会官僚制）の発展期とは重なりあっています。官僚界《シャン・ビュロクラティック》が自立し、既存の地上的・精神的な諸権力から独立した職《ポジシオン》が増加したのは、法服ブルジョワジーと法服貴族が台頭したのと同時のことでした。そして彼らの利害はとくに再生産の面で学校制度と緊密に結びついていました。文化的諸活動《プラティック》を重視したその生活様式においても、またその価値体系においても、彼ら（ドイツでは教養市民層 Bildungsbürgertum と呼ばれる階層）は聖職者と武家貴族と対立することによって自己を確立し、メリットの名のもとに、また後に能力《コンペタンス》と呼ばれることになるものの名のもとに、武家貴族の出自イデオロギーを批判したのです。さらに、思想史では特定の思想家と結び付けられて出てきますが、公共奉仕とか公益とか公事《ショーズ・ピュブリック》とかの近代イデオロギーは法服貴族によって集団的に確立されたのです。この、いわゆる「公務員の公民ヒューマニズム」はジロンド党の弁護士たちをつうじてフランス革命に影響したのでした。

　新たな資本である文化資本にもとづく権力と権威を備えた新しい階級は、支配者階級の一部である武家貴族や産業・商業ブルジョワジーとの闘争に勝利するため、自己の個別的利害を普遍化のより高次の段階に高めたのです。そして（少し後にドイツと日本の官僚制が創始することになる貴族主義的なヴァリアントと違った）公共奉仕とメリットクラシーの「進歩的」と呼べるイデオロギーを創始したのです。普遍性の名のもとに権力を目指すことによって法服貴族と法服ブルジョワジーは普遍性の客観化を推進し、そのことによって普遍性の歴史的有効性を高めたのです。彼らは、国家を普遍的諸価値と同一視しているわけですが、その普遍的諸価値に多少なりとも奉仕しないかぎり、彼らが奉仕していると主張する国家を自分の利害のために奉仕させることはできないのです。

芸術か金か？

ここで私は話を終えることもできるのですが、しかし例のマクスウェルの悪魔の譬えにちょっと立ち返ってみたいと思います。私は話を分り易くするためにこの譬えを引いたのですが、物理学、とくに熱力学から借りたすべてのメタフォールがそうであるように、この譬えは、完全に間違った行動哲学と、社会的世界についての保守的な見方とを孕んでいます（その証拠に、この譬えは「平均的な」諸価値の凡庸なつまらなさのなかに「本物の」差異が次第に「平準化」され消滅してしまうことを糾弾する人々――たとえばハイデガー――によって意識的無意識的に使用されてきました）。実は、社会的行為者《アジャン》、つまり進路や専攻を選択する生徒や学生、子供のために学校を選択する家族は、機械的な諸力に従い、原因に隷従して行動する粒子ではありません。社会的行為者はまた、合理的行為理論の信奉者が言うような、諸理由に従い、すべての原因を認識して行動する意識的で知識を持った主体でもありません（時間があれば、一見正反対の立場を取るこれらの哲学者たちが、実際は同じ穴のむじなであることを証明することができます。というのも物事の順序と原因について完璧な知識をもっているなら、そして選択が完全に論理的なら、その選択は外界の諸力への単なる服従にすぎなくなりますし、従って選択でなくなってしまうからです）。

実際には、「主体」なるものは（私がこれらの分析を展開した書物のタイトルを用いて言えば）実践感覚《サンス・プラティック》を備えた、知識を持って行動する行為者なのです。実践感覚というのは、選好、つまりものの見方・分け方の諸原理の後天的に獲得されたシステムです（通常、趣味goûtと呼ばれているものです）。実践感覚とはまた（主として客観的諸構造の身体化の所産であるところの）持続的な諸認知構造と、状況の把握と適切な反応を方向付ける行動図式とのシステムです。そしてハビトゥスとは、ある状況において為すべきことについての実践感覚です。それはスポーツでいうところのゲーム感覚です。つまりゲームの先を見越す勘、ゲームの現時点に点線で書き込まれているものを見抜く勘です。教育の分野で一つの例を挙げますと、フランスや日本の場合のように、進路が多様化し錯綜してくればくるだけ（下降しつつある有名校と滑り止めでも上昇しつつある学校のどちらを選ぶべきかといった状況が多くなればなるだけ）、ゲーム感覚が必要になります。学校市場の株価の変動は予測が難しいものです。家族、つまり両親や兄姉、また知人から進学コースの情報、また、進学コースそれぞれの差異のある、現在的および潜在的な収益性についての情報を得ることができる者たちは、最も有効な学校教育投資をおこなうことができますし、彼らの文化資本から最大の利益を引き出すことができます。まさにこの媒介によって、学校での――そして社会での――成功が社会的出自と結びつくのです。

言い換えれば、「悪魔」の方に進んでくる「粒子」は自分のなかに、つまり彼らのハビトゥスのなかに彼らの方向と運動の法則を持っているのです。つまり、ある特定の学校、ある特定の学科に彼らを方向付けるところの「天性《ヴォカシオン》」の原理を持っているのです。『国家貴族』のなかで私は、青少年の（または彼らの家族の）資本における、経済資本と文化資本の比重（これを私は資本の構造と呼んでいます）が、いかにして選好システムに翻訳されるかを詳しく分析しました。この選好システムが生徒やその家族に、金銭に対して芸術を、権力に関わる事柄ではなく文化に関わる事柄を、あるいはその逆を選択させるのです。資本の構造はそれが作り出す選好システムをとおして、生徒や家族に、彼らの学校的な、次いで社会的な進路選択において、権力の界《シャン》の両極、つまり知の極と実業の極のいずれかの方向に向うよう、そして、それぞれに対応する行動《プラティック》および意見を採用するよう仕向けるのです(こうしてわれわれが慣れていればこそ自明であるものが、ようやく理解されます。つまり、未来の教員ないしは知識人である高等師範学校《エコル・ノルマル》の学生は、自分はどちらかといえば左翼だと言い、知識人向けの雑誌を読み、演劇と映画をよく見、しかしスポーツはほとんどやらないのに対し、高等商業学校《アシュウーセー》の学生は、自分はどちらかと言えば右寄りと言い、スポーツに打ち込む、といった式のことです)。

さらにまた、悪魔の占めている位置には、知覚と評価との構造化されたカテゴリーを同一の原理に従って生徒たちに適用する何千という教員がいるのです（『国家貴族』のなかで、私は教員的悟性の諸カテゴリーを分析しました。また教師たちが生徒の作文や生徒たちの在り方《マニエール・デートル》・やり方《マニエール・ド・フェール》に評価の基準として適用する「冴えている」／「真面目な」式の形容詞の対語を分析しましたが、ここで詳しく取り上げる余裕がありません）。言い換えれば、学校制度の作用とは何千というマクスウェルの小悪魔＝教員の、多かれ少なかれ組織された諸作用の合力なのです。彼らは、客観的な秩序（構造化する構造とは、私が本のなかで指摘したように、構造化された構造です）に従って秩序付けられた彼らの選択によって、それと知らず、またそう欲することなしに、この客観的な秩序を再生産するのです。

しかし悪魔のメタフォールはやはり危険です。というのも、この譬えは陰謀幻想を助長するからです。陰謀幻想はとかく批判的思考につきもので、善きにつけ悪しきにつけ、社会的世界に生起するすべてのことを悪意を持った意志の責任にする幻想です。理解を容易にするために一つのメカニズムとして記述した事柄が、仕掛け爆弾（これはフランス語では「地獄の機械」machine infernale と言いますが、日本には「試験地獄」という言葉があると聞きました）とか、行為者にたいして外在的かつ優越的な悲劇的歯車装置とかとして感じ取られることがあるのは、生存していくために行為者ひとりひとりが、巨大な努力と巨大な犠牲を強いるゲームに参加することを余儀なくされているからです。

今日、学校による再生産様式が保証する社会秩序は、実は、この再生産様式から最も大きな利益を得ている者たちにも多大の緊張を課するものなのです。それは、かつての宮廷社会が、宮廷に属するというまたとない特権を有していた者たちに課した緊張と同等のものです。ノルベルト・エリアスは宮廷社会を次のように記述しています。

「結局のところ、支配的システムのヒエラルキー構造のなかで、宮廷人たちが、彼ら自身重荷と感じていたにもかかわらず儀礼に従わざるをえなかったのは、まさに権力と地位と威信のチャンス、常に脅かされているチャンスをめざす闘争の必然性ゆえである。この集団を構成する者たちの誰一人として、改革に着手する可能性を持っていなかった。ちょっとでも改革を企てようものなら、不安定かつ緊張している諸構造をちょっとでもいじろうものなら、必ずや、個人あるいは家族が持つ諸権利・諸特権の再検討、縮小、さらには廃止をもたらすことになったであろう。この宮廷社会の上流階層は、一種のタブーによって、そのような権力のチャンスに手を触れること、まして、そのチャンスを廃棄することを禁じられていた。その方向の試みはすべて特権階級の大半から総反撃を受けたであろう。既成の秩序にちょとでも手を触れようものなら、自分たちにそうした特権を認めている権力構造が揺らいでしまう、それどころか崩壊してしまうと、彼らは怖れていたのである。それは多分まちがいではなかった。こうして何一つ変わらなかった(2)」。

日本でもフランスでも、うんざりした親たち、精根尽き果てた子供たち、自分たちの必要に適合していない教育の生産物である社員に失望している経営者たちは、競争の原理、万人の万人に対する闘いの論理が作り出し機能させている彼らの戦略の累積効果にほかならないメカニズムの、無力な犠牲者なのです。

誤解や悪意から、私の仕事について歪曲された、また戯画的なイメージを広めようとする人々がいますが、そうした見方にとどめをさしておくために、次の点を強調したいと思います。それは、学校による再生産様式の論理（とりわけその統計的性格）と、この再生産様式を特徴づける諸矛盾は先進社会の構造の再生産の根元になりうると同時に、それと矛盾することなく、先進社会に見られる数多くの変動の根元になりうるということです。学校による再生産様式の諸矛盾（私はこれを『ディスタンクシオン』のなかで分析しました[3]）は、六八年五月の運動のような、近年のいくつかの特徴的な政治的事件の隠れた根元になっていると考えられます。同じ原因は同じ結果を生みます。直接的な影響関係は想定できないにもかかわらず、ほぼ同時発生的にフランスと日本の大学は激動に見舞われたのでした。私はやや皮肉を込めて『ホモ・アカデミクス』というタイトルを付けた著書のなかで、六八年五月の運動を顕著な現れとするところの学校世界の危機をもたらした諸要因を詳しく分析しました。それはまず、卒業生の過剰生産と大学卒という資格の価値の下落です（この二つの現象は私の読んだものを信用するかぎり日本でも同様であるように思われます）。さらに大学教員のポスト（とくに下級ポスト）の価値の下落があります。大学のヒエラルキーの旧態依然たる構造ゆえに、ポストの数は増えても、それに応じてキャリアの展望は開かれませんでした（この点でもまた、フランスで私が分析したような、時間と大学権力との関係が日本でどんな形をとって現れているかについて、比較的な調査をしてみたいものだと思っています）。
学校界《シャン・スコレール》の、そしてとくに、学校界と経済界《シャン・エコノミック》の関係の変動のなかにこそ、言い換えれば学歴とポストの対応関係の変化のなかにこそ、新しい社会運動の真の根元を見出しうるだろうと、私は考えています。フランスの場合について言えば、それは、六八年の延長上で、「連絡委員会《コオルディナシオン》」というきわめて新しい組織形態による社会運動です。それはまた、私が読み得た資料によるかぎりで言えば、ドイツや日本でも特に若い勤労者、前世代に比べて伝統的な労働倫理に捕われていない若い勤労者の間に現れつつある諸現象です。同様に、ソ連で進行中の政治的変動、また中国で始まりかけていた政治的変動〔天安門事件〕は、これら両国で高等教育機関を経過した者たちのめざましい増大と、それに由来する諸矛盾（まずは権力の界内部における諸矛盾）と無関係ではありません。

さらにまた、新しいタイプの学校内非行（これはフランスよりも日本の方が深刻であるようですが）と、学校制度を支配している激烈な競争論理との、とくに学校制度が青少年にたいして及ぼす運命宣告的な効果との関連を研究しなければなりません。学校制度は仮借ない心理的野蛮さをもって、すべての生徒たちに総括的な判決と最終的な宣告を下すのです。こうしてすべての生徒たちは試験の成績、それも今日では数学の成績が最優先する優劣の単一のヒエラルキーのなかに位置づけられるのです。この序列から排除された生徒たちは、共同体によって認知され承認された基準、したがって心理的に反論のしようがないし、事実反論されることがない基準、つまり知能という基準の名において断罪されるわけです。脅かされたアイデンティティを取り戻すために彼らに残された唯一の逃げ道は、学校秩序および社会秩序との暴力的な断絶だけです（フランスでは、非行少年集団が形成され、その団結が強められるのは、学校に対する反抗をつうじてである、という事例が多く観察されています）。もう一つの逃げ道は心理的な危機、さらに精神病とか自殺です。

そしてまた、学校制度の視点から見たとき、つまり（学校制度およびその関連機関における）厳密な技術的効率という観点から見たとき、社会的再生産の戦略を最優先させることからくる機能障害《ディスフォンクシォヌマン》を分析する必要があります。一つだけ例を挙げましょう。それは生徒の家族が、客観的に言って、職業教育を軽視し、普通教育に高い地位を認めているという事実です。政界・財界のリーダーたちが、自分は（日本の場合は）有名大学の、（フランスの場合は）グラン・ゼコルの出身でありながら、滑り止め、または掃き溜めになってしまっている職業教育（日本の場合はとくに、企業内教育との競争の犠牲になっているようですが）の再評価を説いたりすることがあります。しかし彼らとて、いざ自分の息子を職業高校に入れなければならないとなったら、大慌てでしょう。さらにまた、政界・財界のリーダーたちの、地位そのものの源泉とは言わぬまでも、その地位を占めるために有効な権威と正統性の源泉になっている教育システムに対する彼らの両義的な態度のうちに、やはり同じ矛盾が見て取れます。すなわち、学校教育の社会的コスト（例えば企業内の学校が与える「身内的」修了証書より、公立学校の証書の方が普遍的な価値がありますが、これの獲得に際しての対価と保証）を負担することなしに、その技術的利益を享受しようとしているかのごとく、彼らは私立教育を推励し、また、学校教育機関の自律性と教員集団の自由を制限することを狙ったあらゆる政治的イニシアティヴを支援したり、指示したりするのです。彼らは教育の職業的専門化に関する論議できわめて両義的な対応を示します。彼らとしては、すべての可能な選択から得られる利益を期待しているかのごとくです。つまり、高度に専門化した教育に付きものの限界と保証は彼らにとって都合のよいものです。また、一般教養教育によって涵養される開かれた待機性も望ましいわけです。一般教養教育は機敏で「弾力的な」社員にふさわしい適応能力を発達させてくれるからです。さらにまた、国立行政学院とか東大を出た「紳士」たち、均衡のとれた状況の均衡のとれた管理者たちがもたらしてくれる保障と安全も望ましいし、一方、危機の時期にはよりよく対応するだろう、二、三流校からのし上がってきた「若い狼たち」の大胆さも大いに歓迎といった調子です。

せめて一度なりと、社会学者が予測をたてることを許していただけるなら、これからの大規模な社会紛争の根元はおそらく、大国家貴族と小国家貴族のあいだの増大しつつある緊張関係のなかにあると言っておきましょう。フランスの場合はグラン・ゼコルの卒業生たち、日本の場合は有力国立大学の卒業生たちが、金融、産業、政治の世界ですべての権力ポストをますます独占し続けようとしているわけですが、その彼らに対して、二流の学歴の保持者たちが、権力グループの拡大を要求する闘いを進め、新たな普遍主義的主張を掲げるようになるでしょう。ちょうど十六世紀のフランスで、また、フランス革命の初期にいたるまで、地方の小貴族がそうしたように。さらにまた、十九世紀の日本で「自由民権」を掲げて明治政府に対する反乱を企てた、政権から排除された下級武士たちのように。

（加藤晴久訳）

原注

（1）一九八九年十月、東京大学での講演。
（2）Norbert Elias, *La Société de cour*, Paris, Flammarion, 1985, p.330〔『宮廷社会』波田節夫ほか訳、法政大学出版局、一九八一年〕.
（3）『ディスタンクシオン』Ⅰ、石井洋二郎訳、藤原書店、一九九〇年、二〇二―二五八ページ。

付論　社会空間と権力の界(1)

「社会空間」と「権力の界」という概念を社会学用語に導入することは必要であるし、正当なことだとわたくしは考えています。その理由を説明しようと思います。第一には、社会を実体論的に考える傾向と手を切るためです。そもそも空間《エスパス》という概念には、社会的世界を関係論的に理解するという原理が含まれています。というのは、この概念が言っているのは次の命題――つまり、この概念が指示する「現実」とは、現実を構成する諸要素の相互外在性に他ならない、ということ――であるからです。個人であれ集団であれ、外見的、つまり直接見ることができる存在《エートル》は差異のなかで、また差異によって存在し《エグジステ》存続しているのです。差異のなかで差異によって存在し存続するとは、それらの存在は、最も現実的な現実（スコラ派の言うens realissimum）であるところの、そして個人と集団の行動の現実的な根元であるところの関係空間（この空間は目に見えないし、経験的に提示することが常に難しいものなのですが）のなかで相対的位置を占めている、ということです。

社会科学の主要な課題は階級《クラス》を構築することではありません。分類《クラスマン》〔クラス形成〕というのはすべての科学が抱えている問題ですが、これが社会科学にとってきわめてドラマティックな形で提起されてくるのは、それが政治的問題――プロレタリアートを歴史的勢力として構築するというマルクス主義的な野心（「万国の労働者、団結せよ」）をパラダイムとする動員行為によって現実の集団を構築しようと試みる度に、政治闘争の論理のなかで実際に持ち上がる政治的問題――であるからです。すべての政治的行動には、ある集団の利益を表現する能力――実際のものか架空のものかはともかく、信ずるに足る《クレディブル》ものとしての能力――があることを主張する必要があります。その集団の存在を明示する《マニフェステ》（それこそデモ行進《マニフェスタシオン》の主要な機能の一つです）必要、また、集団を代弁し、そのことによって集団を集団として構築する者たちに集団が与える、顕在的あるいは潜在的な、社会的力を明示する必要があります。政治的行動に課せられたこうした必要は真の実践的な問題です。学者であると同時に行動人であったマルクスはこの実践的問題に誤った理論的解答――たとえば階級が現実に存在するという断定――を出しました。社会空間という概念を導入することは、階級は存在するか否かという、社会学の成立期から社会学者を対立させてきた問題を解消させることによって解決することになります。階級の存在は否定されますが、かといって階級という概念の擁護者たちがこの概念によって主張していることの核心、つまり社会的差異化 différenciation sociale〔社会分化〕は否定されるわけではありません。この社会的差異化こそが、個人間の対立、そしてときには、社会空間の異なる位置を占める行為者たちのあいだに集団的対決を生み出すのです。

　社会科学が構築すべきなのは階級ではなく、社会空間――その内部に階級（とは言っても紙の上でだけ存在する階級なのですが）を切り取ることができるような社会空間――です。社会科学の課題は、経験的に観察された社会空間を理論的に再＝生成することを可能ならしめるような差異化原理を（構築主義と実在論の対立を越えて）それぞれのケースについて構築し発見することです。この差異化原理は、いつの時代でも、いかなる場所でも、明と現代の中国とで、あるいは現代のドイツ、ロシア、アルジェリアとで、同一であるとする根拠はなにもありません。しかしながら、差異化の程度が最も低い社会（その場合でも、測定するのは容易でありませんが、象徴資本による差異は存在します）を除いて、すべての社会はそれぞれ社会空間として、つまり差異の構造として表象されます。この差異構造を真の意味で理解するためには、それらの差異を客観的に基礎づけている生成原理を構築しなければなりません。そして、この生成原理とは、考察の対象となっている社会において有効な――したがって時と場所によって変異する――いろいろな形の権力ないし各種の資本の分布構造に他なりません。

　この構造は不変不動ではありません。さまざまな社会的位置の現状を記述するトポロジーによって、実効的な資産の分布構造の維持と変容の力動的な分析、また、それをとおして社会空間の力動的な分析が可能になります。わたくしは社会空間の総体を界《シャン》として記述するわけですが、その意味はそういうことです。社会空間とはいろいろな力の界です。力の界の必然性は界に参加している行為者に不可避的に作用します。社会空間はまた同時に闘争の界でもあります。そこで行為者は力の界の構造のなかで彼らが占める位置に応じて差異化した手段と目標を持って対決するのです。そして界の構造を維持したり変容したりすることに寄与するのです。

一つの階級といったもの、もっと一般的に言えば、自分たちの利益を擁護するために、またその擁護の行動によって動員された集団は、共同の理論的かつ実践的な構築作業によって、またその結果としてはじめて形成されるものです。しかしすべての社会集団が存立のための等しい可能性を持っているわけではありません。社会集団は常にひとつの社会的人工物です。そしてこの人工物は、それを構成するために集合する行為者たちがすでに社会空間において近接していればいるほど存立し持続するチャンスが増えます（このことは愛とか友情とかの感情的関係にもとづく統一――それが社会的に認知されるか否かはともかく――の場合についても妥当します）。言い換えれば、統一した集団を作り出すために必要な構成《コンスティテュシオン》あるいは聖別《コンセクラシオン》という象徴的作業（名称・略号・旗の採用、公的行事など）は、この作業の対象である社会的行為者たちが――社会的位置の空間における、また、それらの位置に結び付いた性向と利害の近接性ゆえに――お互いを認知し合い、同じプロジェクト（政治的であれ、その他のプロジェクトであれ）のなかに自己を認知する傾向が強ければ強いほど、成功するチャンスが増えます。

統一した社会空間という考え方を受け入れるのは論点先取の過ちに陥ることになりはしないか、

そのような空間が存立しうる社会的条件と限界を問うべきではないのか、という疑問が出てくるかもしれません。実際には、国家の生成は経済・文化（または教育）・政治など様々な社会的界の統一過程――正当な物理的・象徴的暴力の国家による独占の漸次的確立と同時に進行した統一過程――と不可分です。国家は、物質的・象徴的資源を集中しますから、財政的介入（たとえば、経済の界では投資に対する公的援助、文化の界ではある種の教育機関への助成）をつうじて、あるいは法的介入（たとえば様々な機関の運営や個人の行動に対する規制）をつうじて、各種の界の機能を規制する力を持つことになります。

　権力の界という概念を導入したのは、そうしなければ理解できないような構造的効果を説明する必要に迫られてのことでした。特に、作家や芸術家の場合、彼らの行動と表象のいくつかの特質は、文学の界、芸術の界だけを参照していたのでは十分に説明できません。たとえば、これらの界でそれぞれ異なる位置を占めている作家や芸術家が共通に抱いている、「庶民」と「ブルジョア」に対する二重のアンビヴァレンスですが、これは様々な文化生産の界が権力の界という、より広い空間において占めている被支配的な位置を考慮に入れることによってはじめて理解できるようになります。

　権力の界（これを政治の界と混同してはなりません）は他の界とは違った特徴を持つ界です。つまり権力の界は、様々な種類の資本のあいだの力関係の空間なのです。より正確に言えばこうなります。ある一つの種類の資本に対応する界を支配することができるほど、その資本を所有している行為者たちのあいだの闘争は、様々な種類の資本の相対的価値（たとえば文化資本と経済資本のあいだの「交換レート」）が変動するたびに――とりわけ権力の界の再生産を固有の任務とする諸機関の界（フランスの場合はグラン・ゼコルの界）の内部で確立されていた均衡が脅かされるとき――激しくなるわけですが、権力の界とはそうした行為者たちのあいだの力関係の空間のなのです。

それぞれの界の内部で支配的な位置を占めるのに十分な量の資本（とくに経済資本あるいは文化資本）を所有しているという共通性を持った諸行為者あるいは諸機関が相争う闘いの焦点のひとつは、様々な種類の資本のあいだの「交換レート」を維持するか変更するかです。それはすなわち、この「交換レート」を行政的施策――たとえば支配的な位置にアクセスする道を開く学位の稀少性に影響するような、したがって学位と、学位に相応した位置の相対的価値に影響するような施策――によって変えることができる官僚機構を掌握するのは誰か、ということです。こうした闘争に投入される力とその方向（維持か変更かの方向）は諸種の資本のあいだの「交換レート」、すなわち維持か変更かの闘争の焦点そのものに左右されることになります。

支配というものは、強制的権力を持った行為者の集合（いわゆる「支配階級」）が及ぼす作用の直接的かつ単純な効果ではありません。支配層の成員それぞれは他のすべての成員から交錯する様々な拘束を蒙っており、それゆえに支配を媒介する界の構造によって支配されているのですが、支配とは、こうした交錯する諸拘束のネットワークのなかで生起する様々な作用の複合の間接的な効果なのです。

（加藤晴久訳）

原注

（1）一九八九年四月、マディスン大学（アメリカ）での講演。

作品科学のために 3

文化生産の界《シャン》はそこに関与している人々に、ある可能態の空間を提供しますが、この空間はさまざまな問題、参照対象、知的指標（これはしばしば指導者的人物の名前によって構成されています）、何々イズムという形での概念、等々から成る全体集合を規定することによって、ということはつまりゲームに参加するためには頭に入れておかなくてはならない——必ずしも意識しておくという意味ではありませんが——座標体系全体を規定することによって、彼らの探求を方向づけようとします。[1] これがたとえば専門家と、素人あるいは絵画用語で言う「素朴派」（税官吏ルソーのような）との差異をなすものです。この可能態の空間があるおかげで、ある時代の芸術生産者たちは一定の場所に位置づけられると同時に一定の日付を打たれ、経済的・社会的環境の直接的決定作用にたいして相対的に自律性をもつことになります。だからたとえば芝居の場合、現代の演出家たちがおこなっている種々の選択を理解するには、それを経済的条件すなわち補助金や興行収入の状況に、あるいは観客の期待に関係づけてやるだけでは充分ではありません。ここでは一八八〇年代以来の演出の歴史全体を参照しなければならないのです。というのも、この歴史を通して当該分野における問題体系が、論ずべき問題点の全体集合として、つまりスペクタクルの構成要素の集合として形成されてきたからで、いやしくも演出家の名に値する者ならば、その各々について自らの立場を決定しなければならないからです。

個々の行為者にたいして超越的なこの可能態の空間は一種の共通座標として機能するので、現代の創造者たちは意識的に参照し合っているわけではなくても、たがいの関係において客観的に位置づけられることになります。

文学に関する考察もこの論理から逃れることはできません。そこで私は、文化的作品を分析する種々の可能な方式の空間と思われるものを、理論的前提をそのつど明らかにするよう努めながら抽出してみたいと思います。立場決定（複数の可能態の間での選択）と社会的な界における位置の間には理解可能な関係が存在するということを証明するこの方法を徹底させようと思ったら、私はたぶん各ケースごとに、さまざまな専門家たちがこれらの多様なアプローチの間でどのように分布しているのか、またそれぞれに異なる可能な方法のうち、彼らがなぜある特定の方法を他の方法よりも好んで自分のものにするのか、そうしたことを理解するのに必要な社会学的諸要素を提示しなければならないところでしょう。けれどもここではそれはいたしません。けっしてそれほどむずかしいことではありませんが（たとえば私は『ホモ・アカデミクス』の中でおこなったバルト―ピカール論争〔ロラン・バルトの『ラシーヌ論』をきっかけとする講壇批評と新批評の論争〕の分析の中で、こうした関係づけを粗描しました）。

テクストとしての作品

よく知られている第一の対立は、外的説明と内的解釈（ソシュールが「内的言語学」と言っていた意味での）あるいは形式的解釈との対立です。内的読解は、最も普通の形ではレクトル lectores（専門の解釈学者）、すなわちどこの国にも存在するあの文学教師たちの仕事になっています。大学制度の論理全体によって支えられている限り——哲学において状況はいっそう明らかですが——それは明確な教義体系として構成される必要もなく、ドクサの状態にとどまっていられます。ニュークリティシズムは、この読解に明確な表現を与えたところに功績がありますが、テクストと「純粋」文学の絶対化に基づいた「純粋な」読解の諸前提を理論に仕立てあげたにすぎません。「純粋」生産——特に詩の場合——につきものの歴史的に構成されてきた諸前提はまた、文学界自体にもその表現が見出されます。たとえばイギリスでは『聖なる森』のＴ・Ｓ・エリオット、フランスではＮＲＦ（『新フランス評論』誌）の人々、そして特にヴァレリーなど。つまり文化的作品は非時間的な意味、純粋形式として把握されるのであり、それは歴史的決定作用や社会的機能への参照をすべて「還元的」で「粗雑」なものとみなして排除するような、純粋に内的で非歴史的な読解を要求するのです。

さて、制度的ドクサに根を下ろしているがゆえにそれ自体は根拠を必要としないこの形式主義的伝統をぜひとも理論に仕立てあげたいのであれば、二つの方向がありうるように思われます。まずは象徴形式の新カント学派理論をもちだすことができますし、より一般的には普遍的な人類学的構造の発見をめざす学問的伝統（比較神話学など）を、あるいは詩的・文学的理性の普遍形式、つまり世界を詩的に構築するさいの原理となる非歴史的な構造（たとえば詩的なもの、象徴、隠喩などの「本質」）を把握し直すことをめざすあらゆる伝統を、もちだすことができるでしょう。

可能な第二の根拠づけは構造主義理論で、これは知的にも社会的にもずっと強力なものです。社会的に見れば、それは内的読解主義のドクサの後を引き継ぎ、非時間的なテクストの形式的分解としての内的読解に、科学性のアウラを与えました。構造主義的解釈学はさまざまな文化的作品（言語、神話、そして拡大して考えれば芸術作品）を、構造化する主体なしに構造化された構造として扱います。この構造はちょうどソシュールのラングがそうであるように、固有の歴史的な実現結果であり、それゆえそうしたものとして解読されなければならないのですが、その場合、作品の生産行為あるいは生産者たちの経済的・社会的条件をいっさい参照してはならないのです（学校制度がそうであるように）。

ミシェル・フーコーの功績は、文化的作品の分析に関して、私には（ロシア・フォルマリストたちのそれとともに）構造主義的な企図の唯一の厳密な公式化と思われるものを提示したところにあります。彼が表明しているような象徴的構造主義は、ソシュールからおそらく本質的な側面、すなわち関係の優位性という考え方を受け継いでいます。ソシュールは『実体概念と関数概念』

におけるカッシーラーときわめて近い表現で、「ラングは形式であって実体ではない」と言っています。いかなる作品もそれ自体では存在しない、すなわちそれを他の諸作品に結びつけている相互依存関係の外では存在しないということをはっきり意識していたフーコーは、個々の作品がその内部で規定されるような「差異と分散の規則だった体系」を「戦略的可能性の場《シャン》」と呼ぶことを提唱しました(2)。しかしながら記号学者たちにきわめて近く、彼らがたとえばトリーアとともに「意味場」のような概念を用いるときの用法を踏襲するフーコーは、この場に組み込まれた言説の各々を明らかにする原理を、言説の秩序以外の場所に求めることを拒否するのです。「重農主義者たちの分析が功利主義者たちの分析と同じ言説に属しているとしても、それは両者が同じ時代に生きていたからではないし、同じ社会の内部でたがいに対決していたからでもないし、両者の利害が同じ経済の中で絡み合っていたからでもない。それは彼ら双方の選択が、数々の選択点が織りなす同じ分布構造から、すなわち同じ戦略の場から出てきたものだからなのである(3)」。

それゆえ、文化生産者たちが共通に所有しているもの、それは共通の参照体系、共通の指標体系であり、要するにさきほど私が可能態の空間という言葉で提示したような何ものかであるということになります。ところがフーコーは、この点ではソシュール的伝統、およびそれが内的言語学と外的言語学との間に設定した絶対的断絶にたいして忠実に、この「戦略的可能性の場」——彼はこれをエピステーメーと呼ぶのですが——の絶対的な自律性を主張するのであり、理の当然として、この「戦略的可能性の場」で生起することがらの説明原理を彼が「論争の場」と呼ぶものうちに、そして「個々人における利害関心や精神的習慣のさまざまな違い」（どうも彼はここで私のことを言っているような気がするのですが……）のうちに見出そうとする試みを、「ドクサ的錯覚」として斥けてしまうのです。換言すれば、ミシェル・フーコーは当該作品の生産者と利用者との関係のうちに根づいているもろもろの対立関係や敵対関係を、こう言ってよければ観念の高みへと移し変えてしまうのです。

もちろん、可能態の空間が及ぼす特有の決定効果を否定することは問題外です。そうした決定効果を説明することこそ、固有の歴史を備えた相対的に自律的な界という概念の機能のひとつなのですから。しかしながら文化的秩序すなわちエピステーメーを、全面的に自律的な体系として扱うことはできません。そう考えてしまうと、他から切り離されたこの圏域において突発的に生じるさまざまな変化について、ヘーゲルにおけるように自己運動 Selbstbewegung の神秘的形式によって自らを変化させてゆく内在的傾向がそこに備わっていると考えるのでなければ、原因を説明できなくなってしまうからです。たとえこれだけの理由であっても、やはりエピステーメーを自律的体系として扱うわけにはいきません（フーコーは他の多くの人々と同様、この種の本質主義、あるいはこう言ってよければフェティシズムに陥っています。それは他の諸領域、とりわけ数学に関してはっきり現れております。ここではウィトゲンシュタインの言うように、数学的真理とは人間の頭脳から完全に武装して出てきた永遠の本質などではなく、科学界という特殊な社会的世界に特有の規則や法則に従って達成される、ある種の歴史的作業の歴史的所産であると考えておくべきでしょう)。

同様の批判はロシア・フォルマリストたちについてもあてはまります。同じ発想から出発したフーコーと同様、彼らもまた複数の作品の体系、テクスト同士の関係の網、すなわち相互テクスト性しか考慮に入れようとしません。ですからフーコーと同じく、彼らは複数のテクストの体系それ自体のうちに、それ自身の力学の原理を見出さざるをえないのです。たとえばトゥイニャーノフは、およそ文学的なるものはすべて文学体系の過去の状態によってしか規定されえないと、はっきり断言しています(フーコーは自然科学について同じことを述べています)。彼らは自動化あるいは脱自動化のプロセスを、機械の消耗効果にも似た、詩的変化を引き起こす一種の自然法則に仕立てあげたのです。

文脈への還元

この点についてはまた後で触れることにしましょう。そこで今度は外的分析に話を移したいと思います。これは社会的世界と文化的作品との関係を反映の論理に従って考え、作品を作者の社会的特徴(出身階層)に、あるいはその作品の現実的・仮想的な名宛人であって作品がその期待を満たすとみなされている集団の社会的特徴に、直接結びつけるものです。私に言わせれば、その最良のケースはサルトルがフロベールに関しておこなった分析ですが、そこに見られるように、伝記的方法は躍起になって作者の特異な生活の諸特徴のうちにもろもろの説明原理を求めているものの、それらは作者が組み込まれていた文学的ミクロコスモスをそうしたものとして考慮に入れない限り、明らかにはなりません。

さまざまな時点における作家集団の、あるいは特定の時点におけるさまざまな作家のカテゴリー（流派、ジャンルなど）の統計学的諸特徴を確定しようとする統計分析も、これと似たりよったりです。じっさいこの方法はたいていの場合、あらかじめ構築されている人間集団にたいして、それ自体があらかじめ構築されている分類原理を適用しているのです。この方法に最低限の厳密さを賦与するためには、まずフランシス・ハスケルが絵画についておこなったように、統計学者が作業を進めるさいの基準となる著述家のリストが形成されてきた過程の歴史、つまりある時点において聖別された規範的作家集団を限定する列聖と位階化の手続きを、研究しなければならないでしょう。また他方では、時代名や「世代」名、流派名、「運動」名、ジャンル名のように、統計的切り分けに際して活用され、現実そのものの中で闘争の手段にも賭金にもなっている分類システムの発生過程を、研究しなければならないでしょう。こうした批判的系譜学に手をつけずにいると、現実の中で問題になっていることがらについて研究の中で決着をつけてしまう危険があります。たとえば作家集団の範囲、すなわち最も世間的に公認された作家たちによって作家を自称する権利をもっていると認められた人々の範囲はどこまでかという問題のように（歴史家や社会学者を研究する場合にも同じことが言えるでしょう）。さらにまた、界の現実的分割状況の分析に手をつけずにいると、統計分析の論理によって押しつけられるグループ分け効果のせいで、現実の集合体を解体し、その結果、その界に特有の構造に関する知識を備えた統計分析だけが把握できるような、現実に根拠のある統計的関係を損なってしまう危険があります。ましてや無作為抽出を不用意に用いた場合に起こりうる効果の数々については、言うまでもありません（サルトルが入っていないような一九五〇年代作家のサンプルに、一体何の価値があるでしょう？）。

けれども外的分析方式の最も典型的な研究形態は、やはりマルクス主義に想を得た研究でしょう。そこにはルカーチやゴルドマン、ボルケナウ（機械論的思考の発生についての研究）、アンタル（フィレンツェ絵画についての研究）、アドルノ（ハイデガー研究）など、きわめて多様な人々が含まれるのですが、彼らはいずれも作品をある社会階級の世界観や社会的利害に関係づけようとしました。この場合、作品を理解するということは、一種の媒体として振舞う芸術家を通して表現されているはずの社会集団の世界観を理解することである、と前提されます。このように社会集団と作品との間に精神的親子関係を想定する考え方は、結局のところいずれもある集団が動力因もしくは目的因（機能）として作品生産に直接作用しうると仮定するものですが、こうした考え方の諸前提はいずれもあまりに単純素朴なものであり、すべて検討に付してみなければならないでしょう。しかしもっと深い問いを発するならば、作品の社会的機能、つまり作品が「奉仕」したり表現したりする集団や「利害」を決定することが仮にできたとしても、それで果たしてわずかなりとも作品構造の理解が進歩したことになるのでしょうか？　宗教が「大衆の阿片」であると言ったからとて、宗教的メッセージの構造についてたいしたことはわかりません。そして私の発表の論理を先取りして今言ってしまってもいいのですが、メッセージの構造こそが機能が達成されるための条件なのです、もし機能なるものがあるならば。

私が界の理論を展開したのは、この種の還元的短絡に対抗するためなのです。じっさい、機能だけにもっぱら注意を払ってしまうと、文化的対象の内的論理の問題、つまり言語体系としての構造の問題は無視されてしまいます。しかしさらに深いところでは、こうした注意の向け方をしてしまうと、これらの対象を生産し、これらの対象のほうもそのために種々の機能を果たしている諸集団（聖職者、法律家、知識人、作家、詩人、芸術家、数学者、等々）の存在が忘れられかねません。マックス・ウェーバーとその宗教的行為者の理論が大いに役立つのは、ここにおいてです。けれどもじつは、宗教の専門家や、彼ら固有の利害、すなわち彼らの活動とその所産である宗教的教義や法典などが彼らのために果たす諸機能を、ふたたび分析に導入したのは彼の功績だとしても、聖職者の世界が固有の構造と固有の法則を備えた社会的ミクロコスモスであり、界であるということには、彼は気づいておりません。

文学的ミクロコスモス

じつのところ、生産者の社会空間にたいしては関係論的思考様式を適用しなければなりません。

文化的作品が生産される社会的ミクロコスモス、つまり文学界、芸術界、科学界等々は、もろもろの位置――たとえば聖別された〔世間に広く認められた〕芸術家の位置と呪われた〔世間から無視された〕芸術家の位置――同士の客観的関係の織りなす空間であり、そこで生起することがらを理解するには、各々の行為者や制度を他のすべての行為者や制度との関係の中に位置づけてやらなければならないのです。生産者たちの諸戦略、たとえばどういった芸術形式を擁護するか、誰と同盟関係を結ぶか、いかなる流派をうち立てるかといった戦略が生み出されるのは、各分野におけるこうした力関係や、この界を保守したり変革したりするための闘争の特殊な地平においてであり、それはそこで決定される特有の利害を通しておこなわれるのです。

マルクス主義者たちがしきりにもちだしていた外的決定要因――たとえば経済危機、技術革新、政治革命などの影響――は、そこから帰結する界の構造の変化を介してしか、その効果を及ぼすことができません。界は（プリズムのように）屈折効果を及ぼすのです。そしてたとえば政治体制の変化や経済危機が起こったとき、作家同士の関係や、異なるジャンル（たとえば詩、小説、演劇など）の支持者同士の関係、あるいは異なる芸術概念（たとえば芸術のための芸術と社会的芸術）同士の関係に生起する変化は、この界に特有の作用法則（「屈折率」、つまりその界の自律度）を知っていてはじめて理解できるのです。

位置と立場決定

ではこうしたすべてのことにおいて作品はどうなってしまうのか？　内的読解の最も緻密な擁護者たちがもたらしたものを私たちは途中で失ってしまったのではないか？　こんな疑問をおもちかもしれません。界の作用の論理からすれば、ある時点における可能態の空間を構成するさまざまな可能態は、実際には社会学的に両立不可能なだけであるのに、行為者や分析者にとっては論理的に両立不可能なものとして現れる傾向があります。特に、私が分析してきたさまざまな作品分析方法のケースがそうです。場合によっては論理的になんら隔てられているわけではない複数の選択肢が折り合わせ不可能なものとして現れてくるのは、闘争の論理、敵対する陣営への分割の論理によるもので、これらの陣営は客観的に差し出されている複数の可能態をめぐって分裂する――その結果、各陣営はそれらの可能態のうちごくわずかな部分しか見えない、あるいは見ようとしないという事態にいたります。各陣営はたがいに対立しながら位置づけられているので、自らを形成してゆく行為そのものの中で自分に押しつけている限界を見て取ることができません。このことはフーコーの場合にはっきり見られます。彼は、私が可能態の空間と呼んでいるものを構築するにはこの空間が表現している社会空間（芸術的・文学的・科学的ミクロコスモス）を排除しなければならないと信じていました。このように、理論的対立を裏で支えている社会的敵対関係やそうした敵対関係に結びついた利害が、止揚や総合の作業にとって唯一の障害となっているというのは、まったくめずらしいことではありません。

音素の体系と同じように、すなわち示差的な隔差の体系として、関係論的にしか理解されえない立場決定の場として観念された作品の空間と、生産の場における示差的な位置の体系として観念された流派や作者の空間、この両者を関連づけることによって、内的読解主義と外的読解主義、形式主義と社会学主義のアプローチがそれぞれもたらした成果や要求のすべてを、こうして保持することが可能になります。話をわかりやすくするために思い切って単純化してしまえば、いささか驚かれるかもしれませんが、作者、流派、雑誌等々は、それらをたがいに隔てる差異のうちに、差異によって存在していると言ってもいいでしょう。そしてもう一度バンヴェニストの表現を思い出していただきたい。「弁別的であることと有意味であること、それは同じことである」(「社会空間と象徴空間」参照)。

こう考えればいくつかの根本的な問題、特にまず変化の問題が一挙に解決できます。たとえばロシア・フォルマリストたちが描いた「日常化」と「脱日常化」のプロセスを引き起こす原動力は、作品そのものの中に書き込まれているのではなく、文化生産のあらゆる界を構成していて特に宗教界においてその典型的な形をまとっている対立、すなわち正統と異端という対立のうちに宿っているということになるでしょう。ウェーバーが宗教について語りながら、祭司と預言者それぞれの役割について、「日常化」あるいは「ルーチン化」と「脱日常化」あるいは「脱ルーチン化」についても語っているのは意味深いことです。作品をある方向に運んでゆくプロセスは行為者たちの闘争の所産なのであり、彼らは当該分野での各自の資本によって決まるその界での位置に応じて、一方には保守、すなわちルーチンとルーチン化に利益を見出す者があり、他方には転覆――これはしばしば源泉への回帰、すなわち起源の純粋さや異端の側からの批判への回帰という形をとります――に利益を見出す者があるといった具合に分かれていくのです。

　変化の方向が、歴史によって差し出され、特定の界においてある時点で可能なことと不可能なことを決定するさまざまな可能性（たとえば様式的可能性）の体系の状態によって決まるということは、確かです。けれどもそれがまた、行為者たちをさまざまな方向に導いていく種々の利害（たいてい経済的な意味ではまったく「脱利害的」な）によって決まるということもやはり同様に確かです。これらの利害は行為者たちを――その界の支配的な極と被支配者的な極のいずれに位置しているかに応じて――ある者はより確実でより安定した可能性へ、ある者はすでに社会的に形成されている可能態の中ではより新しいものへ、さらに場合によってはゼロからまるごと創りださなければならない可能性へと導いていくのです。

　文化的作品の分析は、諸作品（すなわちジャンル、さらには形式、文体、主題等々）の形づくる構造と、諸力の界であると同時に分かちがたく闘争の界でもある文学界（あるいは芸術界、法律界等々）の構造という、二つの相同な構造間の照応関係をその研究対象とします。言語、芸術、文学、科学、等々の文化的作品が変化する原動力は、各々に対応する生産の界を舞台とする闘争のうちに宿っております。この生産の界において制度化されている力関係を保守あるいは変革することをめざすこれらの闘争は、もちろんそうした闘争において手段となり賭金ともなっている諸形式の界の構造を保守あるいは変革するという結果をもたらすことになるでしょう。

　文学的闘争に参加している行為者または制度のとる戦略、すなわち立場決定（これには当該分野に特有のもの、たとえば様式的立場決定もあれば、特有でないもの、たとえば政治的立場決定や倫理的立場決定もあります）は、彼らが界の構造において、すなわち制度化されているものであれいないものであれその分野に特有の象徴資本（集団内部での認知あるいは外部での名声）の配分構造において占めている位置によって決まるのであり、それによって彼らは、自分のハビトゥスを構成している（そして位置にたいして相対的に自律性をもった）種々の性向を媒介として、この配分構造を保守するか変革するか、したがって現行のゲームのルールを固定化させるか転覆するかを方向づけられることになります。けれどもこれらの戦略はまた、支配者と上昇志願者との闘争における賭金、両者の対決を招く焦点となる問題などを通して、その時点における正統的な問題体系の状態によっても決まります。すなわち可能な立場決定の空間を規定し、そうやって解決の探求を導き、その結果として生産行為を進化させていくような、過去の闘争から受け継がれたもろもろの可能性の空間の状態によっても、決まってくるのです。

　おわかりのように、位置と立場決定のあいだに成立する関係はなんら機械的決定といったものではありません。作家であれ、芸術家であれ、学者であれ、各生産者はある種の社会的軌道によって自分のハビトゥス内に書き込まれた知覚・評価カテゴリーが保証する利用可能な種々の可能性をどのようにとらえるかに応じて、またゲームにおける自分の位置に結びついた種々の利害から想定されるこれらの可能態のうちどれを採ってどれを捨てるかという傾向に応じて、それぞれ固有の創造的企図を構築するのです。複雑な理論を手短に要約するために、こう申し上げておきましょう。それぞれの作者はある空間にひとつの位置を占めている限りにおいて、すなわち(物質的な点の単なる集積には還元できない)諸力の界――これはまた、この界を保守あるいは変革することをめざす闘争の界でもあるのですが――の中にひとつの位置を占めている限りにおいて、その界の構造化された種々の制約(たとえばジャンル同士のあいだに成立する客観的関係)のもとでしか存在しないし、存続もしないと。しかしまた、作者は可能態の界において選択可能な美学的な位置のひとつを顕在的または潜在的に択び取ることによって(そうして他の位置にたいして立場を決めることによって)、自分の位置、つまりある一点から見た視界という意味での観点を構成する示差的な隔差を明確化するのです。位置づけられている以上、彼は自らを位置づけ、他から差別化しないわけにはいきません。そしてそれは、いかなる差別化の探求とも無縁なところでおこなわれるのです。ゲームに参加するときには、ゲーム感覚を備えたすべての人々にたいしてそうであるように彼にも種々の制約や可能性が提示されるわけですが、彼はゲームに内在しているそれらの制約や可能性を、すべて「なすべきこと」として、つまり創造すべき形式、案出すべき方法、要するに大小の差はあれ「存在志向」を賦与された一連の可能態として、暗黙のうちに受け入れるのです。

位置同士の緊張関係、それは界の構造を構成するものですが、また、それら自体が闘争によって生み出される種々の賭金をめぐる闘争を通して、界の構造の変化を決定するものでもあります。しかし界の自律性がいかに大きくても、こうした闘争の結果は外的要因から完全に独立していることはけっしてありません。たとえば「保守派」と「革新派」、正統派と異端派、旧派と「新派」（あるいは「現代派」）などの力関係は、界の外部での闘争がいかなる状態にあるか、また両者のそれぞれが外部に——たとえば異端派の場合だったら、しばしば学校制度の変化にともなって現れる新たな支持者層の登場のうちに——どれほどの援軍を見出しうるかといったことによって、きわめて大きく左右されるのです。だからたとえば印象派による革命の成功は、これと並行して起こった学校制度の変化の結果、学位免状の過剰発行によって若い芸術家（画家見習い）や若い作家の集団が出現したという事態がなければ、おそらく可能にならなかったことでしょう。

世紀末の界

本来ならば文学界の特定の状態をもっと深く記述してこの研究プログラムを具体的に示したいところですが、その余裕がありませんので、いささか単純すぎるとか独断的であるとか思われる危険を承知の上で、ここでは一八八〇年代、すなわち今日私たちが知っているようなこの界の構造が確立した時期に、フランスで現れていた文学界の大きな特徴をいくつか提示しておくにとどめたいと思います。(4) 権力界を構造化している芸術と金銭の対立は、「純粋」芸術と商業芸術との対立という形で、文学界そのものの中で再現されています。前者は象徴的には支配的であるけれども経済的には被支配的なもので、たとえば「純粋」芸術の典型的な具体化である詩はあまり売れません。また後者は一方では多額の収入とブルジョワによる公認（アカデミー）をもたらすブルヴァール劇、他方ではヴォードヴィルや大衆小説（新聞連載小説）、ジャーナリズムやキャバレーなどの産業芸術という、二つの形をとっています。

かくして交差配列《キアスム》的構造が得られるのですが、これはちょうど権力界の構造と相同になっています。すでに御存知のように権力界では、文化資本は豊かだけれども経済資本は（相対的に）貧しい知識人と、経済資本は豊かだけれども文化資本は（相対的に）貧しい商工業経営者とが対立しています。一方には市場の需要にたいして最大限の独立性を守り、脱利害性という価値を称揚しようとする傾向がある。また他方には、演劇の場合であればブルジョワの需要にたいして、ヴォードヴィルや新聞連載小説の場合であればプチブルジョワの、さらには大衆の需要にたいして直接的に依存し、代わりに手軽な成功を手に入れようとする傾向がある。それ自体が自分自身の市場となっている限定生産の下位界と、大量生産の下位界という二つの下位界の対立にはっきり認められる特徴は、これですべて得られました。

この主たる対立には、これと直交する二次的な対立、作品の社会的特質とそれに対応する受容者大衆の社会的構成による対立が重なり合っています。この対立は、自律性の高い極すなわち生産者のための生産者の側においては、公認された前衛（たとえば一八八〇年代では高踏派、及び公認度はそれほど高くないけれども象徴派）と、生まれつつある前衛（若年層）あるいは古くなりつつあるけれども公認されていない前衛との間に生じます。また他律性の高い極においては対立はそれほど明確でなく、とりわけ受容者大衆の社会的特質によって生じます――たとえばブルヴァール劇と、ヴォードヴィルなどのあらゆる産業芸術形式の対立のように。

　おわかりのことと思いますが、一八八〇年頃までは主要な対立はジャンル同士の対立、つまり詩と演劇との対立（小説は非常にばらつきがあり、ちょうど中間的な位置を占めております）と部分的に重なっていました。演劇は大体において大量生産の下位界に位置づけられていたのですが（芸術のための芸術の支持者たちが演劇においてはみな挫折してしまったことが思い出されます）、演出家という新しい存在の出現、特にアントワーヌやリュニエ＝ポーなどの出現とともに、次第に分かれてゆきました。彼らは既成演劇への対立そのものによって可能態の空間全体を表面に浮かび上がらせた人々で、演劇という下位界の歴史はその後、これらの可能態を考慮に入れなければならなくなります。

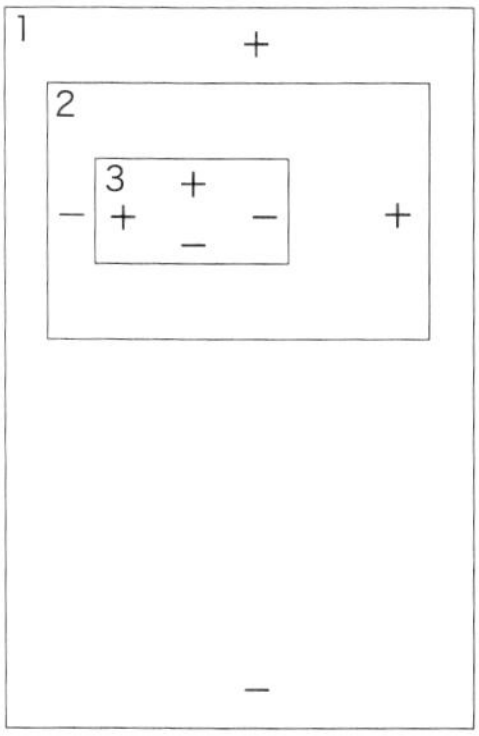

社会空間（1）の支配的な極に位置する権力界（2）の中の、被支配的な極に位置する芸術界（3）

＋＝プラス極、支配的な位置
－＝マイナス極、被支配的な位置

かくして、縦横二つの次元と二つの闘争・歴史形式をもつ空間が得られます。一方には「純粋」芸術と「商業」芸術という二つの下位界に参加している芸術家たちが、作家という存在の定義そのもの、および芸術と芸術家の地位をめぐって展開する闘争がある（自分の競争相手以外に「顧客」をもたずにその承認を期待している「純粋」作家または芸術家と、世間的名声と商業的成功を求める「ブルジョワ」作家または芸術家とのこうした闘争は、支配的な支配原理をたがいに押しつけようとして権力界の内部で対立している知識人と「ブルジョワ」――後者は「ブルジョワ知識人」によって代弁されています――の闘争の主要な一形態です）。そして他方には、自律性の高い極、つまり限定生産の下位界の内部に、公認された前衛と新しい前衛との闘争があるわけです。

文学史家や芸術史家は、芸術家または作家の名を独占することを要求する（そしてそれに成功した）生産者のための生産者の視点を無意識のうちに引き受けてしまい、限定生産の下位界しか認知も承認もしないものなので、界とその歴史に関する表象は全体がそれによって歪められています。生産の界の内部で絶えず不意に生起するさまざまな変化は、界の構造そのものから出てくるものです。すなわち界の内部での公認度（承認）及び外部での公認度（名声）をめぐって、そして限定生産の下位界での位置に関してはその分野で承認されるのに必要な資本の配分構造における位置（この位置は年齢と密接な相関関係をもっているので、支配者と被支配者、正統と異端といった対立は、年長者にたいする若年者の、また古参者にたいする新参者の、いわば永久革命という形をとる傾向があります）をめぐって、全体界の中でたがいに敵対する位置同士の共時的な対立関係から、そうした変化は生じるのです。

歴史の意味

限定生産の界において不意に生起する種々の変化は界の構造そのものから生じるので、それらと時間的に並行していて、それらを決定づけているかに見える外部的変化(たとえばアンザンでのストライキ〔一八八四年にフランス北部の炭鉱町で起きた事件で、ゾラの『ジェルミナール』に描かれている〕のような政治的事件の影響や、まったく異なる圏域では、一三四八年夏にフィレンツェとシエナを襲った黒死病など)にたいしては、相当の独立性をもっております——界の内部における変化が後に公認された場合、それが相対的に独立している原因連鎖の出会いに何がしか負っていることはありえますが、たとえそうだとしてもです。界の歴史を作るのは、所有者と所有志願者、あるいはボクシングの試合で言うようにタイトル(作家、哲学者、学者など)の保持者と挑戦者との闘争なのです。作家や流派や作品が古くなるという現象は、(その界に新たな位置を存在せしめることによって)時代を画し、その後も自ら存続する(「古典」となる)ために闘っている人々と、自分が時代を画するためには、現状を永遠化し歴史の歩みを止めることで利益を得る人々を過去へ追いやってしまわなければならない人々との、闘争の結果にほかなりません。

各ジャンルの内部で公認の前衛に新しい前衛を対立させる闘争において、新しい前衛は源泉への回帰、起源の純粋さへの回帰を引き合いに出すことにより、当該ジャンルの基盤そのものをあらためて問題にしようとします。その結果、詩や小説や演劇の歴史は純粋化のプロセスとして現れてくることになります。そのプロセスを通して、各ジャンルは自分自身についての、またおのれの諸原則や諸前提についての絶えざる自己批判的反省を通して、最も純化された精髄にまで還元されていくのです。したがって、ロマン主義以来フランス詩の歴史に繰り返し節目をつけてきた既成の詩にたいする一連の詩的革命は、「詩的なもの」を定義するいっさいの要素を詩から排除しようとしてきました。たとえば詩の最も特徴的な形式であるアレクサンドランやソネ、さらには詩篇という形式そのもの、要するにある詩人が詩的「惰性」と呼んだすべてのものを、そして直喩や隠喩などの修辞形式、抒情や感情吐露や心理などの型通りの感情を、排除しようとしてきたのです。同様に、バルザック以降のフランス小説の歴史もまた「小説的なもの」を排除しようとしてきました。たとえばフロベールは「何についても書かれていない書物」の夢を語り、ゴンクール兄弟は「波乱に富んだ展開もなく、筋立てもなく、安っぽい娯楽もない小説」への野心を口にしていましたが、彼らはともに、ゴンクール兄弟自身の語っていた「小説的なものを抹殺する」もくろみに大きく貢献したと言えるでしょう。このもくろみはジョイスからフォークナーを経てクロード・シモンへと受け継がれ、いっさいの線的な物語が姿を消した小説、自らを虚構として暴露する小説を生み出したのです。そして最後にまた、演出の歴史も「演劇的なもの」をますます排除する方向にむかっており、ことさら観客に錯覚を起こさせるような形で劇的イリュージョンを表現するに至っています。

　けれども逆説的なことに、永久革命の舞台であるこれらの界において、前衛の生産者たちは過去を乗り越えようとする変革行為に至るまで、じつは過去によって規定されています。つまりそうした変革行為は、母胎にもともと宿っているように、その界自体に内在する可能態の空間にはじめから書き込まれているのです。界において生起することがらは、ますますその界に特有の歴史に従属するようになり、その時点での社会的世界の状態（経済状況、政治状況など）に関する知識からこれを演繹したり予見したりすることはますますむずかしくなる。界の相対的な自律性は、もろもろの形式的特性や価値をもっぱら構造に、したがって界の歴史に負っている作品、そして世界で起こっていることから界で起こっていることへと「短絡」によって直接移行してしまうような解釈をますます価値のないものとするような作品において、それだけ実現されやすくなるということです。

　生産する側に、客体としての芸術家として存在する以外には素朴派の占めるべき場所が残されていないのと同様、素朴な受容、第一段階での受容にも、占めるべき場所はもはや残されておりません。きわめて自律度の高い界の論理にしたがって生産された作品は、差異化する知覚、弁別的な、同時代のものであれ過去のものであれ他の諸作品にたいする距離に注意を払うような知覚を要求するのです。その結果、逆説的なことに、歴史や伝統との恒久的な断絶から生まれたこの種の芸術の適切な消費形態は、終始一貫して歴史的なものになる傾向があります。作品を受容する快楽を味わうには、その作品を生み出すもとになった可能態の空間や、その作品が表している、歴史的比較によってしか把握できない「寄与」と言われるものについての自覚と知識を備えていなければならないからです。

「純粋」芸術（及びその原理を明らかにした「フォルマリスム」理論）の存在が科学に提起している認識論的問題は、このようにして解決されます。つまり歴史にたいする自由の原理が宿っているのは歴史の中なのであり、自律化のプロセス（これについては先程簡単に粗描いたしました）の社会史を研究してみれば、「社会的文脈」にたいする自由――これを当時の社会的条件と直接関係づけようとすると、それを説明しようとする運動そのものの中で無に帰してしまいます――というものも、説明がつくのです。生産においても受容においても形式しか認知しようとしない形式至上主義的唯美論者たちが社会学にたいして投げかけていた挑戦は、これで克服されました。形式至上主義的野心の持主があらゆる種類の歴史化を拒否してきたのは、それが可能となるための社会的条件を彼らが知らないからです。あるいはもっと正確に言えば、外的決定因にたいする自由が実現するための社会的条件が確立されてきた歴史的プロセス、すなわち相対的に自律性をもった生産の界と、その界が可能にする純粋美学が確立されてきた歴史的プロセスを、彼らが忘れてしまっているからにほかなりません。歴史的条件にたいする独立性、それは形式への純粋な配慮から生まれた作品にはっきり現れてくるわけですが、その基盤は、内部に居住している人々にこうした独立性を保証できるような圏域の出現にまで至った歴史的プロセスのうちに宿っているのです。

性向と軌道

さて、以上で界の構造、及びその作用と変化の論理について取り急ぎ述べましたので（やはり決定的な役割を演じている受容者大衆との関係についてもお話しするべきだったかもしれませんが）、あとは個々の行為者（したがってそのハビトゥス）と界の諸力のあいだに成立する関係について述べなければなりません。この関係は、ある個人的軌道とある作品のうちに客体化されています。普通の意味での伝記と違って、軌道というのは次々と変化する文学界の状態においてある同一の作家が次々と占めてゆく連続した位置の変化を描くものです。これらの連続的な位置とは、雑誌を主宰したとか、これこれの出版社で本を出したとか、これこれのグループに参加したとかいったことですが、その意味が明確に定義されるのは、もちろん界の構造においてのみである、つまりもう一度いえば関係論的にのみであることは、言うまでもありません。

作家は、彼が界において占めている位置がどれほどの稀少価値をもっているか、また出身階層に由来する種々の性向に応じて彼がその位置をどのように評価しているか、そうしたことに応じて、差し出されている複数の可能態のいずれかへと向かっていくのであり、それもたいていの場合はまったく無意識的にそうするのですが、そうしたことがおこなわれるのは、可能態の空間のある一状態によって規定される、界の特定状態の内部においてなのです。この事実の基本にある複数の位置及び性向同士の弁証法的関係について細かく述べることはできませんから、ここではただ、位置の位置のヒエラルキー（ジャンル同士の、そして各ジャンルの内部では手法同士のヒエラルキー）と社会的出身階層の（したがってそれに結びついた性向同士の）ヒエラルキーとのあいだには、驚くべき照応関係が認められているということだけ申し上げておきます。ひとつだけ例を挙げれば、大衆小説というのは他のいかなる小説カテゴリーよりも被支配階級出身者や女性作家に委ねられているジャンルなのですが、注目すべきことに、その内部でこのジャンルにたいして最も距離を置いた扱い方、半ばパロディー的な扱い方ができるのは、相対的に恵まれた作家たちなのです——アポリネールが誉めたたえた『ファントマ』〔ピエール・スーヴェストルとマルセル・アラン作の新聞連載小説〕は、その典型的な例でしょう。

けれども、こうおっしゃりたいかもしれません。芸術作品のこうした特殊な理解方法はいったい何をもたらすのか？　作品を説明するために、その魔法を解いてしまう〔魅力を壊してしまう〕危険を冒すだけの価値があるのだろうか？　そして、歴史的生成にともなう偶発事とは無縁の絶対的経験として生きられることを望むものを、こうして歴史的分析に付してみたことによって、現状を知るという常にいささか陰鬱な快楽のほかに、いったい何が得られたというのか？

決然として歴史主義的たらんとする物の見方は、芸術や科学の論理のような超歴史的論理が出現するための歴史的条件について厳密な知識を獲得するよう人を導いてゆくものであって、まず何よりも、もろもろの本質——文学的なもの、詩的なもの、あるいは別の領域で言えば数学的なもの、等々——へのフェティシズムというプラトン主義的な誘惑から批評の言説を解放するという効果をもっています。あれほどにも多くの「理論家」たち、特に「文学性」に関してはロシア・フォルマリストたちや現象学と形相分析に精通したヤコブソン、また「純粋詩」や「演劇性」をめぐってもその他大勢の人々（ブレモン神父からアントナン・アルトーまで……）が耽ってきた本質分析は、詩や小説や演劇といった各ジャンルの内部で生産の界の自律化にともなっておこなわれてきた、あの緩慢で長期にわたる純粋化の作業の歴史的所産を、そうとは知らずにもう一度取り上げているにすぎません。生産の界を舞台とする革命は、詩的、あるいは演劇的、あるいは小説的効果を生み出す各々固有の原理を少しずつ取り出すよう人々を導いてきましたが、その結果、当該ジャンルの最も特徴的な効果——詩の場合でいえば脱日常化の効果、つまりフォルマリストたちの言うオストラネーニェ〔異化、非日常化〕——を生み出すのに最も適合するような諸特性の、高度に濃縮され昇華された一種のエキスみたいなものだけが残ったのです（たとえば詩の場合だったらフランシス・ポンジュにおけるように）。しかもこの作業は、詩的なもの、演劇的なもの、あるいは小説的なものとして認められている種々の技術に頼ることなしにおこなわれたのでした。

ブリュヌチエールが語っていた「作品にたいする作品の作用」は、作者たちの存在を介さなければけっして及ぼされることがないということは、認めないわけにはいきません。そして彼らの最も純粋な美学的・科学的欲動は、歴史的に位置づけられ日付を打たれた文学的あるいは芸術的ミクロコスモスのきわめて特殊な状態の構造において、彼らが占めている位置という制約のもとで、またその限界の中で規定されるのです。歴史が超歴史的な普遍性を生み出すことができるとすれば、それはただ、各々に特有の作用法則がもたらす社会的錬金術の効果によって、個々の視点のしばしば非情なまでの対決から普遍的なものの昇華された本質を抽出しようとする、そうした複数の社会的圏域を作りだすことによってでしかありません。こうした現実主義的なヴィジョンによれば、普遍的なものの生産は一定の規則に従ったひとつの集団的な企てになるはずであって、結局のところ私には、純粋形式への純粋な情熱や創造的天才のもつ奇跡的な力への信仰よりも、こうしたヴィジョンのほうがより確実で、またこう言ってさしつかえなければ、より人間的であるように思われるのです。

（石井洋二郎訳）

原注

（1）「批評に関するクリスチャン・ガウス・セミナー」（プリンストン大学、一九八六年）における講演。
（2）ここで私は、たぶんこの時点におけるフーコーの全著作の理論的前提を最も明快に表現していると思われる論文、« Réponse au cercle d'épistémologie », *Cahiers pour L'analyse*, 9, été 1968 の九ページから四〇ページ、特に四〇ページを参照している。
（3）同書、二九ページ。
（4）より突っ込んだ分析については、ピエール・ブルデュー『芸術の規則』I、藤原書店、一九九五年、一八三―二二三ページを参照のこと。

付論1　伝記の幻想

生活史というのは、知識人の世界に密輸入された常識の概念の一つです。これはまず民族学者の世界にそっと、人目につかないように、そしてごく最近では鳴り物入りで社会学者の世界に入りこんだものです。生活史を語るというのは、生とは一つの歴史であること、また一つの生は一つの歴史、もしくはこの歴史の物語とみなされた一人の個人的存在の出来事全体と一体であることを、少なくとも、またそれは重大なことなのですが、前提にすることです。生を、数々の交差点をもった道、道路、経歴として描くこと（悪徳と美徳のあいだのヘラクレス）、あるいは道のりとして、つまり軌道、コース、過程、通り道、旅、行路、一方向の直線的移動（「運動《モビリテ》」）として描くこと、そうすることで開始点（「人生の始まり」）、諸段階、二重の意味での終わり＝目的 fin、すなわち終点と始点（「道を開く」とは成功や立派な仕事につくことを意味します）あるいは歴史〈物語〉の目的＝終わりをもたらすこと。それは全く常識が、つまり日常言語が語ることです。歴史的物語という意味での歴史哲学を、つまりとりわけ伝記と自伝の区別もつかないような歴史家や小説家の物語や物語の理論を前提とすること。それはすなわち、知らず知らずのうちに、歴史的諸事件の連続という意味での歴史哲学を受け入れることになります。

　完全にとまではいかないまでも、こうした理論の前提のうちのいくつかを取り出してみることはできるでしょう。まず「生」とは、主観的「意図」と客観的「意図」をもった一つの投企の統一的表現として理解できるし、またそうしなければならない。そしてそれは一つの全体、一貫性をもち方向づけられた一つの総体を成しているということ、つまり、「原初的投企」というサルトル流の観念は、普通の伝記でいう「既に」、「その当時から」、「若い頃から」などといったもの、あるいは「生活史」のいう「いつも」(「わたくしは、いつも音楽が好きでした」)などに含まれるものを公然と提示しているにすぎません。一つの歴史《イストワール》(物語の意味での)として組織されたこうした生は、論理的順序でもある年代的順序にしたがって展開されます。すなわち、開始、始原《オリジン》、二重の意味での出発点である始まり《デビュー》(初登場)、または原理や存在理由や第一原因から、目的であり到達点(目的因《テロス》)である終わり《テルム》へと展開されます。伝記的であれ自伝的であれ、調査において調査員に「打ち明けられる」話のように、物語というのは、認識できる関係にそって系統的な連続に組織される傾向のある、あるいはそうした連続に組織したいと思われる諸事件を提示するものです。そうした諸事件は必ずしも厳密に年代順的な連続における全体でもないし、またそうした連続において展開されるものでもありません(生活史を収集した人は誰でも、調査はカレンダー的に厳密な連続の道筋をつねに失わせるものだと言います）。伝記の主体でもあり客体でもある者たち（調査者と調査対象者）は、語られた存在の（そして暗黙のうちにすべての存在の）意味についての公準を受け入れることから、ある意味では同じ利益を得ているのです。

おそらく、自伝的な物語というものは、少なくとも部分的には、必然的発展の諸段階として構成された連続的諸段階のあいだに、有効な原因に対する影響関係のような認識可能な関係を確立することで、回顧的かつ予測的な論理や一貫性や恒常性に意味を与えたり、それらを説明したり、一つの論理を引き出そうとする配慮から着想を得ているといってよいでしょう（この一貫性と必然性という利益《プロフィ》は、調査対象者が自伝的企図[1]からひきだす利益――地位と軌道に応じて違ってきますが――の原理となるものです）。何らかの意味のある事件を全体的な意図に基づいて選ぶことで、また存在したものを正当化し、一貫性を与えるに適したつながり（原因、あるいはよくあるような目的の設定が必要とするつながり）を事件の間に確立することで、自分の人生のイデオローグになるという傾向は、伝記作者のうちに自然な共犯者を見つけ出すのです。解釈の専門家の性向から始まるすべてが、この自然な共犯者に、意味の人為的創造を受け入れさせるようにするのです。

直線的な話としての小説の構造を放棄するということが、同時に、二重の意味でのサンス、つまり意味と方向を与えられた存在としての生のヴィジョンを疑問に付すことであったというのは、意味のあることです。ウィリアム・フォークナーの小説『響きと怒り』に象徴される、こうした二重の断絶〔意味と方向からの断絶〕は、『マクベス』の最後でシェイクスピアが示した非‐物語としての生という定義に極めて明瞭に表現されております。つまり、「これは白痴の語る物語、響きと怒りに満ちてはいるが、意味は何一つありはしない」。生活史をつくること、一つの歴史として生をあつかうこと、つまり生をある一まとまりの話として、またさまざまな出来事に方向性を与える話として、さらに首尾一貫した話としてあつかうこと、それはおそらく生についての共有される表象やレトリカルな幻想に身をささげることなのです。そうした幻想や表象は文学的伝統全体が絶えず強めてきたものであり、〔今もなお〕強めているものです。アラン・ロブ＝グリエが指摘するように、「現代文学の出現は、まさにこうしたことの発見とむすびついている。つまり、リアルなものは不連続〔バラバラ〕なものであり、理由もなく並存している諸要素によって形成され、その一つ一つの要素はただ一つのものであり、こうした諸要素は予想を越えて、言葉もなしに、偶発的な仕方で絶えず出現するだけに、つかみがたいものなのだ[2]」。

新しい文学的表現様式の発明は、一貫性とまとまりをもつものとしての伝統的な小説的表現の恣意性と、こうしたレトリックの約束事を含んでいる存在の哲学の恣意性を、逆推論によって明らかにしました。このレトリック革命の創始者たちにとっては不可分である存在の哲学を、採用しなければならないというわけではありません。[3] しかしながら、いずれにせよわれわれは、統一性と全体性としての生の日常的経験を育み、可能にする社会的メカニズムの問題を回避するわけにはいかないでしょう。実際、社会学の限界を越えないで、固有な感覚の寄せ集めには解消されない自我があるかどうかという昔からの経験主義的問いに答えるにはどうすべきなのでしょうか。おそらく、受動的な認識には解消できない、実践と表象の統一（すなわち歴史的に構成された、したがって歴史的に位置づけられた、カントによる自我の定式化、つまり多様な感覚所与の直観における統合と意識における表象の結合を説明する定式と同じもの）である活動原理をハビトゥスに見いだすことができるのではないでしょうか。しかしこうした実践的なアイデンティティは、表象が次々と、とめどなく捉えどころのない連鎖として現れる場合には、直観にたよるほかないのです。その結果、このアイデンティティをそれとして把握する唯一の方法は、全体化する一まとまりの話として捉え返そうとするものになるのです（たとえば「自分語り」や打ち明け話など、多かれ少なかれ制度化された、多様な形態がそれを可能にします）。

社会的世界では、責任をもった、自分自身に対して恒常的なものと見なされるアイデンティティを正常さと同一視する傾向があります。つまり責任ある存在とは、しっかり構成された話（愚か者によって語られた話とは対比されます）のように、予測可能なものであり、あるいは少なくとも認識可能なものです。社会的世界は、自我の全体化と統合をもたらすあらゆる種類の制度を提示し、配置します。クリプキの指摘するところによれば、固有名詞は「厳密な命名者」として、同じ社会界（通時的恒常性）の異なった状態において、あるいはまた同じ時の異なった界（占められた地位の多様性を越えた共時的恒常性）(4)において、「どんな世界であるかにかかわらず、同じ対象を命名する」というのは最も明確なことです。また、「動く世界における固定された点」としての固有名詞をえがいたジッフは、アイデンティティを確定するのに必要とされるやり方を「洗礼の儀礼」[5]にみるわけですが、これは正しいと言えます。このような固有名詞を定めるという命名がもつ全く独特な形態によって、恒常的で持続的な社会的アイデンティティが確立されるわけです。この社会的アイデンティティは、生物的な諸個人が行為者 agent として参加するすべての界において、つまりはかれらの生活史において、そのアイデンティティを保証します。「マルセル・ダッソー」という固有名詞は、時を貫く恒常性やさまざまな社会的行為者の社会的空間を貫く統一性を保証します。これらの社会的行為者は、界における個体性、つまり企業の経営者とか出版社の社長とか国会議員とか映画のプロデューサーとかの表示です。つまりこのアイデンティティを本物だと証明する署名 signum authenticum が、一つの界から他の界への譲渡〔名義書換〕の、つまり一人の行為者から他の行為者への譲渡の法的条件であるというのは、偶然によるものではありません。

制度としての固有名詞は、時間や空間から、また界と時点による多様性から切り離されます。そうすることで固有名詞は、生物的・社会的な変化や不安定性にかかわりなく、命名された諸個人に、社会秩序の要請する本人であることの証明という意味での、名称の恒常性やアイデンティティを保証するのです。また多くの社会的世界では、自分にたいする最も神聖な義務は、固有名詞（もちろんファミリー・ネームという共通する名前と特定化されたファースト・ネームに分けられるわけですが）にたいする義務という形態をとります。固有名詞は社会的時空をこえて、その名前の持ち主のアイデンティティを目に見える形で証明します。また固有名詞は、その持続的な表示の統一性と、公的記録における、この表示の全体化を認める社会的可能性との根拠なのです。履歴書 curriculum vitae や公職序列 cursus honorum〔昇官順序〕、前科簿、故人略歴や伝記のような公的記録において、その一時的なあるいは最終的なバランスシートにおいて、審判による完結した人生が構成されます。

「厳格な命名者」である固有名詞は、制度的儀礼がおこなう恣意的押し付けの典型的な形態です。つまり命名と分類というものは、状況の特殊性や個人的事件には無関心な、切り取られた絶対的な分類を、生物的・社会的リアリティのボヤケた状態や流動に持ち込みます。固有名詞は諸属性を記述できないこと、また固有名詞が付けられたものについて何も情報を伝えないことが、このように説明されるわけです。すなわち固有名詞が指し示すものは、常に変化する生物学的・社会的諸属性の雑多な要素から成る寄せ集め作品《ラプソディー》にすぎず、すべての記述はある時期と空間の限界内においてのみ有効なのです。言い換えますと、固有名詞はとてつもない抽象化をしない限り、社会的に構成された個体性としての人格性のアイデンティティを証明できないのです。そうしたことは、プルーストが冠詞に先行される固有名詞(「バッキンガム宮殿のスワン」、「その時のアルベルティーヌ」、「雨の日にゴム引きを着たアルベルティーヌ」とか)を使っておこなった普通とは異なる〔固有名詞の〕使い方を思い起こしてみれば分かることです。つまり、そうした複雑な言い回しによって、「バラバラにされた多様な主体の突然の暴露」と、固有名詞によって与えられた

社会的アイデンティティの諸世界がもっている多様性の恒常性が同時に表現されるのです。(6)

そういうわけで、固有名詞は身分証明書 l'état cvile の支え（実体 la substance と呼んでもよいでしょう）なのです。つまり固有名詞は、民法が法的効力を与える一人格に結びつけられた（国籍や性別や年齢などの）諸属性すべての支えであり、またこれら諸属性を確認するという外見の下で、身分証明の行為が制定するものの支えなのです。社会的存在へのアクセスを印し付ける最初の制定儀礼の産物、これはすべての制定儀礼の、すなわち社会的アイデンティティを形成する継続的な命名の真の対象なのです。つまり、こうした国家の管理と保証のもとでおこなわれる（多くの場合、公的で正式な）登録行為は、厳格な指名でもあります。すなわちこの登録行為は、社会的秩序が固有名詞によって制定され、歴史的変動にたいして超越的で、この種の社会的な本質の真正な公的な記述を発展させることができる、すべての社会において有効なのです。しかし実際には、この登録行為はすべての命名行為が前提としている、名詞的なものの恒常性の公準に基礎をおいています。さらに、もっと一般的に言えば、長期的な未来に関係するすべての法的行為がこの公準を前提しているのです。そうした法的行為とは、不可逆的な仕方で能力（あるいは無能力）を保証する証明書とか、融資契約や保険契約のような遠い将来に関係する契約とか、あるいはまた犯罪者や受刑者の時間を越えたアイデンティティの確認を前提にしているすべての刑罰といったもののことです。(7)

人々がますます公的な調査による公的な尋問——その最たるものは司法や警察の調査ですが——

に接するようになるだけに、また同時に家族間の親密な交流や、自らの内にこもり保護された市場で飛び交う内緒話の論理から遠ざかっているだけに、ますます生の物語は自己を公的に提示する公的モデル（身分証明書や住民票や履歴書、公式の経歴書など）やその前提となっているアイデンティティの哲学に近づく傾向があるといってよいでしょう。ハビトゥスと市場との関係において言説の生産を支配する規則は、自己についての言説という特殊な表現形態に適用されます。しかし、生についての話は、その形式も内容も自分のいる市場の社会的特性によって変わるものです。つまり、調査の状況そのものが、収集される言説の形態と内容を不可避的に決定することに貢献します。しかしこうした言説の固有の目的、つまり自分自身の生のもつ私的な表象の公的提示——公表すること——は、特殊な拘束と検閲の追加を受けることになります（経歴詐称や勲章の不法携帯に対する法的な処罰は、その限界を示しています）。公的な履歴の規則は、（年代順の配慮や物語としての生の表象に特有なことすべてのような）質問の無意識的な諸前提を貫いて、また調査の状況を貫いて、そして最後に多かれ少なかれ意識的な表象を貫いて、公的な状況を越えて〔広く〕押しつけられる傾向があると、すべてのことから考えてよいでしょう。この調査の状況には、質問者と回答者の客観的距離や、質問者がこの関係を「操作する」能力に応じて、またお役所的な尋問の柔らかい形態（社会学的調査は多くの場合自覚されていないのですが、この種のお役所的な尋問になっています）から打明け話のレベルに至るまで、様々な違いがあります。また調査対象者は、この多かれ少なかれ意識的な表象を、自ら同じような状況で直接的あるいは間接的に経験したもの（たとえば、著名な作家や政治家のインタビューや試験など）に応じて、調査の状況からつくり出します。また、こうした多かれ少なかれ意識的な表象によって、調査対象者はあらゆる手段を尽くして自己の表象を、あるいはこう言った方がよいでしょうが、自己の生産を方向付けることになります。

「生活史」という完全無欠な人為的構成物をつくる際に、研究者が知らないうちに作動させてしまう、分析されない、コントロール不能な社会的過程を批判的に分析することは、それ自体が目的ではありません。そうした批判的分析は、それ自体が生成流転する空間において、同一の行為者（あるいは同一のグループ）が継続的に占める、また絶えず変動する一連の地位としての軌道という概念の構築をもたらします。一つの人生をたった一つのシリーズ〔続き物〕として、また変わらないのは固有名詞だけであるような「主体」sujet と結びつけて、継続的な事件としてだけ捉えようとするのは、馬鹿げたことです。それは地下鉄における経路を、各駅の客観的な関係のマトリックスである線路網を考慮しないで説明しようとするのと同じくらい馬鹿げたことです。伝記的な出来事というのは、社会的空間における配置と移動として定義されます。社会的空間についてもっと正確に言えば、考慮された界における賭け金《アンジュ》である様々な種類の資本の配分構造の多様な継続的状態ということになります。一つの地位から他の地位に至る運動（編集者から作家へ、ある雑誌から別の雑誌へ、ある司教区から他の司教区へ）の方向＝意味《サンス》は、明らかに、方向付けられた空間におけるこれらの地位のもつ、ある時点での意味どうしの客観的な関係において決定されます。したがって、それが描かれる界の継続的な状態をあらかじめ構築しておくという条件でのみ、一つの軌道（社会的老化は、不可避的にそれをともなうとはいえ、生物学的老化とは別物です）は理解できることになります。したがって、同じ界に参加している、あるいは対立している他の行為者全体と、ある行為者を関係づける客観的関係全体を構築してはじめて、その軌道は理解できるのです。また、このような前提となる構築は、社会的地位と呼ばれるものの厳密な全評価、つまり固有名詞で呼ばれる人格の厳密な記述の条件なのです。言い換えますと、それはある時点で生物学的な一個人によって同時に占められる諸地位の総体です。この生物学的個人は、有効な行為者として様々な界に参加することを可能にさせる諸属性と諸権限の総体の担い手として行動するように、社会的に設定されているのです。(8)

（安田尚訳）

原注

（1）Cf. F. Muel-Dreyfus, *Le Métier d'éducateur*, Paris, Éd. de Minuit, 1983.

（2）A. Robbe-Grillet, *Le Miroir qui revient*, Paris, Éd. de Minuit, 1984, p.208.

（3）「それらすべてはリアルなもの、すなわち断片であり、捉えどころがなく、無益であり、あまりに偶然で特殊なものなので、そこではすべてが各瞬間に無償のものとして現れ、すべての出来事は結局何ら統一する意味作用をもたないものになる」(A. Robbe-Grillet, *ibid.*)。

（4）Cf. S. Kripke, *La Logique des noms propres* (*Naming and necessity*), Paris, Éd. de Munuit, 1982〔ソール・A・クリプキ『名指しと必然性――様相の形而上学と心身問題』八木沢敬・野家啓一訳、産業図書、一九八五年〕; P. Engel, *Identité et Référence*, Paris, Pens, 1985.

（5）Cf. P. Ziff, *Semantic Analysis*, Ithaca, Cornell University Press, 1960, p.102-104.

（6）E. Nicole, « Personnage et rhétorique du nom », *Poétique*, 46,1981, p. 200-216.

（7）個体性——市民国家では、本人の署名と写真によって把握される——の生物的な次元は、時と場所、つまり純粋な名義に比べればはるかに不確かな社会的空間によって変化する（社会的空間による身体的ヘクシスの多様性については、S・マレスカの「農民の表象——農民指導者の表象作用に関する民族学的評釈」（*Actes de la recherche en sciences sociales*, 38, mai 1981, p.3-18）。

（8）具体的な個人と構築された個人＝有効な行為者《アジャン》との区別は、同時に行為者と人格との区別でもある。行為者は一つの界において有効であり、また〔これに対して〕人格とは命名によって社会的に設定された生物学的な個体性である。後者は一つの社会的表層を、つまり様々な界において行為者として存在する能力を（ある場合において）この人格に保証する諸属性と諸能力の担い手なのである。

付論2　二重の断絶[1]

「他の領域と同様、知の領域でも諸集団や諸団体の間には、ハイデガーのいう『現実の公的な解釈』をめぐる競争がある。その意識性には程度の差こそあれ、対立する諸集団は過去―現在―未来の事柄の解釈をめぐる闘いにおいて勝利を得ようとするものである」。ロバート・マートンが『科学の社会学[2]』ではじめて主張したこの命題を、再度取り上げてみることにしたいと思います。真理があるとするなら、それは真理が闘争の賭け金《アンジュ》だということを、私自身よく思い起こしたものでした。この言明は、私が界と呼ぶ相対的に自立した社会的世界においては、とりわけ重要です。この相対的に自立した社会的世界では、自然界や社会界についての見方《ヴィジョン》や分類《ディヴィジョン》の正当な原理の押し付けを賭金とする闘争において、象徴生産の専門家たちは互いに対立しております。ですから科学の科学の中心的な仕事の一つは、科学の界が宗教界や哲学界や芸術界などのような他の界と共有するものを、そしてまた、それらとどの点が違うかを明らかにすることにあるのです。

ロバート・マートンの主要な功績の一つは、科学の世界は社会学的に分析されねばならない、しかも隅から隅まで例外なく仮借なく分析されねばならないということを提起した点にあります。したがって、科学の社会学におけるいわゆる「ストロング・プログラム」の唱導者たちが、鳴り物入りで「すべての知は吟味の素材として扱われねばならない[3]」(all knowledge should be treated thru and thru as material for ivestigation) と断言するとき、それはわれわれがフランス語でいう、開いたドアを破る《アンフォンセ・デ・ポルト・ウーヴェルト》(すでに明白になったことを得々としてしゃべっているにすぎない)ことになるのです。根拠を欠いた誤謬や幻想や信念だけでなく、真理の発見ですらも社会や歴史によって条件づけられているという仮説にはコペルニクス的転回があると、一九四五年以来マートンは言っていなかったでしょうか[4]? しかもさらに、この「ラディカルな」批判とは違って、マートンは科学が一方では、科学が位置づけられている社会的世界との関係で、また他方では、それに固有な機能の諸規則――この諸規則を記述し、分析する必要があるのですが――を備えた世界である科学の世界との関係で検討されねばならないということも明らかにしました。この点に関していえば、「ストロング・プログラム」の擁護者たちは、実のところ、後退しています。文化的作品についてのあらゆる科学に見られる論理に従えば、つまり法律、芸術、文学、哲学などの歴史に関していえば、この「ストロング・プログラム」の擁護者たちは、すべての知識人の世界が押し付けようとする内在的読解から立ち去ろうとする際、文化生産の世界と芸術家、作家、哲学者、知識人といった専門的な文化生産者に固有な論理を捨象して、非常に乱暴で還元主義的な外在的読解に陥っているのです。

マートンは科学のミクロ・コスモスの存在を頭の中にたたきこんでいるわけですが、彼はこのミクロ・コスモスの世界自体によって自らに押し付けられる分析カテゴリーを、自らに適用しつづけています。こうしてマートンは、機能という実証的な法則の記述のために、そこで公式に表明される規範的規則の記録を与えるのです。それゆえマートンは、うわべだけ「内在的」読解から脱却しているにすぎません。この「内在的」読解は、科学の歴史においてと同様に芸術や哲学の歴史においても、芸術家や科学者や哲学者の聖者列伝的な見方と両立するものです。もっと正確に言えば、マートンは一方の「学問共同体」（もう一つの現地人民神話）が認める、客観性とかオリジナリティとか有用性といった理念的価値や、普遍主義とか知的共同体主義とか無私無欲とか懐疑主義とかいった規範と、他方の「管理」、コミュニケーション、査定、報酬、採用人事、教育などを確保しようとするメカニズムや学問的世界の社会構造との関係の問題を、提起しないで済ませているのです。

しかしながら科学界の固有性の原理や二重の真理の原理は、これらの〔理念的価値や規範との、メカニズムや社会構造との〕関係にあるのです。こうした原理は、科学界を固有なものとして性格づけるものであり、またこの二重の真理は、マートン流の理想化された、無邪気で和協《イレニク》神学的な〔異なる意見をもつ人々の間の論争に対する寛容な態度。とくに、異なるキリスト教派において〕見方にも、「ストロング・プログラム」の唱導者たちのシニカルな還元主義にも陥るものではありません。ここで我々は、社会的世界を分析する非常に多くの領域で見られる、数多くの不可避的な二者択一の一ケースに直面しているのです（こうした不可避的な二者択一は、今日でも「思想史」か「社会史」かといった古い形態で、歴史家たちのもとに大挙して回帰しています）。

最も重大な素朴さ《ナイヴテ》は、象徴権力（国家、法、芸術、科学など）が自発的に提供する理想的な、あるいは美化された表象を受け入れてしまうことにあります。この最も重大な素朴さは、パスカルなら「中途半端な利口さ」と呼ぶような、騙されまいとする、いわば第二の素朴さを呼び起こします。自分は利口であるとか、迷妄に囚われていないし迷妄を打破する者だと感じる喜び、また魔術から解放された者を演ずるという喜びは、多くの学問的誤謬の原理となっています。その喜びは、告発された幻想も現実の一部をなしていることや、またこの幻想がそれを説明するモデル、はじめはもっぱら幻想に抗してのみつくられたモデルのなかに書き込まれるものだということを、忘れさせてしまうのです。

「ストロング・プログラム」の唱導者たちは、自分たちの提起する反省性の原理(5)に従って、科学社会学の視線を自らの学問的実践に向けさせることができたなら、自分たちが偽の革命的断絶をしていることに直ちに気づくことでしょう。彼らはこの偽の革命的断絶を、先行者に対抗して自分を認めさせようとする新参者がとる、最もありふれた転覆戦略に基づいておこなっているのです。またこの転覆戦略は、新し物好きを魅了するのにうってつけなので、労せずして〔費用を掛けずに〕象徴資本の原始的蓄積をするうまいやり方なのです。学問的構想というよりも文学宣言や政治綱領を思わせるような自惚れた声明のもつ大げさで尊大な調子は、最も不遜な王位継承権主張者——すなわち自惚れ屋——の戦略に特有なものなのです。つまり彼らはこのような戦略によって、既成の権威に不信を投げかけ、自分たちの象徴資本を、根本的なやり直しを主張する預言者の利益に供せんと、断絶の意志を明らかにするのです。

　科学の神聖性を告発する、神をも恐れぬウルトラ・ラディカリズムは、当然のことではありますが、一種の主観的ニヒリズムに行きつきます。こうしたラディカリズムは、科学的理性がその普遍的妥当性に根拠を与えようとする試みに（たとえそれが社会学的にであっても）、ことごとく疑念をさしはさむ傾向があります。そんなわけで、スティーブ・ウールガーやブルーノ・ラトゥールの影響をうけたラディカリズムの先入見は、科学的理性のそうした試みをして、私が一〇年も前に提起したような、相対主義か絶対主義かという二者択一を避けようと努力した分析における限界への移行や不条理への還元を甘受させるように仕向けるのです[6]。科学的な戦略の社会的側面を想起させるのは、科学的証明を単なるレトリックのひけらかしにしてしまうことではありません。学問的闘争の武器であり、賭金である象徴資本の役割を援用するのは、象徴的利益の追求を学問的行為の独占的な目的や存在理由にすることではないのです。科学界の働きがもっている闘技的《アゴニスティック》な論理を明らかにすることは、競争が補完性や協力を排除するものではないし、また競争や競合もある条件のもとでは、「（認識論的）警戒 contrôles」や「知の利益」をもたらすことができるということを知ることです。素朴な見方は、こうした「警戒」や「知の利益」を、その生成の社会的条件を問題にすることなしに認めているわけですが。

　科学界の働きの科学的分析は、止揚しなければならない様々な対立項（和協神学《イレニスム》とシニシズム、絶対主義と相対主義、内在主義と還元主義など）のうちの一方に還元してしまえば、練り上げるのもさほどむずかしくないし、また戯画化することもいともたやすいことなのです。なぜならこの科学的分析では、絶対に、ほぼ同程度に必要とされる、したがって社会的に相補われねばならない、社会的表象との二重の断絶が必要とされるからです。つまり、〔一つは〕学者自身がもっている、また自ら進んで提供する観念的表象と断絶する必要があります。また〔もう一つは〕、素朴な批判的表象と断絶する必要があります。この批判的表象は、魔術化された見方を単純に引っくり返すことによって職業的モラルを「職業的イデオロギー」に還元してしまうので、知識欲 libido Sciendi が一つの学問欲 libido scientifica〔学問を形成しようとする欲求〕であることを忘れるのです。[7] この学問欲は、科学界によって生み出されたものであり、内在的法則によって調整されています。この内在的法則は、科学界の働きを支配しておりますが、学者が提示し、聖者列伝的な社会学が書く観念的規範とはなんの関係もありません。またそれは、（例えば、政治や経済界など）他の界における実践を支配する法則にも還元されるものではありません。

　学問的活動は一つの社会的活動であり、学問の構築は現実の社会的構築でもあるという考え方は、びっくり仰天させるほどの発見ではなく、こうした考え方は特殊な存在条件においてのみ意味をもちます。つまり、科学界は他の界と同様に一つの社会的世界であると同時に固有の世界であることを想起する必要があります。すなわち、そうした社会的世界では、権力、資本、力関係、この力関係の維持と変更、保守の戦略と転覆の戦略、利害が問題になっているのです。さらにこの固有の世界は、固有の機能法則を備えています。この法則の結果、この固有の世界は、他のどんなものにも還元できないような一つの特殊な形態を呈しており、それを叙述するために用いられる概念によって示される諸特性をもっております。

科学的活動は、部分的には科学界の内的必然性の身体化の産物である科学的ハビトゥスによって決定される性向と、一定時点において科学界が行使する構造的拘束との関係によって生み出されます。したがって、認識論的拘束は社会的拘束を通して行使されることになります。方法論の概説というのは事後的に、この認識論的拘束から引き出されるものです。知識欲というのは、あらゆるパッションと同じように、マートンによって引き出された理想的規範とは反対のあらゆる行為の原理になり得るものです。つまり、発見を自分のものにするための情け容赦のない闘いが問題なのであり（マートンがまことに適切に分析したことではありますが[8]）、あるいはまた前述したいくつかの例のように、程度の差こそあれ、うまく隠された剽窃、ハッタリ、象徴的押し付けの戦略が問題なのです。とはいえ、知識欲は同時にあらゆる科学的徳性の原理であり、マキャベリ的なモデルによれば、学者共同体の実定法とは、科学をする市民たちがこの徳性から利益を得るというようなものなのです。

高度な自律性に達した科学界においては、科学的活動や作品に与えられる（物的・象徴的な）

価格形成の法則は、ある認識の規範を――どんな規範的命令とも関係なしに、必要〔然〕性に徐々に調整されていくハビトゥスの諸性向を通して――実践的に押し付ける力をもちます。この認識の規範は、研究者が自分の研究の妥当性を証明しようとするとき、否応なく従わねばならないものです。したがって科学の支配欲の衝動は、科学界の特殊な検閲に従うことによってしか満足され得ません。この特殊な検閲がある時点において定義するような科学的理性や、論拠にもとづいた対話などの道を通るように、科学界は研究者に要求します。つまり科学界は、技法の規則においてのみ敵に打ち勝てるような知識欲への昇華を要求するのです。この技法の規則においては、ある定理とある定理が、証明に対する反証が、ある科学的事実と他の科学的事実が対決させられます。それは、承認の欲求〔認められたいという欲求〕を「知ることの利益《アンテレ》」に変える錬金術の原理とも言えるものなのです。

（安田尚訳）

原注

（1）このテキストは、« Animadversiones in Mertonem〔マートン批判〕» と題して英語で発表された。J. Clark, C. et S. Modgil (ed.), *Robert K. Merton : Consensus and Controversy*, Londres-New York, Falmer Press, 1990, p.297-301.

（2）« In the cognitive domain as in others, there is competition among groups or collectivities to capture what Heidegger called the "public interpretation of reality". With varying degrees of intent, groups in conflict want to make their interpretation the prevailing one of how things were and are and will be » (R. K. Merton, *The Sociology of Science*, Chicago, Chicago University Press, 1973, p.110-111).

（3）David Bloor, *Knowledge and Social Imagery*, Londres, Routledge and Kegan Paul, 1976, p.1.

（4）R. K. Merton, « Sociology of Knowledge », in Gurvitch and Moore（ed.）, *Twentieth Century Sociology*, New York, Philosophical Library, p.366-405.

（5）D. Bloor, *op.cit.*, p.8.

（6）S. Woolgar et B. Latour, *Laboratory Life, the Social Constructionof Scientific Facts*, Beverly Hills, Sage, 1977 ; B. Latour, *Science in Action*, Harvard, Harvard University Press, 1987 ; P. Bourdieu, « The Specificity of the Scientific Field and the Social Conditions of the Progress of Reason », *Social Science Information*, XIV, 6 Decembre 1975, p.19-47.

（7）「観念的な」見方と「ラディカルな」見方は、認識論上の対《カップル》をなしています。この二つの用語は、楽観的な見方と悲観論的な見方（ラ・ロシュフーコーの名に象徴されますが）という社会的分割〔業〕の形態の下に、社会的存在の現実において対立しています。したがって「観念的な」見方の擁護者たちは、それとは気づかないままに、科学的な見方を「ラディカルな」見方に還元してしまいます。例えばドイツの文学社会学者ペーター・ビュルガーは、文学界について書いています。「ブルデューは、……権力や威信を獲得するチャンスだけを考慮に入れ、また対象を権力闘争において作家たちが採る戦略的手段としてだけ考察して、彼の言う文化界における主体の行為を分析している」（P. Bürger, « On the Literary History », *Poetics*, août 1985, p. 199-207）。したがってウールガーやラトゥール流への「ラディカル化」は、寄せ集め《アマルガム》の戦略や汚染の戦略に武器を提供することになるのです。彼らの「ラディカル化」は、ラディカルな外観の下に、科学が断絶しなければならない常識的な見方への後退を隠しています。（例えば、F. A. Isambert, « Un programme fort en sociologie de la science », *Revue française de sociologie*, XXVI, juillet-septembre 1985, p.485-508）。〔ブルデューの〕評者や引用者たちが二重の断絶にもとづいた分析を、二重の断絶とは対立する還元主義的な見方に単純化してしまうだけに、彼らの戦略の活用はますますたやすくなりますし、これに対抗するのはますますむずかしくなるのです。

(8)「わたくしは、数世紀にわたって科学において繰り返されてきた現象のひとつに焦点を当ててみたいと思います。それは誰も体系的に研究したことがなかった問題なのです。つまり科学者たちの先陣争いの問題です。そうした科学者の中には偉大な人たちも含まれるのですが、彼らは特別な科学的発見や学問的貢献をした最初の人であるという名誉を獲得しようとしたのです。ところがこの先陣争いは、逆説的なことなのですが、科学をするのは『取るに足らない子供じみた』動機からなのだという、彼ら自身や弟子たち自身が認めるこうした野心の強い否定と対になっているのです」(R. K. Merton, *art.cit.*, p.21)。これは、科学界のあらゆるパラドックスを論じた有名な論文の要約です (cf., R. K. Merton, *The Sociology of Science*, *op.cit.*, p.371-382)。科学の界というのは、利益を追求する闘争であると同時に、利益の否認 dénégation を押し付けるものなのです。

4

国家精神の担い手たち

官僚界の成立と構造

国家について思考しようとすることは、国家の思考をみずからに引き受け、国家によってつくられ保証された思考カテゴリーを国家にあてはめることであり、国家に関する最も基本的な真理を見誤る危険をおかすことでもあります。[1] こう言うといかにも抽象的で断定的に響くかもしれませんが、論証が一巡したあとふたたびこの出発点に戻っていただければ、より自然に納得してもらえると思います。われわれが世界のあらゆる事象に進んであてはめる思考カテゴリーを（とくに学校によって）つくり上げ押しつけることこそ、国家の主要な力の一つですが、われわれは国家から与えられた思考カテゴリーを国家そのものにあてはめていることを理解するからです。

以上の分析をより直観的な形で示すため、またわれわれが自分で思考しているつもりの国家によって逆に思考されている危険を感じとっていただくため、トーマス・ベルンハルトの『古《いにしえ》の先生』の一節を引用したいと思います。「学校とは国家の学校であり、そこで青少年は国家の被造物に、国家の手先に改造される。私が学校に入ったとき、私は国家に入ったのであり、国家は人間を破壊するから、私は人間破壊施設に入ったのだ。（……）国家は私を力ずくで中に入れ、他のみんなと同様、私を国家に従順な存在に仕立て、私を国家化された人間、規則化され登録され調教され免状を与えられた人間、他のみんなと同様ゆがんで打ちひしがれた人間にした。われわれの周りには国家化された人間、一生、国家に奉仕し、一生、反-自然《コントル・ナチュール》に奉仕する国家の使用人しかいない(2)」。

トーマス・ベルンハルトのきわめて特殊なレトリック、誇張した呪詛のレトリックは、国家と国家の思考にある種の誇張法的懐疑をあてはめようとする私の意図にぴったりです。国家に関しては、いくら疑っても疑いすぎることはありません。しかし文学的な誇張は、みずからの誇張のなかで現実味を失い失速してしまう危険があります。それでも、トーマス・ベルンハルトの言葉はまともに受けとめるべきです。国家について考えるとき今なお、国家について考えたヘーゲルやデュルケームのような人々が拠り所になりますが、国家について考える可能性を切り開くためには、分析すべき現実のなかだけでなく、分析者の思考そのもののなかに刻み込まれたあらゆる前提と予断を疑ってかからねばなりません。

ここでカッコを開いて、きわめて重要な方法上のポイントについて明らかにしておこうと思います。〔分析の前提を認識論的に問い直すという〕困難で、おそらく果てしない作業が、よく理解されていないという問題です。前提や前概念とは、日常生活の自明性のなかに埋もれているためテーゼとして措定されることがないテーゼであり、どんな用心深い思考にも潜んでいる、思考が届かない基層全体のことですが、これときっぱり袂を分つために必要な作業が、往々にして正しく理解されないのです。しかも、正しく理解しないのは、〔諸前提を明るみに出す〕この作業に脅威を感じる保守主義者だけではありません。実際、私がおこなう認識論的問い直し、私が目指す認識論的な問い直しを、人々は、政治的先入見や衝動に突き動かされた政治的な問い直しに還元してとらえがちです（〔私を突き動かしているとされる〕政治的先入見ないし衝動とは、こと国家の問題に関しては無政府主義的性向であり、芸術の場合は相対主義と無知にもとづく偶像破壊的憤りであり、世論や政治の分野では反民主主義的傾向のことです）。しかし、ミシェル・フーコーについてディディエ・エリボンが示したように、このエピステーメのラジカリズムが秩序破壊的な性向と衝動に根差しながらも、それを昇華し超越する域に達するということは十分にありえます。いずれにせよ確かなのは、エピステーメのラジカリズムが単に「道徳的順応主義」を問い直すのみならず、「論理的順応主義」すなわち思考の基本構造までも問題に付す限りにおいて、このエピステーメのラジカリズムがぶつかるのは、現実世界に何の不満もなく、〔フーコーや私の〕ラジカリズムの中に断定的で社会的に無責任な先入見しか見ようとしない〔右の〕人々だけではありません。このエピステーメのラジカリズムを、彼らが考える政治的ラジカリズムに還元する〔左の〕人々ともぶつかるのです。彼ら流の政治的ラジカリズムとは、多くの場合、徹底的な認識論的問い直しを免れた安全地帯に身をおく倒錯したやり方による告発のことです（いくらでも例を挙げて証明することができます。国立統計経済研究所が用いる諸カテゴリーを「ラジカルに」批判するマルクス主義階級理論が、いかにしてこれらのカテゴリーやカテゴリー化ないし分類行為の認識論的批判をパスしてきたか、あるいは、「体制的哲学者」と官僚秩序や「ブルジョワジー」との共犯性を告発する人々が、いかにして自らの「スコラ的視点」に潜むエピステーメ上のねじれ効果を遺憾なく発揮してきたか、など)。象徴レベルでの真の革命は、おそらく、道徳的順応主義よりも、論理的順応主義を問題に付す革命であり、精神的完全無欠さを攻撃された側が容赦なき抑圧に訴えざるを得ないような革命です。

われわれの思考の奥深く入り込んだ国家の思考と縁を切ることがどれほど必要で、どれほど難しいかを示すため、最近、湾岸戦争の最中〔一九九一年初め〕に起こった、綴字法という一見たわいないテーマをめぐる論争を分析する必要があります。法律によって、つまり国家によって正しいものとして指定された正書法は、論理学的にも言語学的にも十分な根拠をもたない社会的人工物であり、国家が多くの他の分野で行なうのと同様、規範化とコード化作業の産物です。歴史のある時点で、国家ないし国家の代理人の誰かが、(すでに一世紀前に同じことがあったように)綴字法を改革しようとして、かつて国家が政令で定めたことを政令で変更したとき、ごく普通の意味でのエクリチュール(文字)に関わる人々だけでなく、作家がこの言葉に込めようとする意味でのエクリチュール(書くこと)に関わる人々の多くから、ただちに義憤にみちた反対が起こったのです。

驚くべきことに、綴字法の正統性を擁護した人たちはすべて、現行の綴りの自然らしさを理由に改革に反対しました。精神構造と客観的構造のあいだの一致、正しい綴りの習得によって頭脳のなかに社会的に書き込まれた精神形態と、正しく綴られた言葉が指し示す物の現実のあいだには完全な一致があり、そこから生まれる内在的で美的な満足感をあげて改革に反対したのです。

綴字法を所有し綴字法にとりつかれている人々にとって、nénuphar（睡蓮）のまったく恣意的な*ph*が睡蓮の花と不可分であることはかくも自明であり、彼らはまったくの善意から、綴りの自然と自然らしさを理由に、国家の恣意的な介入の産物である綴字法の恣意性を見直そうとした国家の新たな介入を批判しえたのです。

国家の選択の結果が現実と人々の精神のなかにかくも完全に刷り込まれ、はじめに排除された可能性（たとえば自家暖房と同じような自家発電システム）がまったく考えられなくなってしまった例はいくらでもあげることができます。たとえば学校のカリキュラム、とくに教科間の時間配分を少しでも変えようとする試みは、きまって途方もない抵抗に遭いますが、それは単に強いギルド的な利害（とくに当該教科を担当する教師たちの利害）が既成の学校秩序と結びついているからだけではありません。文化的事象、とくに文化的事象と結びついた社会的分割《ディヴィジョン》と位階秩序《ヒエラルキー》が、国家の行動によって現実のなかに構成され、国家がその分割や位階秩序を事物と人々の精神に制度化することによって、文化的恣意《アルビトレール》性に自然《ナチュレル》らしさの外見を与えるからでもあります。

根源的懐疑

国家の支配がとくに顕著に感じられるのは、象徴的生産の領域においてです。公的行政機関とその代理人《アジャン》たちは、社会科学がそのまま社会学的問題として引き受けることで追認することが多い「社会問題」を生む源泉です（その証拠には、国や時代によって差はありますが、貧困、移民、学業不振などの国家的問題を学問的装いのもとに扱った研究の量をはかるだけで十分でしょう）。

しかし、役人的思考の持ち主の思考が公的なものの公的表象によって隅々まで貫かれていることを最もよく示すのは、おそらく種々の誘惑的な国家の表象です。ヘーゲルは官僚制を普遍的利益の直観と意志をもった「普遍的集団」とし、この点では用心深かったデュルケームも、官僚制を「一般利益」の実現を任務とする合理的手段であり、「検討考察機関」であるとしました。

国家問題の特別な難しさは、国家について考えると称して国家について書かれた著作のほとんどが、多かれ少なかれ直接的かつ有効な形で国家の構築に、したがって国家の存在そのものに加担している点にあります。このことはとりわけ法律的著作において顕著であり、法律的著作の意味は、とくにその構築と基礎固めの段階では、そこに国家認識への理論的貢献のみならず、国家の特殊なヴィジョンを押しつけようとする政治的戦略を見抜いてはじめて明らかになります。法律的著作が押しつける国家のヴィジョンは、建設中の官僚制の世界で法律をつくる者たちの特殊な立場に結びついた利益と価値に合致するヴィジョンです（この点はケンブリッジ学派のような最良の歴史研究でもしばしば看過されている点です）。

社会科学そのものがその起源から、国家の現実の一部をなす国家の表象を構築すべく努めてきました。中立性や無私無欲など官僚制について提起される問題はすべて、そうした問題を提起する社会学についても提起されます。しかし社会学については、国家に対するその自律性が問題になるわけですから、問題の困難度は一段と高まります。

だからこそ、社会科学の社会的歴史によって、社会的世界への無意識的癒着をすべて明るみに出す必要があります。社会科学の問題系、理論、方法論、概念などは歴史の産物ですが、社会科学は歴史に社会的世界を負っているからです。そこで明らかになるのは、とりわけ、(君主の顧問官たちの政治哲学とは異なる)近代的な意味での社会科学が、社会闘争や社会主義と結びついていることです。結びつくと言っても、社会運動やその理論的延長の直接的表現としてではなく、社会運動が明示する問題や、社会運動の存在が浮き彫りにする問題への応答として結びつくのです。社会科学を最初に擁護したのは、博愛家や改革者など支配階級の一部の啓蒙的前衛たちであり、彼らは(政治学を補完する)「社会経済学」に「社会問題」の解決、とくに問題を抱えた個人や集団が提起する問題の解決を期待しました。

社会科学の発展を比較してみると、国と時代によって社会科学の状態は多様ですが、その多様性を説明するモデルには、二つの基本的要因を考慮に入れるべきであることが分かります。一つは、国家官僚制の内部で支配的な哲学(リベラリズムないしケインズ主義など)の如何によって、社会的世界の認識に対する社会的需要がどんな形をとるか、という要因です。国家からの強い要求は、経済的諸力(や支配者の直接的要求)から相対的に独立した、しかし国家に強く依存した社会科学の発展に有利な条件となります。もう一つは、支配的な政治経済的諸力に対する教育制度と学問界《シャン》の自律性がどの程度のものか、という要因です。教育と学問の自律性はおそらく、社会運動と社会による権力批判がよく発達していることと、社会運動に対して専門家が強い独立性をもっていることの両方を前提にします。

歴史が示すように、社会的需要の圧力からの独立こそ社会科学が科学として発展する条件ですが、この独立性を増すことができるのは国家に依拠してでしかありません。そうして独立性を増しても、社会科学は、国家が保障する（相対的）自由を国家に対して行使する準備ができていなければ、国家に対する独立性を失う危険があります。

資本の集中化

分析の結果を先取りして、私はマックス・ウェーバーの有名な定義（「国家とは一定の領土内で物理的暴力を合法的に行使する独占権を成功裡に要求する人間の共同体である」）をもじってこう言おうと思います。「国家とは一定の領土内でそこに住む住民全体の上に物理的および象徴的暴力を合法的に行使する独占権を成功裡に要求するX（未知数）である」。国家が象徴的暴力を行使できるのは、国家が特殊な構造と機構の形で客観的な外見をまとうのと同時に、「主観性」のなかに、あるいは精神構造や知覚と思考のカテゴリーの形で頭脳のなかに座を占めるからです。制度化された制度〔としての国家〕は、社会構造やそれに合致した精神構造のなかに現実化するゆえ、それが長期にわたる一連の制度化《アンスチチュシオン》行為の産物であることを忘れさせ、自然らしさの外見をまとって現れるのです。

したがって、国家の成立を再構築することほど強力な断絶の手段はおそらく他にありません。それは、最初のはじまりの葛藤や対立をよみがえらせ、同時に退けられた可能性を明るみに出すことで、国家の成立の再構築は事柄が別様でもありえた可能性をさらけ出し、この実践的なユートピアを通して、あまたの可能性のなかから現実化されたただ一つの可能性を疑問に付します。本質論的分析の誘惑を断ち、しかし不変の定数を抽出する意図はあきらめずに、私はわれわれが国家と呼ぶものが制度化された過程の歴史的論理を体系的に明らかにするために、国家出現のモデルを提案しようと思います。これは困難な、ほとんど実現不能な企てです。理論的構築の厳密さと整合性を追及し、しかも歴史学研究によって蓄積されたほとんど無限のデータの尊重とを和解させなければならないからです。

この企ての難しさを理解していただくため、自分の専門の範囲内に留まっているにもかかわらず、その難しさをわずかでも語っているある歴史家の例を引くことにします。「歴史学の領域のなかで最もなおざりにされてきたのは境界領域である。一例として専門間の境界をあげるなら、統治の研究には統治の理論（すなわち政治哲学の歴史）の知識が必要であり、統治の実際の知識（すなわち国制史）と最終的には統治に関わる人間集団（したがって社会史）の知識が求められる。ところが、これら異なった専門のあいだを同じだけ容易に行き来できる歴史家は少ない。（…）他にも研究されて然るべき歴史の境界領域がある。たとえば近代初期の戦争技術である。この問題計るのしっかりした知識がなければ、ある戦いである国の政府がどれだけ兵站上《ロジスチックス》の努力を払ったかを計ることは難しい。しかるに、こうした技術的問題は伝統的な意味での軍事史家の視点からのみ研究されてはならない。軍事史家は国制史にも通じていなければならない。財政や税制の歴史でも未知の部分は多々残っており、ここでも研究者は古く狭い意味での財政史家であるだけでなく、国制史に明るく、最低限の経済学の知識も合わせもっていなければならない。残念ながら、歴史学の下位分野への細片化と専門家のなわばり意識、また歴史学のある側面に脚光があたると他の側面は流行遅れになるという感情は、境界領域の歴史研究に決して貢献してこなかった」(3)。

国家は、物理力あるいは強制手段の資本(軍隊、警察)、経済資本、文化資本あるいは情報資本、象徴資本など、さまざまな種類の資本の集中化過程の帰結です。各種資本の集中化はそれ自体で国家を一種のメタ資本の所有者として構成し、他の種類の資本とその所有者に対する優位を国家に与えます。さまざまな資本の集中化は(それに対応するさまざまな界《シャン》の構築を伴って)、国家に固有の特殊な資本の出現を引き起こし、その固有の資本ゆえに国家はさまざまな界やさまざまな個々の資本を支配し、とりわけさまざまな資本のあいだの交換レートに(同時にそれらの所有者のあいだの力関係にも)力をふるうことができます。したがって国家が構築されると、それに伴って、(さまざまな種類の)資本の所有者がなかんずく国家すなわち国家資本の支配をめぐって争うゲーム空間としての権力界が構築されます。国家資本を支配すれば、さまざまな種類の資本やその資本の再生産（とくに学校制度による再生産）に力をふるうことができるからです。

こうした集中化過程の諸々の水準（武力、税制、法律など）は相互に依存しあっていますが、説明と分析のためにはそれらを一つずつ検討していく必要があります。

国家を単なる強制による抑圧装置として捉えがちなマルクス主義からマックス・ウェーバーの古典的な定義まで、あるいは〔『宮廷社会』と『文明化の過程』の〕ノルベルト・エリアスから〔*The Formation of Nation-States in Western Europe*, Prinston U. P., 1975の編者〕チャールズ・ティリーまで、国家の成立を説明するモデルのほとんどが特権化してきたのは、物理力資本の集中化です。強制力（警察や軍隊）が国家に集中化されるということは、秩序維持の任務をおびた機関が次第に通常の社会的世界から分離することであり、物理的暴力は、その目的のため特別の任務をおび、社会のなかではっきりと区別され、集中化され規律をもった特別の集団によってのみ実行され、職業的軍隊が少しずつ封建的軍隊にとって代わり、戦士としての機能を身分的に独占していた貴族を直接脅かすようになることを意味します（ノルベルト・エリアスについては、社会学の共通財産になっている観念や学説を誤って彼に帰す歴史家がいますが、ウェーバーの分析のあらゆる帰結を引き出した功績こそ認めなければなりません。エリアスは、国家が次第に暴力の独占を確保できたのは、国内の競争相手から物理的暴力手段と暴力を行使する権利を奪い、「文明化」過程の重要な一要素を確固たるものにするのに貢献したからであることを証明しました）。

新興国家は、異なる二つの領域でその物理力を発揮しなければなりません。国外では、既存のあるいは潜在的な他の国家（競合する君主たち）との領土戦争において（戦争によって）力を示さねばならず、そのため強大な軍隊の創設が必要になります。国内では、対抗勢力（封建諸侯）と抵抗勢力（非抑圧階級）に対してです。武装兵力は次第に、一方で国際競争のための軍隊と、他方で国内秩序を維持するための警察力に分かれていきます（国家なき社会において、たとえば古代カビールやサガのアイスランドでは、[4]暴力の行使を社会内部で明確に同定された特別の集団に委託する例はありません。したがって個人的復讐 *rekba* やヴェンデッタや自衛の論理をまぬがれることはできず、そこから悲劇の問題が生まれます。父〔アガメムノン〕のあだを討つオレストの行為は、そのもとになった犯人〔アイギストス〕の行為と同じレヴェルの罪ではないのか？　これは国家の正統性の承認によって忘れられ、いくつかの極限状況で思い出される問題です）。

物理力資本の集中化は効率的な税制の確立によって可能になりますが、税制の確立はこれまた経済空間の統一（国内市場の創設）を前提にします。王権国家による租税徴集は臣民全員から直接取り立てるものであって、国王が封建諸侯に賦課し、諸侯が所領内の住民に賦課するという封建的な徴集とは異なります。国家の課税、国税は十二世紀末に登場し、戦費支出の増大とともに発達しました。はじめはその都度もち出された国土防衛の至上命令が、次第に「義務的」で「定期的」な徴税の性格を恒常的に正当化することになります。徴税は「国王が定期的に指定する時間的限定以外にはいつでも」、「あらゆる社会集団に」直接間接に適用されました。

こうして徐々に、見返りなき徴税〔強奪〕と一方的な再分配にもとづくきわめて特殊な経済論理が成立します。見返りなき徴税と再分配は経済資本を象徴資本に転換させる原理としてはたらき、象徴資本はまず君主の人格の上に集中化されます（税収の「家産制的」ないし「封建的」使用では、君主が潜在的競走相手の承認を得るためその重要部分を贈与や贈り物に使い、それによって徴税の正統性を承認させたのに対し、税収の「官僚的」使用ではそれを「公共支出」として支出します。前者から後者への漸進的な移行は王家の国家から「非人称的」国家への転換の基本的要素の一つであり、詳しく分析する必要があるでしょう）。

（納税者の抵抗を押し切っての）国税の制度化は、軍隊の発達と循環的因果関係にあります。軍隊は支配下の領土を拡張したり防衛したりするのに必要ですが、租税徴集を拡大し維持するだけでなく、力で税の支払いを強制するためにも軍隊は不可欠です。国税の制度化は、国家の代理人《アジャン》が抵抗する臣民を相手に行なった真の国内戦争の帰結でした。臣民たちは自分が主として課税対象者であり納税者であることを発見することによって自分の臣民としての地位を認識します。納税に延滞が生じた場合には、王令で四段階の処罰を定めていました。差押え、身柄の拘束（投獄を含む）、連帯責任、兵士の宿営強制です。そこから、課税の正統性の問題が避けられない形で出てきます（ごく初期には税の徴集は一種の恐喝だったというノルベルト・エリアスの指摘は正確です）。国税を、王の人格を超越した国家という「虚構の身体」の必要に捧げる貢物と見なすまでには、まだだいぶ時間がかかるでしょう。

脱税は今日なお課税の正統性が自明ではないことを示しています。初期の段階では、武器をとった抵抗は王令への不服従ではなく、税制のなかに正しい父親たる君主を認めることを拒否し、税制から家族の権利を守る道徳的に正統な防衛と見なされたことが知られています。[5]「王室財務府《トレゾール・ロワイヤル》」とのあいだに交わされた正式の徴税請負契約から、末端で徴税を担当する下請け徴税請負人までのあいだには、一連の下請け契約が介在しており、たえず税の着服や権威の詐称への疑惑を生み、満足な報酬を受けなかった下級請負人は、その犠牲になった納税者だけでなく、上位の官職保有者からも腐敗の嫌疑をかけられました。[6]王権であれ国家であれ、権威を現実化する代理人《アジャン》を越えた、世間の批判が届かない超越的審級が承認されるには、国王と、国王のみならず大衆をもあざむく不正な執行人との分離が、おそらく現実的な根拠となりました（こうした王なり国家なりを権力の具体的化身と切り離す試みは「隠れた王」の神話のなかにその到達点を見出します）。[7]

軍隊と軍隊を維持するために必要な財源の集中化は、承認と正統性の裏づけによる象徴資本の集中化なしにはありえません。私益に流用することなく徴税の任にあたる代理人《アジャン》の集団《コール》と、彼らがおこなう統治と管理の方法（会計、資料の作成保存、係争処理、手続き文書、文書の管理など）が正統的なものとして認識され承認される必要があります。末端の執達吏たちが「権力の尊厳と人格とセットで容易に同定され」、「執達吏がその仕着せを着、その標章を身につけて、その命令をその名のもとに通達できる」ことが重要なのです。同時に、一般納税者の目に「警護員の制服や哨舎の盾型標識が見分け」られ、「徴税請負契約の衛兵、嫌われ軽蔑される徴税請負人の手先と、国王騎馬警察隊《マレショーセ》の士官や隊員、王室裁判所の騎兵《プレヴォテ》、王家の色のカザック制服ゆえ攻撃できないとされる近衛隊とが識別できる」ようでなければなりません[8]。

多くの論者は一致して、公的徴税の正統性が次第に承認されたことを、一種のナショナリズム（国民意識）が発生したことに結びつけています。実際、租税徴集の一般化は、国土の統一、より正確には、現実においても表象においても一つの領土としての国家の建設に貢献したと考えられます。国土防衛という同一の至上命令によって同一義務への服従が課され、その同一義務への服従によって統一された現実として国家が構築されたからです。また、このナショナルな意識は、課税をめぐる議論との関連で生まれた代議制機関〔三部会や地方三部会〕のメンバーのあいだでまず発達したと考えられます。確かに、これら代議制機関が課税に同意したのは、課税が君主の私的利益ではなく、国土防衛の至上命令をはじめとする国の利益を動機とすると考えたからです。国家は次第に一つの空間のなかに刻み込まれていきます。その空間はのちに形成されるナショナルな空間にはまだなっていないが、たとえば貨幣鋳造の独占権を伴う主権の管轄範囲として、また超越的な象徴的価値の支えとしてすでに姿をあらわしていました（貨幣鋳造は封建君主の理想であり、国王が支配する領土では国王の貨幣しか使用されないのだから、やがてフランス国王の理想となり、この野心はルイ十四世の治下ではじめて実現されます）。

統一税制の創設と結びついた経済資本の集中化は、情報資本（文化資本はその重要な一部をなします）の集中化と並行して進み、情報資本の集中化それ自身、文化市場の統一を伴って進みます。こうして、ごく早い段階で公権力は所得状態の調査を行なった（たとえばすでに一一九四年に「所領管理人《セルジャン》による評価」が行なわれ、国王が兵を召集したとき国王直轄の八三の都市と僧院が供出した兵士と輸送隊の数が調査されましたし、一二二一年には歳入歳出を計算した萌芽状態の予算が生まれています）。国家は情報を集中化し、処理して再分配します。国家はとくに理論的統一を行ないます。社会を総体としてとらえ、「全体」の視点に立つ国家は、とくに国勢調査を行ない統計や国民会計をつくることによって全体化し、空間を鳥瞰して地図という統一的表象をつくり、あるいは単に知識の蓄積手段としての文字で文書化することにより客観化し、文字教養のある知識層に有利な集中化と独占化を含む認識の統一化としてコード化をはかるなど、あらゆる操作の責任者となります。

「文化」は統一化する本性をもちます。国家は法律や言語などすべてのコードを統一し、お役所的コミュニケーション形式（たとえば文書の書式、印刷物など）を標準化することで、文化市場の統一に寄与します。法律や役所の手続き、学校教育の構造、また英国や日本でとくに顕著な社交的儀式に書き込まれた分類システム（とくに年齢、性別による分類）を通して、国家は精神構造をつくり上げ、共通の認識《ヴィジョン》と分割《ディヴィジョン》の原則や思考形態を押しつけます。国家が押しつけるこの思考形態が文明化された思考に対してもつ関係は、デュルケームやモースが記述した原始的な分類形式が「未開の思考」に対してもつ関係と同じです。こうした操作によって国家は、一般にナショナル・アイデンティティ（より伝統的には国民性）と呼ばれる鋳型を構築することに貢献します（国民国家建設の基本的要素である文化の領域で国家の統一化行動が展開されたのは、とりわけ学校によってであり、十九世紀を通して一般化された初等教育によってです。国民社会の創造は普遍的教育可能性の断言と対になって進みました。すべての個人は法の前で平等であり、国家はすべての個人を、市民権を積極的に行使する文化的手段を備えた市民にする義務があります)。

こうして正統的な国民的《ナショナル》文化として構築された支配的文化を(その権限のおよぶ限り)普遍的に押しつけ教えこむことにより、学校制度はとくに歴史教育、とりわけ文学史教育を通して真の「市民宗教」(ルソーの用語)の基礎を教え、より正確には自己の(国民的《ナショナル》)イメージの基本的前提を教えこみます。こうしてフィリップ・コリガンとデレク・セイヤーが示したように、イギリス人はきわめて広範に——ということは支配階級の境界を大きく越えて——、ブルジョア的かつ国民的《ナショナル》な二重の意味で特殊な文化の信仰を受け入れます。その中心には、良識《リーズナブルネス》、適度《モデレーション》、実用《プラグマ》重視《チズム》、観念論《イデオロギー》と奇矯《カーキネス》と過激《エキセントリシティ》への嫌悪など、(非イギリス人には)定義もできず真似ることもできない英国人性《イングリッシュネス》の神話があります(9)。

きわめて古い伝統を(司法上の儀式や王室崇拝など)驚くべき連続性をもって継承するイギリスや、国民《ナショナル》文化の創造が国家の創造と直接結びついている日本では、文化の国民主義的《ナショナリスト》次元が目に見える形で認められます。それに対しフランスの場合は、文化の国民主義的《ナショナリスト》次元が普遍主義の外見をまとい、普遍主義の仮面をつけています。国民文化への併合を普遍性への昇格《プロモーション》と見なす傾向は、(とくに普遍的な「革命」という創世神話によって養われた)共和国的伝統の、乱暴なまでに同化統合的なヴィジョンの元にあるのみならず、普遍主義的帝国主義と国際主義的ナショナリズムというきわめて倒錯した形態の基礎になっています[10]。

文化と言語の統一は、支配的な言語と文化を正統的なものとして押しつけ、それ以外の言語と文化を無価値で恥ずべきもの（田舎言葉《パトワ》）として退ける二重の操作を伴います。ある特殊な言語や文化が普遍性の域に達すると、他のすべては特殊性へと追いやられてしまいます。その上、こうして制度化された上からの要求の普遍化は、その要求を満たす手段へのアクセスが普遍化されていないために、一部の人々による普遍性の独占化を助け、それ以外の、いわば人間性を切断された人々の所有権剥奪を引き起こします。

象徴資本

すべての資本は、権威が承認された象徴資本の集中化へと送り返されます。象徴資本の集中化は、あらゆる国家成立の理論で無視されてきましたが、他のすべての形の集中化の条件であり、少なくともそれらが一定期間持続するとして、他のすべての資本の集中化に伴って起こります。象徴資本の定義は、それがいかなる性質の資本かを問いません。物理的、経済的、文化的、社会的などいかなる種類の資本であれ、それを認識し（知覚し）、識別し、それに価値を付与しうるような知覚カテゴリーをもった社会的主体《アジャン》によって知覚されたとき、それは象徴資本となります（一例をあげるなら、地中海社会における名誉は象徴資本の典型的な形態です。象徴資本としての名誉は評判を通して、つまり他人が抱く表象を通してしか存在しません。ある行為や特性を名誉あるいは不名誉として知覚し評価するだけの一連の信念を共有する人々が、その限りで抱く表象が名誉を成り立たせるのです)。もっと正確に言いましょう。象徴資本の分配構造のなかには分割《ディヴィジョン》と対立が刻み込まれており、その分割と対立を内面化することによって一定の知覚カテゴリーが生まれます。象徴資本とは、あらゆる種類の資本が、そうした知覚カテゴリーを通して知覚されたときにまとう形態のことです。したがって国家こそは、国家に固有な構造に合致した認識《ヴィジョン》と分割《ディヴィジョン》の持続する原理を押しつけ教えこむ手段をもっているだけに、象徴権力の集中化と行使の特権的な場所であります。

法律資本は象徴資本の客観化されコード化された形態ですが、その集中化の過程は、軍事資本の集中化の論理とも財政資本の集中化の論理とも異なる固有の論理に従います。十二、十三世紀のヨーロッパには複数の法体系が共存していました。教会裁判権、キリスト教法廷があり、他方に世俗裁判権があって、国王、領主、都市《コミューン》、ギルド、商事のそれぞれに裁判権がありました。(11) 裁判領主〔土地支配のみでなく裁判権をもつ領主〕の裁判は、その封臣と領主所領の住民たちにしか及びませんでした(貴族の封臣と貴族以外の自由民、農奴は異なった規則の下におかれていたのです)。元来、国王裁判権は国王の領地にしか及ばず、その直臣と国王直轄領の住民のあいだの裁判についてしか決定できませんでした。しかし、マルク・ブロックが指摘したように、国王裁判権は社会全体に少しずつ「浸透」します[12]。明確な意図や計画があったわけではなく、その恩恵をこうむるはずの国王と法律家が協議したわけでもありませんが、裁判権集中化の動きはたえず同じ方向に向かい、法的装置が整えられていきます。まず「フィリップ尊厳王の遺言書」（一一九〇年）が語るプレヴォ、ついで厳粛な会議を開きプレヴォを監督する王国最高位の地方行政官であるバイイ、ついで聖王ルイ時代につくられる各種機関、「国務会議《コンセイユ・デタ》」、「会計法院《クール・デ・コント》」、裁判所（「王会《クリア・レジス》」）、これが巡回するのでなく定着し、もっぱら法律家からなる「高等法院《パルルマン》」となって、上告手続きにより国王の手中に裁判権を集中する主要な手段になります。

　国王裁判権は、それまで領主や教会の裁判所で裁かれていた刑事事件の大部分を徐々に管轄下におきます。王国の法律に抵触する「国王専決事件」は国王裁判長《バイイ》の管轄になります（贋金造りや王印偽造の大逆罪がそれにあたります）。しかも特筆すべきことは、法律家が王国のすべての裁判権を国王の下におく上訴理論を展開したことです。封建領主の裁判権は最終審でしたが、裁判領主の判決が地方《ペイ》の慣習法に反する場合、敗訴した側が国王に付託できるようになったのです。この嘆願と呼ばれた手続きが徐々に上訴になったのです。封建領主の法廷から裁判官は次第に姿を消し、職業的法律家、司法官に席を譲ります。上訴は管轄権限の序列に従って行なわれ、下級領主から上級領主へ、公爵から伯爵へとのぼり、最後は国王に上訴しました（ただし段階を飛び越えることはできず、直接国王に訴えることはできませんでした）。

　こうして王権は、国王こそ共通利益を代表し万人に安全と正義を負うという正統化の理論を編み出した法律家の特殊利益（普遍への関心の典型例）に支えられ、封建領主の裁判権を制限します（同様に王権は教会の庇護《アジール》権など教会裁判権も制限します）。

法的資本の集中化過程は差異化過程を伴い、自律的な法律界《シャン》が構築されるにいたります。司法官団《コール》が組織され位階秩序が打ち立てられます。プレヴォは通常の事件を裁く通常の裁判官となり、巡回型だったバイイやセネシャル定着型になって、彼らの下に代理官《リュートナン》がおかれることが多くなります。代理官は罷免できない司法官職になり、バイイに代わって実質的に裁判長になり、バイイは名誉職化します。十四世紀には訴追を職務とする国王検察官《ミニステール・ピュブリック》が登場します。こうして国王は王の名において行動する正式の主席検事をもち、それが次第に官職化します。

集中化の過程を完成するのは一六七〇年の刑事王令で、教会と領主の裁判権を徐々に国王裁判権におきかえ、法律家が少しずつ獲得した地位を追認します。裁判権は犯罪が起こった場所の管轄とされ、領主裁判官に対する国王裁判官の優位が確立します。王令は国王専決事件を列挙し、教会と都市《コミューヌ》の特権を廃止し、上訴裁判官は必ず国王裁判官とされました。要するに、一定の裁判管区（領域）に委託される権限が、裁判官の人格を直接対象とする上席権や権威にとって代わります。

その後、国家の核となる法律‐行政構造の構築は、サラ・ハンリーが「家族‐国家協定《コンパクト》」と呼ぶ法律家集団《コール》の構築と並行して進みます。みずからの再生産を厳密に管理しつつ形成される法律家集団が国家と結ぶ協定です。「家族‐国家協定は社会経済的権威の見事な家族モデルを提供し、それが同時に形成されつつあった政治権力の国家モデルに影響を与えた」[13]。

法律資本の集中化は、さまざまな形で進行する象徴資本の集中化というより広範な過程の一側面です。この象徴資本こそ国家権力の保有者がもつ特殊な権威、とりわけ任命権というきわめて謎めいた権力の基礎となります。こうしてたとえば、国王は貴族たちが追い求める名誉の流通の全体を管理しようとします。王は聖職禄、騎士修道会の勲位、軍事的任務、宮廷の官職、なかんずく爵位授与権を一手に握ろうと努めました。こうして徐々に任命の中心的審級が形成されます。

V・G・キエルナンによれば、アラゴンの貴族は、国王によってつくられた〔成り上がり〕貴族と区別して生まれによる貴族（ricosbombres de natura）を自称していたといいます。貴族同士、貴族と王権のあいだではもちろん優越の差《ディスタンクシオン》が重要な意味をもちます。貴族には二種類あり、第一は「生まつきの《ナチュレル》」貴族で、世襲によって他の貴族と平民から公に認められた貴族であり、第二は国王によって授爵された法的な貴族です。二種類の貴族は長いあいだ共存しました。

アルレット・ジュアナが明らかにしたように、[14] 爵位授与権が国王の手に集中化されるとともに、仲間の貴族やそれ以外から承認され、挑戦と武勲によって確立され維持された身分上の名誉に代わり、国家によって与えられた名誉が次第に重きをなします。後者は信用貨幣と同じように、国家が管理する市場の全域で価値をもちます。

国王はますます象徴資本（ロラン・ムーニエが「忠誠関係《フィデリテ》」と呼ぶもの[15]）を集中化し、褒賞としての官職や名誉という形で象徴資本を分配する国王の力は増大の一途をたどります。貴族の象徴資本（名誉、名声）は、社会的尊敬の上に築かれ、多かれ少なかれ意識的な社会的コンセンサスによって暗黙のうちに付与され、ほとんど官僚的な身分や地位として客観化されます（王令や裁決の形をとりますが、それはコンセンサスを追認したものにすぎません）。

　その指標を、ルイ十四世とコルベールの命で行なわれた広汎な「貴族改め」に見ることができます。一六六六年三月二二日の裁決《アレ》により、「真の貴族の名前、異名、住所、紋章を記載したカタログ」が制度化されます。地方長官《アンタンダン》が貴族の称号をふるいにかける（王立騎士修道会の系譜学者や紋章裁判官も真の貴族をめぐって争い合う）。文化資本によって地位を得る法服貴族の登場で、国家による任命と学歴にもとづく官職《クルスス・オノルム》表の論理にかなり近づきます。

　つづめて言えば、集団的な認識（コンセンサス）だけにもとづく拡散した象徴資本から、客観化された象徴資本へ、国家によってコード化され、委託され、保証され、官僚化された象徴資本への移行です。

　象徴資本のコード化過程のきわめて正確な例を奢侈取締令に見ることができます。奢侈取締令は、貴族と平民のあいだと、とくに異なるランクの貴族のあいだでの（衣服をはじめ）象徴的顕示の分配を厳密な上下関係をもって規定しようとします。[16] 国家が生地や金、銀、絹の飾りの使用を規則化し、そうすることで国家が貴族を平民の越権行為から守ると同時に、貴族層内部における位階秩序《ヒエラルキー》の管理を拡大強化するのです。

大貴族の自律的な分配能力が後退し、爵位授与権だけではなく、任命権も国王によって独占されるようになります。それまで褒賞として与えられていた官職が能力を必要とする責任ある地位、官職表《クルスス・オノルム》に組み込まれた地位に変わり、その地位は官僚の職位《キャリア》を思わせるものになります。こうして徐々に「国家の高官を任命し罷免する権力」というこの上なく神秘的な形の権力が制度化されます。こうして、ブラックストーンの言葉を借りれば、「名誉と官職と特権の泉」として構築された国家は、勲爵士《ナイト》や准男爵《バロネット》をつくり、新しい騎士の爵位《ナイトフッド》を設け、儀式的な上席権を授け、貴族《ピアー》や重要な公職につく人を任命して、名誉《オナー》を配分するのです(17)。

任命とは結局のところ、マルセル・モースが記述した呪術《マジー》の論理に近い論理に従った、きわめて神秘的な行為です。呪術師が呪術的世界のはたらきによって蓄積された信仰の資本をすべて動員するように、任命書に署名する共和国大統領、あるいは（疾病、障害などの）証明書に署名する医師は、官僚的世界を構成する承認の関係の網のなかで、関係の網によって蓄積されたあらゆる象徴資本を動員します。証明書の有効性を誰が保証するのか？　証明する権限を与える肩書きに署名した者です。しかし今度は誰が署名した者を保証するのか？　われわれは果てしなく後退する連鎖に巻きこまれてしまい、どこかで「止らなければなりません」。そして、神学者と同じやり方で、長い連鎖をなす公的聖別化行為の最後（か最初）の環を国家と呼ぶことにすることができます(18)。国家こそは、象徴資本の銀行のようにはたらき、あらゆる権威ある行為、恣意的でありながら恣意的だとは気づかれない行為、オースティンが言う「合法的ペテン」行為を保証する。共和国大統領とは自分を共和国大統領だと思っている人間のことです。ただし、自分がナポレオンだと思っている狂人とは違って、自分を大統領だと思うだけの根拠があると認められた人間です。

任命や証明は、それを許された人間によって権威ある状況のもとで行なわれるがゆえに象徴的な効力をもつ公的な行為ないし言説に属します。その行為者は、国家によって割り当てられた職務や任務である公職《オフィシウム・プブリクム》についている者として、職務の資格《エクス・オフィシオ》で行動する「公的」人間です。裁判官の判決、教授の評価、公的登録手続き、調書、戸籍上の身分証書、出生・婚姻・死亡証書、売渡し証書など法的効力をもつ証書は、公的任命の呪術によって、判事、公証人、執達吏、戸籍担当者など資格をもった代理人《アジャン》により、所定の形式に従っておこなわれ、公的帳簿に記載された公的宣言によって、社会的に保証された社会的同一性（市民、選挙民、納税者、親権者、所有者など）あるいは合法的な結合や集団（家族、結社、組合、政党など）を制定《アンスチチュエ》します。

ある存在、事物や人物が、その合法的な社会的定義において、本当は何なのか、何であることを許されているのか、何である権利をもっているのかを審判し、それが要求し、公言し、実行する権利がある（非合法的にではなく）社会的存在を、権威をもって明言することによって、国家はほとんど神にも似た、真に創造的な力を発揮します。そして、ヘーゲルをもじって「国家の審判こそが最後の審判である」と言いうるためには、過去の記念顕彰《コメモラシオン》や学校教育による作家の法典化《カノニザシオン》という聖別化《コンセクラシオン》を通して、国家が与える不滅の形式を考えるだけで十分でしょう。（実際、公にする、万人に知らしめることを目的とする手続きという意味での publication は、国家だけのものである合法的な象徴的暴力を行使する権利が簒奪される危険をたえずはらんでいます。象徴的暴力を行使する権利は、たとえば法律の公布という形で実現されます。したがって国家は、書籍の印刷出版、演劇の上演、公衆を前にした説教、カリカチュアなどあらゆる形式の publication をたえず規制しようとします）。

国家による精神の構築

国家権力の最も特殊なありようを理解するためには、すなわち国家が行使する象徴的有効性の特殊な形態を理解するためには、かつて私がある論文（「象徴的暴力について」）で示唆したように[19]、伝統的に相容れないと考えられている知的伝統を同じ説明モデルのうちに統合しなければなりません。社会関係を物理的力の関係としてとらえる社会的世界の物理主義的ヴィジョンと、社会関係を象徴的力の関係、意味の関係、コミュニケーションの関係として捉える記号学的ないし「サイバネティックス的」ヴィジョンとの対立を、まず乗り越えなければなりません。最も乱暴な力関係は同時に象徴的な関係でもあり、服従の行為は、認識構造や知覚の形態とカテゴリー、認識《ヴィジョン》と識別《ディヴィジョン》の原理を稼動させる認識行為でもあります。社会的主体《アジャン》は社会的世界を認識構造（カッシーラーの「象徴形式」、デュルケームの分類形式、認識《ヴィジョン》と識別《ディヴィジョン》の原理、分類体系、これらの表現は理論的伝統を異にするが同じことを言っています）を通して構築するのであり、その認識構造は世界のあらゆる事物に、とりわけ社会構造に適用されます。

こうした認識構造や知覚カテゴリーなどの構造化する構造は歴史的に構成された形式であり、したがってソシュール的な意味で恣意的な形式であり、ライプニッツが言ったように約束事《コンヴァンシオネル》の、慣習《エクス・インスチトゥート》による形式であって、その社会的発生はあとづけることができます。この認識構造は、「未開人」が世界に適用する「分類形式」は彼らが統合されている集団の構造の内面化の産物だというデュルケームの仮説を一般化すれば、国家の行動のなかにその原理を求めることができます。実際、差異化が進んだ社会では、国家が一定の領土的管轄内で普遍的に、ノモス（nomos「法」は分け、分割し、部分に切り分けるという意味の nemo に由来）を、共通の認識《ヴィジョン》と識別《ディヴィジョン》の原理を、同一ないし近似した認識と評価の構造を、押しつけ教えこむことができます。それゆえ、国家は「論理的順応主義《コンフォルミスム》」と「道徳的順応主義《コンフォルミスム》」（いずれもデュルケームの表現）の基礎になります。「共通の意味世界」としての世界経験の原理としてはたらく、世界の意味に関する前反省的で直接的な黙契の基礎には、国家があります（「共通の意味世界」としての世界経験を明るみに出した現象学も、日常生活の記述を目標としたエスノメソドロジーも、それを基礎づけ明らかにする手段をもっていません。彼らは自分が解明に努める社会的現実の構成原理が社会的にいかに構成されたかという問いを提起しておらず、社会的主体が社会秩序に適用する構成原理の構成に国家がいかなる貢献を果したかについて問うていないからです）。

差異化が進んでいない社会では、人々の精神（と身体）に共通の認識《ヴィジョン》と識別《ディヴィジョン》の原理（その範列《パラダイム》は男性と女性の対立です）が制定されるのは、社会生活の空間的時間的組織化を通してであり、とりわけそれを通過した者と通過していない者のあいだに決定的な差を生み出す制定化の儀礼（rites d'institution）を通してです。それに対しわれわれの社会では、国家が社会的現実を構築する道具の生産と再生産に決定的な仕方で貢献しています。さまざまな実践の組織的構造である調整の審級として、国家はたえず、社会の成員全員に一義的に押しつける身体的精神的規律《ディシプリン》と拘束によって、持続的な性向《ディスポジション》を形成するはたらきをもちます。その上、国家は、性、年齢、「能力」などの違いによる基本的な分類原理を押しつけ教えこみ、国家が、家族形成の基底にある儀式、聖別化の場である学校制度の機能を通して行なわれる儀式など、あらゆる制定化の儀式の象徴的有効性の原理になります。学校という聖別化の場では、選ばれる者と排除される者のあいだに持続的でしばしば決定的な差が、かつて貴族の騎士叙任式《アドゥブルマン》が生み出した差と同じやり方で生み出されます。

国家の構築は、そのすべての「臣民《シュジェ》」に内在する、ある種の共通の歴史的超越物の構築を伴います。国家はもろもろの実践に一定の枠組みを押しつけ、それを通して、知覚と思考の共通の形式とカテゴリー、知覚と判断力ないし記憶の社会的枠組み、精神構造、分類の国家的形式を植えつけ教えこみます。そうすることで、国家はハビトゥスを直接的に組織《オーケストレーション》化する条件を創り出します。ハビトゥスの組織《オーケストレーション》化そのものが、共有された一連の自明の理へのコンセンサスを基礎づけ、一連の自明の理が共通感覚＝常識《サンス・コマン》を構成します。社会的カレンダーの大きなリズム、とくに現代社会の「季節大移動」を決定する学校休暇の構造は、共通の客観的指示対象と同調された主観的識別《ディヴィジョン》原理を保証し、生きられた時間の個別性を越えて、「時間の内的経験」を、社会生活を可能にするのに十分なだけ調和的なものにします。

しかし、国家的秩序が強いる直接的服従を理解するためには、新カント主義的伝統の主知主義と袂を分ち、認識の構造が意識の形式ではなく身体化された性向であって、国家の命令にわれわれが従うのは、力に機械的に服従するのでも、命令＝秩序に意識的に同意するのでもないことに気づかなければなりません。社会的世界は規律の喚起に満ちていますが、規律を喚起してうまく機能するのは、それに気づくだけの態勢があらかじめできており、意識や計算を迂回しなくても、深く埋めこまれた身体的性向を呼び覚ますことができる人のみです。被支配者は、精神構造を産み出す社会秩序の構造をドクサとし、これに盲従します。マルクス主義は意識の哲学の主知主義的伝統に閉じこもっていたために、このことを理解できません。マルクス主義が象徴的支配の効果を説明するためにもちだす「虚偽の意識」の概念において、余計なのは「意識」であり、「イデオロギー」について語ることは、信仰という最も深い身体的性向の領域にあるものを、「意識化」という知的回心によって変更できる表象の領域に位置づけることです。既成秩序への服従は、集団の歴史（系統発生）と個人の歴史（個体発生）が身体のなかに刻み込んだ認識構造と、それが適用される世界の客観的構造が重なりあった結果起こります。国家が押しつける命令が自明の理として受け入れられるのは、それによって国家が知覚される認識構造が他ならぬ国家によって刻み込まれているからです（この展望のもとに「祖国のために死ぬ《プロ・パトリア・モルト》」という究極の犠牲を可能にする条件を分析しなおす必要があります）。

しかし、新カント主義の伝統は、もう一つの別の点で、そのデュルケーム的形態を含め乗り越えなければなりません。つくられた作品《オプス・オペラトム》を特権化して、象徴生産、とくに神話生産の活発な次元を、つまり制作の仕方《モドス・オペランディ》、チョムスキー流に言えば「生成文法」の問題を無視してはいるが、レヴィ＝ストロース（あるいは『言葉と物』のフーコー）流の象徴的構造主義は、象徴体系をあるがままに捉え、その整合性を明らかにしようとした功績があります。整合性こそは、（法律の場合に顕著ですが、神話や宗教においても）象徴体系の有効性を支える主要原理の一つです。象徴秩序は構造化する構造の行為主体全員に課されることで成立しますが、構造化する構造が堅実で抵抗力を備えているのは、少なくとも外見上は整合的で体系的だからであり、それが社会的世界の客観的構造と客観的に合致しているからです。（すべての点で明示的な契約と対立する）この直接的な暗黙の一致が、われわれをあらゆる無意識的絆で既成秩序に結びつけるドクサ的服従関係の基礎にあります。正統性の承認は、マックス・ウェーバーが考えるように、明晰な意識の自由な行為ではありません。正統性の承認は、（学校の時間割のまったく恣意的な時間分割のように）生活時間のリズムを組織する構造のように、身体化され無意識になった構造と、客観的構造の直接的一致のなかに根を下ろしています。

この前反省的な一致が、支配者が驚くほど容易にその支配を押しつけられる理由を説明します。「人間の事象を哲学的な目で考察する者にとって、最大多数がごく少数の人間によって簡単に統治されるのを目の当たりにし、人々が自分の固有の感情や情念を捨ててまで指導者に従う黙契的服従を観察することほど、驚くべきことはない。この驚くべきことがいかなる方法で可能になったかと問うならば、力はいつも被支配者の側にあるのだから、支配者は世論以外に自分を支えるものをもたないことにわれわれは気づく。したがって統治支配はただ世論の上に基礎をおくのであり、この格言は最も専制的で軍事的な政府から、最も自由で大衆的人気がある政府にまであてはまる[20]」。このヒュームの驚きはあらゆる政治哲学の根本問題を浮き彫りにします。その根本問題とは、通常の生活では真に問題として提起されない、正統性の問題です。実際、問題なのは、肝心なところで既成秩序は問題にされないということであり、国家の正統性、国家が制定する秩序は問題として立てられないことです。国家は秩序ある社会的世界をつくり出すのに、必ずしも命令したり物理的に強制したりする必要はありません。国家が、客観的構造と一致した認識構造を生産して身体化させ、ヒュームが問題にした信仰、既成秩序へのドクサ的服従を確実にすることができる限り、その必要はないのです。

以上を確認した上で、忘れてならないことは、この原初的な政治的信仰、このドクサこそが正統的教義であり、しばしば競合的なヴィジョンとの闘争の果てに確立された正しい支配的なヴィジョンであること。また、現象学者たちが語る「自然的態度」、すなわち共通感覚＝常識の世界の一次的経験は、それを可能にする知覚カテゴリーと同様、政治的に構築された関係であることです。今日、意識や選択の手前で自明の理として現れているものは、しばしば闘争の賭金だったのであり、支配者と被支配者の対決の果てにはじめて制定されたものです。歴史的進化の最大の効果は、脇に退けられた可能性を過去に、すなわち無意識に追いやることによって、歴史を廃棄することです。国家が管轄する範囲でゆきわたっている認識《ヴィジョン》と分割《ディヴィジョン》原理の基底として国家の生成を分析することで、国家による既成秩序のドクサ的支持と、一見自然に見えるこの支持のもっぱら政治的な基礎を同時に理解することができます。ドクサとは特殊な見方、支配者の見方でありながら、普遍的な見方として現れ、みずからを押しつける見方のことです。国家を支配することによって支配する者たち、国家をつくることで自分たちの特殊な見方を普遍的な見方として構成した者たちの見方です。

こうして、国家権力のもっぱら象徴的な次元を十全に理解する上で、われわれはマックス・ウェーバーが宗教に関する著作において、特殊な代理人と特殊利益を導入することによって象徴体系の理論にもたらした決定的貢献を利用することができます。実際、ウェーバーはマルクスと同様、象徴体系の機能ほどにはその構造に関心を向けませんでしたが（それに彼は象徴体系という呼び方をしていません）、象徴体系という特殊な産物の生産者（彼が研究した分野では宗教的代理人）や相互作用（葛藤、競合など）に注意を喚起したのは彼の功績です。法律を理解するためには法律家の身体に関心をもつ必要があるというエンゲルスの文章を引き合いに出すことはできますが、概してマルクス主義者が、象徴体系の生産を担う特殊な代理人の存在を等閑視してきたのに対し、ウェーバーは、宗教を理解するためには、カッシーラーやデュルケームのように宗教タイプの象徴形式を研究するだけでは十分でなく、宗教のメッセージや神話のコーパスの内在的構造を研究するのでも十分ではないとして、宗教的メッセージの生産者、彼らを動機づける特殊な利益、彼らが闘争で使用する戦略（たとえば破門）に迫ろうとしました。そこで、こうした象徴体系の機能と構造と生成を同時に理解する手段をえるためには、（ウェーバーにはまったくなじみのない）構造主義的思考方法を象徴体系に、一定の実践の領域（たとえば宗教的メッセージ）における象徴的立場決定の空間に適用するだけではなく、象徴体系を生産する代理人《アジャン》たちのシステムに、彼らが相互の競合関係のなかで占める立場の空間（たとえば私が宗教界《シャン》と呼ぶもの）に適用することで十分だということになります。

　国家についても同様です。国家がもつ効果の象徴的次元、とくに普遍性効果とでも呼びうるものを理解するためには、官僚制の小宇宙の特殊なはたらきを理解し、国家の代理人《アジャン》たちの世界の生成と構造を分析する必要があります。彼らは国家を制定《アンスチチュエ》し、とくに国家について遂行《パフォーマティヴ》的な言説を生産することで、国家貴族としてみずからを構成します。国家貴族たちの言説が（オースティン的意味で）遂行《パフォーマティヴ》的だと言うのは、国家とは何かを述べるように見せながら、国家のあるべき姿を述べ、支配の分業のなかで国家の言説の生産者がとるべき立場を述べ、ついに国家を存在せしめた言説だからです。なかでも法律界の構造には注意を払う必要があります。法律上の知識と能力は、象徴資本として機能すべき特殊な形の文化資本ですが、この資本の保有者たちの集団《コール》としての全体的利益と、主に王権に対してまだ十分自律的ではない法律界におけるそれぞれの立場に応じて、個々の法曹がもつ特殊利益とを明るみに出す必要があります。

右に述べた普遍性ないし合理性の効果を理解するためにはまた、これらの代理人がなぜ彼らの特殊利益に普遍的な形をまとわせ、公共奉仕《セルヴィス・ピュブリック》や公共秩序を理論化したのか、なぜ王室の理由《レゾン》、「王の家」に対して国家理性《レゾン・デタ》を分離させ、「公事《レス・プブリカ》」を発明し、国王であれその一時的化身にすぎない代理人たちを超越した審級として共和国《レピュブリック》を発明することを利益としたのかを理解しなければなりません。これら代理人たちは、彼らの特殊な資本を利用して特殊利益のために、自分たちの立場を正当化しつつ、法的虚構《フィクシオ・ユリス》として国家を構成する国家の言説を生産することになり、国家は次第に単なる法律家の虚構であることを止め、広い範囲で国家の機能とはたらきへの従属を強い、また国家原理の承認を押しつける力をもつ自律的秩序になったのです。

普遍性の独占

物理的および象徴的暴力の国家独占の構築は、この独占に付着する利得の独占をめぐる闘争界の構築と切り離しえません。国家の出現と結びついた画一化と相対的普遍化は、その反面、国家が生産し獲得する普遍的資源の一部の人間による独占を生み出します（ウェーバーやエリアスは、国家資本の形成過程を無視し、国家資本の生産に貢献し、それを生産することでみずから国家貴族になった者たちによる国家資本の独占過程を無視しました)。だが、この普遍性の独占は、普遍性への(少なくとも外見上の)従属と、無私無欲な正統的支配として提示される支配の普遍的表象の普遍的承認を代価に払って獲得されます。

官僚は中立性《ヌートラリテ》や公共善《ビアン・ピュブリック》への私益を離れた献身という価値への参照を義務としますが、マルクスのように、官僚制がみずからに与えようとする公的イメージを逆転させ、公的資源の私的所有者として行動する普遍性の簒奪者として官僚を描く人々は、中立性や公共善への私益を越えた献身という価値が、どれほど現実的な効果をもつかが分かりません。この公共善への献身は、象徴的な構築事業の長い道程が進み、普遍性と一般利益に奉仕する役務の場という国家の公的表象が発明され支配的になるにつれ、いや増す力で国家官僚の上に押しつけられるのです。

普遍性の独占化は、とくに官僚界そのものの内部で行なわれた普遍化作業の結果です。政府委員会と呼ばれる風変わりな機関は、特殊利益を越えて普遍的提言をおこなうべく一般利益の任務をおびた委員からなりますが、委員会のはたらきを分析すると分かるように、公的人物は彼らの特殊な視点を犠牲にして「社会的視点」に立つのではなく、公式性の修辞を用いて彼らの意見を正統的で普遍的な意見としてまとめるようたえず努めなければなりません。

普遍性は普遍的承認の対象となり、利己的な利益（とくに経済的利益）を犠牲にすることは、普遍的に正統的なものとして認められます（集団の判断は、個人の特殊で利己的な視点を捨て集団の視点に移行する努力のなかに、集団的価値の承認、あらゆる価値の基盤としての集団そのもの承認の表れを認め、ある is からあるべき ought への移行を承認するほかないからです）。このことが含意するのは、あらゆる社会的宇宙がさまざまな度合いで、普遍化の物質的ないし象徴的利益を（「規定の遵守」をめざす戦略が追求する利益さえも）もたらしうることであり、また、官僚界のように、最も執拗に普遍性への服従を要求する宇宙こそ、そのような利益の獲得にとくに有利であることです。一般利益に献身する宇宙を創設するため、私利私欲の放棄義務を基本法則とする行政法が、さまざまな実践を評価する上での寛大さに嫌疑をかけるのは意味深いことです。「行政は手加減しない」。個人的な形で私人に便宜をはかる行政行動は疑わしく、法律違反の可能性があるのです。

普遍化がもたらす利益こそ、おそらく普遍性を進歩させた歴史的動因の一つです。普遍化することによって期待される利益が、普遍的価値（理性、美徳など）が少なくとも言葉の上で承認される宇宙の創設に有利にはたらくからです。そこでは、普遍的規則を守ることによる利益（少なくとも〔批判をまぬがれられるという〕否定的利益）を得るための普遍化の戦略と、公式に普遍性に捧げられた宇宙の構造とのあいだに、相互に強め合う循環的強化プロセスが成立します。社会学的観察は、行政法に書かれているような公的規範と、私利私欲の放棄義務へのさまざまな違反を伴う行政実践の現実のあいだに落差があることを見逃してはいません。あらゆる「公共奉仕の私的利用」（公共の財やサービスの横領流用、腐敗汚職や影響力の不正行使など）や、よりゆがんだ形では、あらゆる「特典供与」、行政上のお目こぼし、特例措置、職権の売買など、法律の不適用や法律違反によって利益を引き出す行為は、公的規範に対する違反です。しかし社会学的観察は、官僚に職務に規定された義務のため私的利益を犠牲にすることを求める規範（「公務員は完全に職務に献身せよ」）がもつ効果、あるいはより現実的には、官僚界の逆説的論理が推奨する、私利私欲を捨てることによって得られる利益とあらゆる形の「敬虔な偽善」の効果に盲目でいることもないのです。

（三浦信孝訳）

原注

（1）本稿は一九九一年六月にアムステルダムでおこなった講演のトランスクリプションである。

（2）T. Bernhard, *Maîtres anciens*（*Alte Meister Komödie*）, Paris, Gallimard, 1988, p.34.

（3）Richard Bonney, « Guerre, fiscalité et actitivité d'État en France（1500-1660）:Quelques remarques préliminaires sur les possibilités de recherche », *in* Ph. Genet et M. Le Mené（éd.）, *Genèse de l'État moderne, Prélèvement et redestribution*, Paris, Éd. du CNRS, 1987, p.193-201 ; cit. p.193.

（4）Cf. William Ian Miller, *Bloodtaking and Peacemaking*, Chicago, The University of Chicago, 1990.

（5）Cf. J. Dubergé, *La psychologie sociale de l'impôt*, Paris, PUF, 1961 et G. Schmolders, *Psychologie des finances et de l'impôt*, Paris, PUF, 1973.

（6）Rodney H. Hilton, « Resistance to taxation and to other state impositions in Medieval England », in *Genèse de l'État moderne, op. cit.* p.169-177, spécialement p.173-174.

(7) Cf. Y.-M. Bercé, *Le Roi caché*, Paris, Fayard, 1991.
(8) Y.-M. Bercé, « Pour une étude institutionnelle et psychologique de l'impôt moderne », in *Genèse de l'État moderne, op. cit.*
(9) Ph. Corrigan et D. Sayer, *The Great Arch, English State Formation as Cultural Revolution*, Oxford, Basil Blackwell, 1985, p.103 *sq.*
(10) Cf. P. Bourdieu, « Deux impérialismes de l'universel », in C. Fauré et T. Bishop (éd.), *L'Amérique des Français*, Paris, Françoise Bourin, 1992, p.149-155. 文化は愛国者的象徴と密接に結びついているため、文化の機能やはたらきに関する批判的問いかけは裏切りや冒瀆として受け取られがちである。
(11) Cf. A. Esmelin, *Histoire de la procédure criminelle en France et spécialement de la procédure inquisitoire depuis le XIIe siècle jusqu'à nos jours*, Paris, 1882, Réédit. Francfort, Verlag Sauer und Auvermann KG, 1969;et H.-J. Berman, *Law and Revolution. The Formation of Western Legal Tradition*, Cambridge, Harvard University Press, 1983.
(12) M. Bloch, *Seigneurie française et Manoir anglais*, Paris, A. Colin, 1967, p.85.
(13) S. Hanley, « Engendering the State : Family Formation and State Building in Early Modern France », *French Historical Studies*, 16 (1), spring 1989, p.4-27.
(14) A. Jouanna, *Le Devoir de révolte, la noblesse française et la gestation de l'État moderne, 1559-1561*, Paris, Fayard, 1989.
(15) R. Mousnier, *Les institutions de la France sous la monarchie absolue*, I, Paris, PUF, 1980, p.94.
(16) Michèle Fogel, « Modèle d'état et modèle social de dépense : les lois somptuaires en France de 1485 à 1560 », *in* Ph. Genet et M. Le Mené, *Genèse, op. cit.*, p.227-235, spécialement p.232.
(17) F. W. Maitland, *The Constitutional History of England*, Cambridge, Cambridge UP, 1948, p.429.
(18) 私は、カフカに寄せて、社会学的ヴィジョンと神学的ヴィジョンが外見上は対立するが、いかに収斂するかを示した (P. Bourdieu, « La dernière instance », in *Le siècle de Kafka*, Paris, Centre Georges-Pompidou, 1984, p.268-270).

(19) P. Bourdieu, « Sur le pouvoir symbolique », *Annales*, 3, juin 1977, p.405-441.
(20) David Hume, «On the First Principles of Government», *Essays and Treatises on Several Subjects*, 1758.

付論　家族の精神

普通の家族についての支配的で正当とされる定義（法の場合のように明文化されうる定義もあれば、国立人口研究所や国立統計経済研究所の家族に関するアンケートで使われるような暗黙の定義もあります）は、家、世帯、ハウス、ホーム、ハウスホールドといった言葉の星座に基づいています。こうした定義は、定義するという外観のもとで、実は社会的現実をつくりだしています。この定義によれば、家族とは姻戚関係や結婚や家系によって、あるいはより例外的には養子縁組（親族）によって互いに結びつけられた、同じ屋根の下に住む（コアビタシオン）縁続きの諸個人からなる一集合体ということになります。エスノメソドロジストの中には、われわれが現実と見なしているものは一つのフィクションであり、とくにこのフィクションを名付けるために、われわれが社会的世界から受け入れた用語を通して構築されたフィクションだと言う人さえいます。またこのエスノメソドロジストは、今日のアメリカにおける「家族」を指すとされる多くの集団は、そうした支配的な定義とはまったく合致しないと反論する際に、また核家族は同棲のカップルや片親の家族や別居夫婦に較べれば、ほとんどの現代社会では少数派であると反論する際に、〔皮肉なことに〕「現実《リアリティ》」に依拠しています[1]（この「現実」というのは、まさに彼らの視点からすれば、問題無しとはしないはずなのですが）。常に変わらぬ外観を見せているために、自然だと思われがちな家族は、実のところ、最近の発明であり（アリエスやアンダーソンの研究が私的なものの起源について、またショーターが家族的感情の発明について指摘しておりますように）、遅かれ早かれ、消滅する運命にあるのかもしれません（今日われわれが目にする、結婚しない同棲や家族関係の新しい形態の率が高まっているように）。

家族は一つの言葉にすぎないことを、また単なる言葉による構築物であることを認めるとしても、家族によって指し示されるもの、「言葉の上での家族」、もっといえば紙の上の家族の表象を分析する必要はあります。一部のエスノメソドロジストは、社会関係のなかでも家族に高い評価をあたえる家族論に一種の政治的イデオロギーを読み取りますが、彼らは普通の人や学者が家族についておこなう議論に共通する諸前提のいくつかを明るみに出したのです。

諸属性の第一集合。一個人の諸属性を一つの集団に帰属させる、ある種の人間形態学によれば、家族とはその構成員をこえた一つの超越的実在であり、共通の生活と精神をもった、また世界についての固有な見方をそなえた超人格的人格ということになります。諸属性の第二集合。様々な家族の定義は、家族が一つの分離された社会的世界として存在するという前提を共有しています。

またこの分離された社会的世界は、境界維持作業をおこなっており、（外部に対して）内部を神聖な場所として理想化する傾向があります。この神聖で秘密の世界は、親密性によって外部に門戸を閉ざしており、敷居という象徴的なバリアーによって外部から隔てられていますが、認知を妨げるものとしてのその隔離、プライバシー、私的事柄の秘匿、舞台裏（backstage）や私的領域の防護を永続化することで、自ら永続化されます。われわれは、このプライバシーのテーマに第三番目〔の集合〕をむすびつけることができるでしょう。つまり安定した場としての家、無限に継承される家を連想させる、永続的な単位としての同居家族の問題です。

そんなわけですから、家族の言説、つまり家族が家族についておこなう言説において、家族的なまとまりは、意思をもち、思考や感覚や行為ができる一つの活動的な行為者と見なされます。またこの家族的まとまりは、家族的関係を生きる良い方法〔マナー〕についての認知的前提や規範的命令の総体に基礎をおいています。つまり、経済的世界の一般法則をもたない世界である家族は――市場やギブ・アンド・テイクと対立する――信頼と贈与の場なのです。家族は、アリストテレスのいうフィリア（〔仏語では〕友愛 amitié とよく訳される言葉ですが）の場、計算ずくが拒否される場なのです。ことばの狭い意味での損得が、すなわち交換における均衡の追求が度外視される場なのです。多くの場合、また恐らく普遍的に、日常的言説は家族から人間関係の理想的モデルを引きだします（たとえば、友愛といったモデルのコンセプトとともに）。また、家族の公式的定義における家族関係は、あらゆる社会関係の構築と評価の原理として機能する傾向があります。

十分に根拠のあるフィクション

　そうだとすれば、家族がことばにすぎないことは真理だとしても、同時に命令が、もっといえば集合的現実を構築する集合的原理であるカテゴリーが問題になっていることも真理です。社会的リアリティは、社会的構築にもとづいた社会的フィクションであるにせよ、同時に集合的に承認される限りにおいて、実際に存在するのだということを矛盾なしに認めることができるでしょう。家族といった分類概念を使用する場合、われわれはそれとは知らずに、叙述と命令を同時におこなっているのです。なぜなら、この叙述と命令は（ほとんどの場合）普遍的に受け入れられており、当然のこととして認められているからです。つまり、われわれが家族と名づける現実を、またわれわれが本当の家族だとする現実を、われわれは現実の家族であると暗黙のうちに認めているのです。

　そういうわけですから、われわれがエスノメソドロジストともに、家族が社会的リアリティを構築する原理であることを認めることができるとしても、同時に、エスノメソドロジストに対して、この原理自体が社会的に構築されたものであり、何らかの方法で社会化された全ての行為者に共通するものであることを指摘しなければなりません。いいかえますと、この原理はわれわれの精神がみなもっている、共通する物の見方や分類であり、一つのノモスnomosなのです。なぜなら、この原理はそれ自体家族における分類にしたがって組織化された世界において展開される社会化作用を通して、われわれに押し付けられるものだからです。この構築原理は、ハビトゥスというある精神構造の構成要素の一つなのです。ハビトゥスは、ある仕方で社会化された頭脳全体に押し付けられたものであり、個人的であるとともに集団的なものです。社会的世界の意味についてのコンセンサスの基礎にある、また常識〔共通感覚〕の基礎にあるのが、この認知と実践の隠れた法（ノモス）なのです。ですから、常識の先入見と自然発生的社会学の民衆〔常民〕のカテゴリーfolk categoriesは、なによりもまず正しい方法で問題にされねばなりません。こうした先入見やカテゴリーはそれが語る現実をつくるがゆえに、十分に根拠があるものとなりうるのです。社会的世界においては、言葉が物をつくっているのです。なぜなら、すべてが当然のこととして受け入れられる存在についてのコンセンサスや、物の意味や常識、ドクサdoxa〔通念〕を、言葉はつくるからです（こうした共有される自明性がどんなに強いものであるかを知るには、社会的苦悩についての調査において最近インタビューした女性の証言にここでふれる必要があるでしょう。彼女は、年をとったら結婚し子供をもつべきだという隠然たる規範、年を取るに従ってしだいに強制的命令となる規範に従っていない女性でしたが、「身を固めるべきだ」、結婚相手を見つけるべきだ、子供をつくれといった命令に従うべきだとする、彼女に対するあらゆる社会的圧力について語ってくれました。たとえば、パーティや夕食会のとき、独身女性であることからくる煩わしさや問題を彼女は語っています。自分がまるで片端者のように、未熟な社会的存在として一人前には扱われない苦しさを語っています)。

家族は、諸個人(身体化された集団としての)に内在的であるとともに、諸個人に対して超越的な構造の原理です。なぜなら、諸個人は全ての他者の中に客観性の形態のもとで、この構成原理に出会うからです。つまり家族は、カント的な意味で超越者であり、すべてのハビトゥスに内在しており、超越的なものとして押し付けられるものなのです。社会的集団(家族、民族あるいは国民など)の特殊な存在論の基盤は、そのようなものです。ハビトゥスは、社会的構造の客観性と、客観的にオーケストラ化された精神的構造の主観性とに同時に書き込まれ、モノの不透明性や抵抗として経験に対して現れます。しかしながらハビトゥスは、構築行為の産物なのです。一部のエスノメソドロジスト的な批判が暗示しておりますように、この産物はハビトゥスを、外見上思考の純粋存在という非存在に送り返します。

そんなわけで、客観的な社会的カテゴリー(構造化する構造)である家族は、主観的な社会的カテゴリー(構造化された構造)としての家族の基盤なのです。主観的な社会的カテゴリー、つまり精神的なカテゴリーは客観的な社会的カテゴリーの再生産に寄与する、非常に多くの表象と行為(たとえば、結婚)の原理なのです。こうした循環は、社会的秩序の再生産の循環です。主観的カテゴリーと客観的なカテゴリーの間に成立するほぼ完全な一致は、自明なもの、あたりまえなこと *taken for granted* として世界を経験する根拠となっているのです。ですから、家族ほど自然なものはないのです。こうした恣意的な社会的構築は、自然なものと普遍的なものの側に位置づけられているように見えます。

制度化の作業

家族が最も自然な社会的カテゴリーとされるなら、またそれゆえに家族がすべての社会体 corps sociaux のモデルを提供することになっているのなら、家族のカテゴリーはハビトゥスにおいて、社会的世界や特殊な社会体である家族の分類図式および構築原理として機能します。そしてハビトゥスは、まさに家族のただ中で実現された社会的フィクションとして獲得されるものです。実際、家族は儀礼においても技術においても全くもって制度化の作業の産物です。この儀礼や技術は、制度化された統一体の各メンバーの中に、この統一体の存在と持続の条件である統合を確保するに適した感情を継続的につくりだすことを目指しています。制度（凝視 stare に由来する言葉である保持、安定）の儀礼は、家族を統合された、単一の、そして安定的で恒常的な、諸個人の感情の揺らぎに関わらない一つの統一体にします。したがって最初のこうした創設行為（家族の命名や結婚など）は、自然な情愛や家族感情の情動的義務（夫婦愛、親の愛、親への愛、きょうだい愛など）を一種の継続的創造によってうみだす、多くの再確認や強化の行為へと論理的に拡大されます。こうした感情を維持する恒常的行為は、単なる指名 nomination を、情動的対象の構築やリビドーの社会化によって強める結果となるのです（たとえば、「これがおまえの妹だよ」といった言葉は、脱性化した社会的リビドーとしての兄妹愛の押し付け――インセスト・タブー――を閉じ込めています）。

家族がいかにしてただ名前だけのフィクションから、そのメンバーが情動的絆によって結ばれたリアルな集団になるかを理解するためには、情愛的義務を情愛的性向に変え、献身や寛容や団結を生成する「家族の精神」を家族のメンバーに与える象徴的・実践的行為のすべてを考慮に入れる必要があります（家族の日常生活では、贈り物やサービスや援助や訪問や注意や思いやりなどの無数の交換がおこなわれます。さらに家族の祝祭である非日常的で厳粛な交換は、一同に会した家族を統合させる写真によってしばしば評価《サンクション》（誉《ほ》められたり貶《けな》されたり）を受け、永続化されます）。こうした労働はとりわけ女性の仕事とされています。訪問や手紙（とくに、挨拶状の儀礼的交換など）や電話によって、（家族内だけでなく、親戚の）人間関係を維持することが女性の仕事とされます。組織体 corps としての親族と家族の構造は、家族的感情の継続的創造なしには維持されません。この家族的感情は、ものの見方と分類の認知的原理であるだけでなく、同時に凝集 cohesion の感情的原理、つまりひとつの家族集団と利害への死活的な加入なのです。

家族がその存在を維持するためには、組織体として確証されねばならないとすれば、家族はつねに（たとえば、メンバーのそれぞれがもっている資本総量や資本構成に結びついた）物質的・経済的力関係やとりわけ象徴的力関係、またこれらの力関係を維持ないし変える闘争とともに、一つの界として機能する必要があります。それだけにこの統合の作業は不可欠なのです。

社会的再生産の場

しかし社会的恣意の自然化は、家族と呼ばれるこのリアリティが可能になるためには、まったく普遍性のない、また均質に配分されることのない社会的諸条件が結びつけられることが必要だということを忘れさせる効果をもっています。つまり、正当に定義された家族とは、普遍的な規範において制度化された一つの特権です。一つの象徴的特権をもった事実上の特権です。すなわち規範の中で申し分なくある特権、規範性のもつ象徴的利益を所有することの特権です。標準的な家族をもつという特権を有している人々は、すべてに対して特権を要求することができるのです。しかも彼らが普遍的に要求するものに対するアクセスの普遍化の諸条件（たとえば、収入や住居などの）を問題にする必要もないのです。

事実において、この特権は経済的、文化的、象徴的な特権の蓄積と譲渡の主要な諸条件の一つです。実際のところ家族は、社会的秩序の維持と、生物的だけでなく社会的、つまり社会的諸関係や社会的空間の構造の再生産において決定的な役割を果たします。家族は、さまざまな種類の資本を蓄積し、世代間においてその資本を伝達する特権的な場の一つなのです。家族は、伝達する目的で、また伝達できるがゆえに、伝達のため伝達によって家族の統一をまもります。家族は、再生産戦略の主要な「主体」sujet なのです。たとえば、そうした戦略には、相続される象徴資本の主要な要素である名字（家名）の伝達がともなうことは言うまでもありません。つまり、父親は自分の息子に名前を付ける見せかけの主体にすぎません。なぜなら、父親は自分がその支配者《メトル》ではない原則に従って息子に名前をつけるからです。また自分の固有名詞（父の名）を伝えることによって、自分が創造したわけではないルールに従って、彼が創始者 auctor でないという保証 auctoriats を伝えるのです。同じことは、物的な相続財産の場合でも真理です。経済的行為のかなりの部分は、孤立した単一のホモ・エコノミクスではない「主体」のため、つまり集合的「主体」のためのものです。たとえば、学校の選択とか住居の購入とか家族にとって重要な経済行為は、孤立的「主体」のためではなく、集合的「主体」のためにおこなわれます。家の購入に関して言えば、不動産購入の決定では（お金を貸したり、また今日では、忠告したり経済的決定へのプレッシャーをかけたりする自分の両親や配偶者の両親など）親戚中を動員することも起こります。こうした場合、家族は一種の「集合的主体」として、単なる諸個人の寄せ集めとしてではなく、共通の定義にもとづいて行動します。しかし、家族が集合的決定において示される一種の超越的意思の場であり、そのメンバーが統一体の部分として行動していると感じるのは、そうした場合に限ったことではありません。

　そうは言っても、すべての家族や家族内のすべてのメンバーが、家族の支配的定義から見て同じ能力や傾向をもっているわけではありません。「家」にもとづいた社会の場合とくに明白なように、物質的財の総体としての家の永続化への配慮は、家族全員の存続に向けられているわけですが[2]、存在の中で永続化しようとする家族の傾向は、浪費や散財によって常に脅かされる相続財産を永続化させる傾向と不可分です。融合の力、とりわけ諸個人の特殊利害と家族の集団的利害を一致させる倫理的性向は、分裂の力をも考慮に入れなければなりません。つまり、多かれ少なかれ共通のヴィジョンを受け入れる傾向があり、また同時に多かれ少なかれ「エゴイスト」の視点を押し付けてもくる、集団のさまざまなメンバーの利害も考慮に入れなければなりません。たとえば、出産や教育や結婚や消費（とりわけ不動産のような）などに関する「選択」のような、家族を「主体」とする実践を説明するには、界（したがって、その状態が歴史の帰結であるところの）として機能する家族における、家族成員間の力関係の構造がもつ作用を考慮に入れる必要があります。この力関係の構造は、つねに家族界での闘争における賭金です。しかし界としての家族の統合機能は、その限界を男性支配の効果に見いだすことになります。男性支配の効果は、家族を身体の論理に従わせようとするものです（統合は、男性支配の結果なので）。

　支配者の特質の一つは、とりわけ大きくて（大物は大家族をもっているものです）しっかりと統合された家族を有していることです。こうした家族は、ハビトゥスの類似性だけでなく、利害の一致によって統合されています。つまり、資本によってと同時に資本のために、経済資本は言うまでもなく、象徴資本（名前）とりわけ社会資本（それは家族共同体のメンバーによって集団的に所有される資本の成功した管理の条件であり、結果です）によって利害の一致が見られるのです。たとえば経営者の場合、家族的関係でもある仕事関係を通じて、経済的相続財産の伝達や管理において、家族は重要な役割を果たします。ブルジョアの家系は、エリートの〔社交〕クラブとして機能します。ブルジョアの家系は、一つの資本の蓄積と管理の場となっているのです。この一つの資本は、ブルジョア家族のメンバーそれぞれが所有する資本の総額に等しいものであり、それぞれの所有者間の関係は、この一つの資本をそれぞれが好きなように使うことを許すものとなっています。

国家と身分証明

以上、いささかラディカルな問いから始めたわけですが、一般的定義が列挙する諸属性に立ち戻ることにしましょう。出発点にもどるといってもそれは外見上にすぎないのですが、再度これらの諸属性を吟味してみたいと思います。そうすればおそらく、社会的リアリティの構築手段を見つけようとするなら、家族を社会的リアリティの直接的データとして理解することはやめねばならなくなるでしょう。しかしまた、エスノメソドロジストらが明るみに出している、誰が構築手段を構築するかということを問題にするなら、彼らが提起するような問いは乗りこえられねばなりません。家族のカテゴリーは実在する制度として、世界の客観性において、家族と呼ばれる基本的社会体の形態のもとに考察しなければならないし、また普通の行為者によっても官庁統計家たち（国立人口学研究所、国立統計経済研究所）のような国家の分類者によっても同じく用いられる分類原理の形態をとった精神《エスプリ》〔考え方〕において、考察してみなければなりません。

実際明らかなことですが、近代社会における官庁的分類〔オフィシャル・カテゴリー〕作成の主要な責任者は、国家です。この官庁的分類によって人口と精神は構造化されます。国家は、（家族手当のような）きわめて現実的な経済的・社会的効果をもたらす成文化の作業によって、特定の家族組織の形態に便宜をはかろうとしますし、またこの家族組織の形態に順応的な人々を強化しようとします。さらに国家は、物質的・象徴的なあらゆる手段を駆使して、世界の理解と構築の仕方の一システムにたいする「論理的順応主義」および「道徳的順応主義」を奨励します。ですからおそらく、この家族組織の形態や分類がかなめ石《クレ・ド・ヴゥト》なのです。

ラディカルな問いが依然として必要でありつづけるのは、単なる実証的記録（われわれの統計的メスが出会った家族の存在）が、承認や記載の効果によって、社会的現実の構築作業に貢献する傾向があるからです。この社会的現実は、家族という言葉や家族主義者の言説の中に書き込まれています。家族主義者とは、社会的現実や家族を描くという見かけのもと、ある生活様式や家族生活をあらかじめ規定することになります。国家の思考、すなわち国家の作用によって押し付けられる常識的思考のカテゴリーを、吟味もせずに用いることによって、官庁統計家たちは家族的機能の条件の一部をなしている国家的思考の再生産に寄与しているのです。〔こうしてつくられた〕いわゆる現実は、もはやその起源が国家にあることなど分からなくなっています。そうしたことは、裁判官やソーシャル・ワーカーについても当然あてはまります。彼らは、刑罰の効果を予想したり、減刑や若い犯罪者に与えられた量刑の吟味をしたりするとき、ほとんど自然発生的に、国家の家族観に順応的な指標の多くを考慮に入れています(3)。人口学者や社会学者、またとくにソーシャル・ワーカーは、官庁統計家と同じように、現実を動かし現実をつくる可能性を与えられているため、彼らの中ではじめは原始的であったがやがて学問的になったカテゴリーが、一種の循環によって、自らに現実的存在を与えるのに貢献するようになるのです。エスノメソドロジストのいう家族の言説は、大きな力と影響力をもつ制度化の言説であり、これは自らを証明する条件をうみだす手段をもつのです。

　国家は、とくに家族手帳に書き込まれた身分証明の手続きを通して、非常に多くの構築作業をおこなっています。この作業は、社会的世界の強力な認識原理の一つ、最もリアルな社会的共同体の一つとしての家族のアイデンティティを構築します。実際、エスノメソドロジストの批判よりもはるかにラディカルに、国家による家族の制度化に関する社会史は、公と私の伝統的対立が（プライバシーの意味での）私の前にある公をどこまで隠蔽するかを明らかにしています。私事は、近代家族がその到達点であるような法的・政治的構築の持続的な労働の産物であり、したがって、公事なのです。公的なヴィジョン（ノモス、この場合は法の意味ですが）は、家族についてのヴィジョンと深く関わっております。われわれの最も私的な行動自体が、住宅政策や、もっと直接的に言えば家族政策のような公的な行為に依存しているのです(4)。

要するに、家族はまさに一つのフィクションであり、社会的構成物であり、言葉の最も普通の意味で幻想なのです。しかし、家族は「十分に根拠のある幻想」illusion bien fondée なのです。なぜなら、国家の保証によって生産され再生産されることによって、家族は国家のそれぞれの契機から、存在し生存する手段を与えられているからです。

（安田尚訳）

原注

（1）ここでは、エスノメソドロジーが疑義を呈するに適した例だけを引いておく。J. F. Gubrium et James A. Holstein, *What is Family ?*, Mountain View, Cal., Mayfield Publishing Co, 1990.

（2）「家」に関しては、次の文献を参照。P. Bourdieu, « Célibat et condition paysanne », *Études rurales*, 5-6, avril-septembre 1962, p. 32-136 ; « Les stratégies matrimoniales dans le système de reproduction », *Annales*, 4-5, juillet-octobre 1972, p.1105-1127 ; et aussi, entre autres, C. Klapisch-Zuber, *La maison et le Nom*, Paris, EHESS, 1990.

（3）こうした指標を提供するのは、多くの場合、社会学者である。たとえば、家族のまとまりぐあいの簡便な評価をしたり、いろいろな行為の成功の可能性を予想したりするためにソーシャル・ワーカーが採用する基準など（評価は、それによって社会的傾向が実現される媒介なのである）。

（4）こうして例えば、（家族手当などの）「家族政策」や国家による住宅援助を決定した政府の委員会は、家族や家族の表象を作るのに貢献する。人口学者や社会学者の調査は、こうした家族やその表象を一種の自然科学的データとして記録しているのだ。

5

無私の行為は可能か？

利益／利害関心《アンテレ》[*1]という語が、ある程度まで、有益《アンテレサン》なのはなぜでしょうか[1]？　行為者は、自分がいま為していることを為すことに利害関心《アンテレ》を持っているわけですが、この利害関心を検討することが重要なのはなぜでしょうか？　実は、私がこの利益という概念を不可欠なものと考えるにいたったのは、まず、自己陶酔的な、また他を欺く人間行動観と絶縁する手段としてでした。私の研究成果は、ときとして、憤怒あるいは嫌悪を呼び起こしますが、それはたぶんに、利益という、この醒めたまなざし（冷笑的あるいはシニカルなまなざしではありません）が、知識人の世界のように（少なくともそこに場を占める者たちの主観のなかでは）すぐれて無私《デザンテレスマン》の場所である諸世界にも注がれるからでしょう。誰でもうすうすは知っていることですが、知的ゲームにも賭金《アンジュー》＝争点はありますし、この賭金＝争点が利害関心を生み出します。このことを指摘するということはすなわち、普遍的に適用できる説明・理解様式（これこそ科学的な物の見方の定義です）を、（無私な行動として提示される、あるいは無私な行動として生きられる行動を含む）人間の行動のすべてに適用しようと試みることでした。そして、知識人たちはとかくそう考えていることが多いわけですが、例外あるいは治外法権という地位から知識人の世界を引き剥がすことでした。

利益という概念を取り上げる第二の根拠として、私が社会学的認識論の公準と考えているものを援用することができます。古典的哲学者たちが「充足理由律」principe de la raison suffisante と言っていたものを受け容れることなくして、また、特に、社会的行為者はめちゃくちゃに行動するのではない、彼らは気が狂っているのではない、彼らは理由《レゾン》なしに行動するのではない、と仮定することなくして、社会学をやることはできません。しかしそれは、彼らが合理的存在であると仮定することを意味しません。彼らがいま行動しているように行動するのは正しい、もっと端的に、彼らには行動するさまざまな理由がある、これらの理由が彼らの行動を指揮する・導く・方向づけるのだ、と仮定することを意味しません。社会的行為者が適切《レゾナーブル》な行動をとることはありますが、だからといって彼らが合理的《ラシオネル》であるということにはなりません。彼らが、合理性《ラシオナリテ》の仮説をもとにして説明することができる行動をとることはありますが、かといってこの行動が理性《レゾン》を原理としていたということにはなりません。社会的行為者が、成功のチャンスを合理的に評価している、それゆえ、彼らが為したことを為したのは正しかった、と見えるように行動することはありますが、だからといって、成功のチャンスの合理的計算が彼らのおこなった選択のもとになった、ということにはなりません。

　このようなわけで社会学は、行為者が為すことのうちには、ひとつの理由（「系列《セリー》の理由」というときの意味での理由）がある、この理由を見出さなければならない、という公準を立てます。この理由によって説明が可能になるのです。すなわち、一貫性がない、恣意的と見える一系列の行動を、一貫性のある一系列の行動に変えること、唯一の原理、あるいは一貫性のある複数の原理をもとに理解することができるものに変えることが可能になるのです。この意味で社会学は、社会的行為者は無償《グラテュイ》の行為はおこなわない、ということを公準化します。

「無償の」という語は、一方では、「動機のない」「恣意的な」を意味します。つまり、無償の行為とは説明できない行為（ジッドの『法王庁の抜け穴』の主人公）ラフカディオの行為）です。狂った行為、不条理な行為、いずれにせよ、社会科学としては言うべきことが何もない、お手上げのほかない行為です。ところがこの第一の意味の蔭にもう一つの、もっと普通の意味が隠されています。無償のものとは、ただのもの、有料でないもの、一銭もかからないもの、儲けのためでないもの、です。この二つの意味を絡み合わせて、ある行動の存在理由《レゾン・デートル》の探求を、その行動を経済的目的の追求によって説明することと同一視することになるわけです。

投資

利益という概念の私なりの使い方を説明しました。今度は、この概念を、イルーシオ、投資《アンヴェスティスマン》、あるいはリビドーといった、より厳密な概念で置き換えることができることを説明しようと思います。あの有名な『ホモ・ルーデンス』という本の中で、ホイジンガーはこう言っています。こじつけの語源を利用して、ラテン語 illusio は語根 ludus（遊戯、ゲーム）から来ているのであるから、この illusio という語の意味は「ゲームの中にいる」「ゲームに自己投資している（打ち込んでいる)」「ゲームに真剣に取り組んでいる」ということだとして論議を進めることができる、と。イルーシオとはつまり、ゲームにのめり込んでいること、ゲームによってとらわれていることです。ゲームはそれ相当の価値がある、簡単に言えば、やってみる価値があると信じることです。実を言えば、利害関心／利益《アンテレ》という語は、その第一の意味においては、まさに私がイルーシオという概念に含めたことを意味していたのです。つまり、社会的ゲームに対して、その重要性を認めることです。社会的ゲームにおいて生起することは、そのゲームに加わっている、その一員になっている者たちにとって重大であることを認めるということです。Interesse〔フランス語 intérêt に相当するドイツ語。M・ウェーバーの用語〕とは「一員である(en être)」、参加する、ということです。つまり、ゲームは遂行するに値するということ、そして、ゲームを遂行するなかで、また遂行することによって発生する賭金《アンジュー》＝成果は追求するに値するということを認めることです。つまりゲームを認めると同時に賭金＝争点を認めることです。サン＝シモンが『回想録』のなかで帽子論争(どちらが最初に挨拶をすべきか、をめぐる論議)について述べている箇所を皆さんが読んだとしましょう。皆さんが宮廷社会に生まれていない場合、宮廷人のハビトゥスを持っていない場合、ゲームの中に現存する諸構造を頭の中に持っていない場合は、皆さんはその論議をくだらない、滑稽なものと思うでしょう。逆に、皆さんが、ゲームが進行する世界の諸構造に対応して構造づけられた精神を持っている場合は、すべてを当然至極のことと思うでしょう。そのゲームは遂行するに値するかどうかという疑問すら浮かばないでしょう。言い換えれば、社会的ゲームとは、ゲームであることが忘れられるゲームです。そしてイルーシオとは、ゲームとの魅入られた関係――精神構造と、社会空間の客観的構造との間の存在論的共犯関係の所産である魅入られた関係――です。私が言う利益《アンテレ》の意味はそういうことです。皆さんは、いわゆるゲーム勘 sens du jeu という形で皆さんの頭、皆さんの身体の中に導入され刻印されているからこそ皆さんにとって重要なものであるゲームを、重要だ、有益《アンテレサン》だと考えるわけです。

利益の概念は無私《デザンテレスマン》の概念、また、無関心《アンディフェランス》の概念と対立します。ひとは無私でありつつ、あるゲームに利害関心をもつことができます。無関心なひとは「やつら、いったい何をやっているのか、おれには分からない」というわけです。どうでもよいわけです。無関心なひとはビュリダンのロバ[*2]の立場にあるのです。違いが分からないのです。違いをつけるために必要な見方《ヴィジョン》・分け方《ディヴィジョン》の原理を持っていないので、すべてを等しいと見るのです。動かされたり感動させられたりすることがないのです。ストア派の哲学者がアタラクシアと呼んでいたものは無関心ないし魂の平静、超然であって、無私ではありません。イルーシオはしたがってアタラクシアの反対です。イルーシオとは、あるゲームの中に競争の効果として存在する賭金=争点に自己投資している être investi、投資している investir ということです。ところがこの賭金=争点というものは、そのゲームにはまっていて、ゲームに賭けられている賭金=争点を認知する性向を備えているがために、その賭金=争点のためには死も辞さない人たちにとってしか存在しないのです。ゲームにはまっていない者の視点からすれば、この賭金=争点は利益のないもの、無関心でいるほかないものです。

ですからやはり、精神分析的な意味と経済的な意味を合わせて、投資という語を使用することができることになります。

科学界、芸術界、官僚界、政治界、どんな社会的界《シャン》にも、そこに入る者たちに対し、その界と私がイルーシオと呼ぶ関係を持つように要求する傾向性があります。彼らは界内の力関係を逆転しようとすることもできます。しかし、まさにそうすることによって、彼らは、賭金＝争点に価値を認めていることになります。彼らは無関心ではないのです。ある界で革命を起こすということは、界によって暗黙のうちに要求されていること、すなわち界の重要性を認めるということ、界で進行していることは界で革命を起こそうという気にならせるほど重要であることを認めることです。

こうして、ある界のなかで対立する位置を占めている者たち、すべての点で根底的に対立していると見える者たちのあいだには、ある事実——その界で賭けられているものをめぐってたたかうだけのことはあるという事実——について、隠れた暗黙の一致があることがわかります。政治界が（やや芸術界とおなじように）しだいに閉鎖的になり、顧客に配慮せずに機能するという傾向があるために素朴な政治的無関心がますます広まりつつありますが、この政治的無関心の背景には、おなじ界に組み込まれた敵対者たちのあいだの深い共犯性を漠然と意識しているということ、やつらは争ってはいるけれど、少なくとも何が不一致点なのかについては一致している、と感じ取っているということがあります。

リビドーも、私がイルーシオ、あるいは投資と呼んだものを的確に指示する語です。それぞれの界は暗黙の入界金《ドロワ・ダントレ》を課します。「幾何学者ならざる者入るべからず」です。つまり、定理のためには死も辞さない者でなければ、ここに入ってはいけない、ということです。界の概念について、また、界が機能する条件でもあれば、その所産でもあるイルーシオについて、私が述べたことをひとつのイメージで要約することを求められたならば、私はジェルス県〔ピレネー山脈に近いアキテーヌ盆地の県〕の首都オーシュ市の大聖堂の参事会員席の下にある彫刻、修道院長職のシンボルである杖を奪い合っている二人の修道士の彫刻を挙げるでしょう。宗教や、特に僧院のような、すぐれて世俗外的な（Ausserweltlich〔ウェーバーの用語〕）ものの場所、言葉の素直な意味で無私の場所である世界にも、ゲームの中にいる、ゲームにとらわれている者たちにしか価値がない杖を争ってつかみ合う者たちがいるのです。

社会的世界がいかにして、未分化の欲動《ピュルシオン》である生物的リビドーを特種的な社会的リビドーとして構成するか、社会学の任務のひとつは、この点を解明することです。さまざまな界と同じ数だけのリビドーの種類があるのです。リビドーを社会化する作業とはまさに、諸欲動を特種的な利害関心《アンテレ》に、つまり社会的に構成された利害関心《アンテレ》——あるものは重要で、他のものは関係ないとされる社会空間との関係においてのみ存在する、また、その社会空間の中の客観的差異に対応する差異化をするように社会化され構成されている行為者にとってのみ存在する利害関心——に転換する作業です。

功利主義批判

イルーシオの中で自明性として生きられたことも、ゲームに参加していないためにこの自明性を分け持っていない者には幻想《イリュージオン》と見えます。社会的ゲームが社会化された行為者に及ぼす支配力を不発に終わらせようと賢明な知恵を働かせる者もいます。これは容易な業ではありません。意識の回心《コンヴェルシオン》だけで超脱することはできません。ゲームによく適合している者はゲームに取り憑かれているのです。ゲームを自在に主導すればするほど取り憑かれていることになります。たとえば、ゲームの中で生まれたという事実から来る特権の一つは、ゲーム勘を備えているがゆえにシニシズムに陥らないで済むことです。テニスの名手と同じように、ボールがあるところでなく、ボールが飛んで来るであろうところに自ずと身を置きます。利潤《プロフィ》のあるところでなく、利潤があるであろうところに、身を置き、そこに投資します。新しいジャンル、新しい学問、あたらしいテーマ等々への再転換《ルコンヴェルシオン》は回心《コンヴェルシオン》として生きられるのです。

行為者と界のあいだの実践的関係を私はこのように見ているわけですが、これを功利主義的に見る者（イルーシオを功利主義の言う利益に還元する者）は、どのように説明するでしょうか？第一に、行為者は意識的な理由に動かされている、行為者は彼らの行動の目的を意識的に措定し、最小の費用で最大の効果を挙げるように行動している、と言うでしょう。人間学的仮説の第二はこうです。行為者の動機となりうるものすべてを経済的な利益、金銭的利潤に還元してしまうのです。ひと言で言えば、行動の原理はよく理解された経済的利益であり、行動の目的は合理的計算によって意識的に措定された物質的利潤であるという仮説です。以下で私は、この二つの還元論を退けることが自分の仕事のすべてであったことを論証しようと思います。

　意識的計算への還元論に対して、私はハビトゥスと界のあいだの存在論的共犯関係を対置します。行為者と社会的世界のあいだには意識下的《アンフラ・コンシアント》な、言語下的《アンフラ・ランギュイスティック》な共犯関係があります。行為者はテーゼとして措定されないテーゼをたえず自らの行動のうちに投入しているのです。本当に、人間の行為は常に、その行為の終わりとしての結果を目標、目的として持っているのでしょうか？　私はそうは思いません。世界（社会的世界あるいは自然的世界）に対する行為者のこのきわめて奇妙な関係、行為者が目標として措定することなしに目標をめざす、このきわめて奇妙な関係は何なのでしょうか？　ゲーム勘を持っている社会的行為者、現実を構築する道具として機能する、つまり、自分が行動する世界の見方と分け方の原理として機能する、知覚と評価の多くの実践的図式を身体化している社会的行為者は、彼らの行動の目標を目的として措定する必要がありません。彼らは、客体（ましてや問題）――知的な認識行為によって客体として構成されると見なされている客体――と対峙する主体ではありません。彼らは、よく言われるように、十八番《おはこ》を演じているのです（「十八番」tout à leur affaire と言う代わりに「為すべきこと」leur à faire と言うこともできるでしょう）。つまり彼らは、（実践 praxis の直接的相関物――思考の対象として、投企のなかでめざされている可能態として措定されているのではなく、ゲームの現在のなかに書き込まれている直接的相関物——であるところの）来るべきこと l'à venir、為すべきこと l'à faire、仕事 l'affaire（ギリシャ語の pragma）に現前しているのです。

時間的経験の通常の分析は、フッサールが『イデーン』のなかではっきりと区別している、未来あるいは過去に対する二つの関係を混同しています。フッサールによれば、未来との、投企 projet と呼ぶことができる関係と、彼が未来志向 protension と呼ぶ関係があります。前者は、未来を未来として、つまり、可能態として構成された可能態として、したがって、起こるかもしれぬ／起こらないかもしれぬものとして措定されます。それに対して後者は、前知覚的な先取《アンティシパシオン・プレペルセプティヴ》です。未来でない未来に対する、つまりほとんど現在である未来に対する関係です。立方体の隠れた面は見えませんが、それらはほとんど現前しています。それらは、私たちが知覚したものに対して認めるのと同じ信頼関係のなかで、「現前志向」apprésentées しています。立方体の隠れた面は、投企のなかで、等しく可能／不可能なものとして、めざされているのではありません。それらは、直接的に知覚されたもののドクサ的なあり方で、そこにあるのです。

以前の経験にもとづく実践的推論とも言える、そのような前知覚的な先取は、純粋主観に、普遍的な超越的意識に与えられているわけではありません。それらは、ゲーム勘としてのハビトゥスの所為です。ゲーム勘《サンス》があるとはゲームを自家薬籠中のものにしているということです。ゲームの未来を実践的に左右できるということです。ゲームの歴史の方向《サンス》を握っているということです。下手なプレーヤーはいつも間が悪く、早すぎたり遅すぎたりですが、上手なプレーヤーというのは、先取する人《アンティシペ》、ゲームの先を行く人です。ゲームの流れに先んずることができるのはなぜか？　それは、ゲームに内在する諸傾向を、身体化した状態で、身体のなかに持っているからです。ゲームと一体をなしているからです。

ハビトゥスは、他の哲学ですと、超越的意識に委ねられる役割を果たしています。要するにハビトゥスとは社会化された身体、構造化された身体です。世界の、あるいはこの世界の特殊な部分である界の内在的構造を身体化した、そしてこの世界の知覚とこの世界における行動を構造化する身体です。たとえば、理論と実践の対立は（数学／地質学、哲学／地理学、等々といった形で）諸科学の間の客観的構造のなかにも、（これら客観的構造の身体化された等価物に他ならない実践的図式、対をなす形容詞と組み合わせになっていることが多い図式を、生徒を評価する際に動員する）教員の頭のなかにも見出されます。そして、身体化された構造と客観的構造が一致するとき、知覚が知覚されるものの構造に従って構成されるとき、すべてが自明的に見えます。当然のことになります。これこそまさにドクサ的経験です。ドクサ的経験のなかでは（それがみずからを信念《クロワヤンス》と考えることがないがゆえに）ひとはすべての（普通の意味での）信仰よりも深い信仰《クロワヤンス》を世界に寄せるのです。

人間の行動を説明するためには、コギトという、すなわち主体と客体のあいだの関係としての認識といった式の主知主義的な伝統を排して、人間の行動は非定立的なテーゼに常に基づいているということ、人間の行動は未来としてめざされていない未来を措定しているということを認めなければなりません。人間科学は、ゲームに似ている社会的世界を理解するためにいかにもうってつけに見える（ゲーム理論のような）モデルに内在的な行動哲学に常に警戒しなければなりません。これは人間科学のパラドクスです。人間の行動の大半がゲーム空間のなかで遂行されるというのは事実です。しかし、人間の行動はゲーム理論が前提するような戦略的意図にもとづいているのではありません。言い換えれば、社会的行為者は真の戦略的意図にもとづくことがほとんどない「戦略」を持っているのです。

フッサールが立てた未来志向と投企の対立、先行関与 préoccupation（この語はハイデガーの用語「配慮」Fürsorge の訳語とすることができるかもしれません。Fürsorge の好ましくない含意を取り去った上でのことですが）と計画 plan（未来を措定し、そして未来として――つまり明示的に達成されるべき目標として――措定された未来に向けて使用可能なすべての手段を組織する者として、主体がみずからを考える際にめざす未来である計画）の対立を、もう一つ別な仕方で説明してみましょう。プレーヤーの先行関与あるいは先取は、即座に知覚されず即座に使用できない、しかしすでにそこに存在するかのような何ものかのうちに直接的に現存しています。相手の逆を突いてボールを打ち込む者は、ほとんど現在である来るべき時（私が未来と言わず「来るべき時」à venir と言っていることに注意してください）、つまり、現在の様相のなかに、右の方に走りつつある相手の表情のなかに書き込まれている来るべき時に向けて現在のなかで行動しているのです。

彼はこの未来を投企（私は右に行くことも行かないこともできる）のなかに措定しません。彼は、相手が右に行くから、いわばすでに右にいるから、ボールを左に打ち込むのです。要するに彼は現在のなかに書き込まれている「ほとんど現在」に向けて自分の行動を決定するのです。

実践は論理学の論理でない論理を持っています。したがって、論理学的論理を実践的論理に適用すると、記述しようとしている論理を、それを記述するために使う道具によって、破壊してしまう可能性があります。『実践理論素描』で私が二〇年前に提起したこの問題が、今日、エキスパート・システムの構築と人工知能とともに意識されるようになりました。社会的行為者（診断を下す医師であれ、試験の採点をする教員であれ）はきわめて複雑な分類体系——それとして構成されることはけっしてない、そして、周到な研究によってはじめて構成することができる分類体系——を実践の形で持っていることに、人々が気付きつつあります。

先行関与《プレ・オキュパシオン》という実践的関係——すなわち、現在のなかに書き込まれている来るべき時《ア・ヴニール》への直接的現前——に、目標を目標として、可能態として措定する、計算ずくの合理的意識を置き換えてしまうと、口に出せない目標をそれとして措定するシニシズムの問題が浮上してきます。しかし私の分析が正しいとすれば、たとえばある人がゲームの必要に適合している、そこで、そのような目標を立てる必要なしに、大学人として輝かしいキャリアを達成することがありえます。ところが研究者たちはよく、神話のヴェールを剥がしてやろうと意気込んで、行為者たちが彼らのキャリアの到達点《ファン》をはじめから目標《ファン》としていたかのように考えたがります。功成り名を遂げた大学人のキャリアを研究する際、彼らは軌跡を投企に換え、その大学人がある学問、学位論文の指導教授、テーマを選択したときからすでに、コレージュ・ド・フランスの教授になる野望を頭に置いていたかのように考えるのです。程度の違いはあっても、シニカルな計算ずくの意識を、ある界における行為者たち（修道院長の杖を奪い合う二人の修道士、自分の行動理論を定説として認めさせようとたたかっている二人の大学人）の行動原理とみなすわけです。

　私の言うことが真実であるとすれば、話はまったく別になります。ある目標のために相争う行為者たちはその目標に取り憑かれてしまうのかもしれません。金銭的、キャリア上の、またはその他の、特種的な利潤に対する一切の配慮とは無関係に、当該の目標のために死も辞さない構えかもしれません。ひとはとかく他人の行動に功利主義という哲学を適用するものですが、目標に対する彼らの関係は功利性の意識的計算とはまったく無縁のものです。彼らはゲーム勘を備えているのです。たとえば、成功するためには「無私」でなければならないゲームにおいては、彼らは自分の利益にかなった行動をごく自然に無私なやり方で遂行することができるのです。意識の哲学では理解できない、きわめて逆説的な状況が数々あるのです。

　第二の還元論を検討することにしましょう。すべてを金銭的利益に起因させる、行動の目標を経済的目標に還元する説です。この問題は比較的簡単に反駁できます。誤謬のもとは伝統的に経済主義と呼ばれているものにあります。数ある中のひとつの社会的界、すなわち経済界《シャン》の機能法則がすべての界に妥当する、という考えです。界の理論の基礎には、社会的世界は漸進的な差異化《ディフェランシアシオン》=分化の過程の場であるという認識があります（これはすでにスペンサー、デュルケーム、ウェーバーに見出される認識です）。デュルケームが繰り返し述べていますが、はじめ、原始社会では、またいまでも多くの前資本主義社会では、われわれの社会では分化している社会的領域（宗教、芸術、科学など）が未分化でした。そのため、人間の行動の多義性《ポリセミー》と多機能性《ミュルティフォンクシオナリテ》（『宗教生活の原初諸形態』でデュルケームがしばしば使っている語です）が見られます。つまり、人間の行動を同時に宗教的行動、経済的行動、美的行動として解釈することが可能なわけです。

社会の進化は次第に、固有の法則を持つ、自律的な世界（私が界と呼んでいるもの）を出現させます。根本規範《ロワ・フォンダマンタル》というのはしばしば同語反復です。経済界の根本規範は、功利主義哲学者たちが作り上げたものですが、「ビジネスはビジネス」です。芸術界の根本規範は芸術至上主義派（芸術のための芸術派）が明示的に措定しましたが、「芸術の目標は芸術」「芸術には芸術以外の目標はない」です。こうして、一つの根本規範を持つ、他の領域のノモスに左右されることのないノモスを持つ社会領域、自律した auto-nomes 社会領域が出現します。そのような世界は、そこで生起することを、そこに賭けられる賭金=争点を、他の世界の原理と基準に還元できない原理と基準にしたがって評価します。これは、すべての世界に、経済界に特徴的なノモスを適用する経済主義とは対極的な立場です。経済主義は、経済界自体が——経済的なものは家計を支配する法則に還元できない、つまりアリストテレスのいうフィリアに還元できないし、その逆も真だと措定することで——差異化=分化の過程によって構成されたことを忘れているのです。

この差異化=分化過程、あるいは自律化過程の結果、異なった、還元できない「根本規範」(ケルゼン〔オーストリアの法学者。一八八一―一九七三〕からの借用語)を持つ、そして特別な形の利益の場である世界が構成されるのです。科学界において人々を走らせ・競わせる《フェール・クーリール》動因は経済界において人々を走らせ競わせる動因と同じではありません。最も顕著な例は、十九世紀に経済規範の反転をみずからの根本規範とすることによって自己を確立した芸術界の例です。ルネサンスに始まり、十九世紀後半に芸術のための芸術として完結したこの過程は、要するに、たとえば商業芸術と純粋芸術を対立させるという形で、それ固有の目的を金銭的目的と切り離すことでした。自律的界固有の規準にかなう唯一真なる芸術形態である純粋芸術は商業的目的を退けます。芸術家、特にその作品が外部の需要に従属すること、また、この需要の報奨である経済的報奨に従属することを拒否するのです。純粋芸術は経済の否定《ネガシオン》(または否認《デネガシオン》)という根本規範を基礎に成立します。商業的関心を持つ者、ここに入るべからず、です。

利益《アンテレ》の同じような否認を基礎に形成されるもう一つの界があります。官僚界です。官僚的自我の理念ともいうべきヘーゲルの国家哲学は官僚界が自他に持ってもらいたいと願っている自画像です。公共奉仕を根本規範とする世界の表象です。この世界では、社会的行為者は、個人的利害関心を持ちません。おのれ自身の利益を公共のため、公共奉仕のため、普遍のために犠牲にするのです。

異なる根本規範を持つ諸社会領域の差異化=分化・自律化過程の理論は利益の概念を分裂させ

ます。界の数と同じ数のリビドーの形態、「利害関心」の種類があることになります。それぞれの界が生成すると同時に固有の利益を作り出しますが、この利益《アンテレ》は他の界の視点からすれば無益《デザンテレスマン》（あるいは不条理、現実主義の欠如、狂気等）と見られる可能性があります。私がはじめに述べた社会学的認識論の原理、理由のないものは何もないという原理を適用することの難しさが分かるでしょう。（経済的利益の拒否という意味での）無私《デザンテレスマン》を根本規範とする世界の社会学は依然として可能でしょうか？ それが可能であるためには、説明の必要上、また、還元論的見方に陥る危険を覚悟の上で、無私への利害関心 intérêt au désintéressement として記述できるような利益、または、無私《デザンテレセ》の性向、あるいは高邁《ジェネルーズ》な性向が存在すると考えなければなりません。

　ここで象徴的なものにかかわるすべてのもの、象徴資本、象徴利益、象徴利潤……を関与させることが必要になります。ある界の客観的構造、すなわちその界における資本の分布構造を部分的にせよ身体化した結果である知覚カテゴリー、見方と分け方の原理、分類システム、分類図式、認識図式に従って知覚されるなら、どんな種類の資本でも（経済資本、文化資本、学歴資本、あるいは社会資本であれ）私は象徴資本と呼んでいます。この象徴資本がルイ十四世の前で人々に頭を垂れさせ、ご機嫌を伺わせるのです。この象徴資本のおかげでルイ十四世は命令を下すことができるのですし、またその命令が従われるのです。彼が貴族の位を奪ったり、降格させたり、昇格させたりすることができるのも象徴資本のおかげです。この象徴資本が存在するのはただ、宮廷生活を構成する細々した差異、エチケットと位階における、行動における、また服装における微妙な区別のしるしが、それらの差異を見て取りそれらに価値を与えることを可能にしてくれる差異化原理を実践的に認識し認知している（身体化している）人々によって、要するに、どちらが先に帽子を取って挨拶するかの問題で死も辞さない人々によって知覚されている限りにおいてのみです。象徴資本は認知を基底とする資本、認識と認知にもとづく資本です。

情念《パッシオン》としての無私

理性的な行動を考察するために不可欠と思われる根本的な概念――ハビトゥス、界、利害関心またはイルーシオ、象徴資本――について簡略に述べてきましたが、ここで無私の問題に戻ることにしましょう。無私の行為は可能でしょうか？　可能であるとすれば、いかにして、またいかなる条件ででしょうか？　意識の哲学にとどまる限り、この問いに否定的にしか答えられないのは明らかです。一見無私なすべての行動はなんらかの形の利潤を最大化する意図を隠していることになります。象徴資本の（そして象徴利潤の）の概念を導入することによって、素朴な見方への批判を徹底することができます。最も聖なる行動――この上もなく厳しい苦行や至高の献身――も、聖性あるいは名声という象徴利潤の追求に鼓吹されていると疑うことができるようになります(2)（ある種の極端な厳格主義について、歴史の現実として、そのような嫌疑がかけられたことがあります）。『宮廷社会』のはじめの部分でノルベルト・エリアスは、金貨のいっぱい詰まった財布を息子に与えた公爵の話をしています。六ヶ月後に尋ねると、息子はお金を少しも使っていないと自慢します。すると、父親は財布を取り上げて、窓から外に捨てた、というのです。そうすることによって父親は息子に、無私、無償、貴族性とは何かを教えたのです。しかしそれはまた、象徴資本の、貴族世界にふさわしい運用、投資の仕方の教えでもあったのです（これはカビールの名誉を重んずる男にも当てはまる話です）。

実際、狭い意味での経済的利潤の追求が明示的な規準あるいは暗示的な命令によって阻まれる社会的世界が存在します。「ノブレス・オブリージュ」とは、まさに貴族であることが貴族にある種のことをすることを禁じ、他のことをするように命じているという意味です。無私であること、高邁《ジェネルー》であることが彼の定義の一部、彼の高等な本質の一部をなしているのであるから、彼は無私、高邁でないことはできないのです。「そうせざるをえない」ことなのです。一方では、貴族社会が彼に高邁であることを要求します。他方では、エリアスが語っているような乱暴な教え方によって、しかしまた、ほのめかしとか非難、沈黙、無視とかいった、毎日の生活が与えてくれる、暗示的でほとんど知覚できない無数の教訓によって、彼は高邁であるべく性向づけられているのです。貴族社会あるいは前資本主義社会における名誉行動の基には、象徴財の経済学――利益の集団的抑圧を、より広くいえば生産と流通の真実の集団的抑圧を土台にした象徴財の経済学――があります。この経済学が「無私の」ハビトゥス、とりわけ家族関係のなかで（経済的利潤の追求という）狭い意味での利益を抑圧する性向を持つ反経済的なハビトゥスを作り出すのです。

なぜ、ハビトゥスという概念を使って考えることが重要なのでしょうか？　なぜ界を、自分が作り出したのではなく、自分がその中に生まれた場所として（つまり、恣意的に制度化されたゲームとしてではなく）考えることが重要なのでしょうか？　それは、そうすることによって、無私の計算（計算を超越する計算ずくの意図、あるいは計算を超越することができることを示す計算ずくの意図）に発するのではない無私の行為が存在することを理解させてくれるからです。これはラ・ロシュフーコー（十七世紀フランスのモラリスト）の説とは反対の立場です。彼は、名誉社会の生み出した人物ですから、象徴財の経済学を非常によく理解したのですが、ジャンセニスム（恩寵を重視する厳格主義を説いたカトリック内部の改革派）の虫がすでに貴族社会の果実のなかに忍び込んでいたので、貴族的な態度は実は計算、それもあまり上等でない計算の究極の形態であると主張し始めました（アウグストゥスの寛容[*3]の例がそれです）。よく構成された名誉社会においては、ラ・ロシュフーコーの分析は間違っています。彼の分析は、私が『デラシヌマン』で研究した名誉社会のようにすでに危機のさなかにある名誉社会に当てはまるものです。貨幣交換が一般化するにつれて、また、貨幣交換をとおして計算の精神——計算の客観的可能性（それまでは考えられないことでしたが、人間の労働と価値を貨幣で評価し始めたのです）とペアをなす計算の精神——が一般化するにつれて、名誉の価値が風化していく社会です。よく構成された名誉社会では、無私なハビトゥスが存在し得ます。ハビトゥス／界の関係が相応しているので、人々は自発的に、あるいは情念として、「そうせざるをえない」こととして、無私の行為を遂行するのです。いわば、貴族は、自分の集団への忠誠から、また、集団の一員であることにふさわしいおのれ自身への忠誠から、高邁である以外に身の処しようがないのです。これが「ノブレス・オブリージュ」の意味するところです。貴族性とは社団《コール》、集団《グループ》としての貴族性です。その貴族性が身体《コール》化され性向《ディスポジシオン》化されて、貴族的行動の主体となり、貴族をして貴族的に行動するよう強い《オブリージュ》るのです。

　ある社会的世界において人間はこうあるべきだという公式の表象がハビトゥスになったとき、そのハビトゥスが行動の現実の原理となるのです。無私が公式の規準となっている社会でも、隅から隅まで無私によって支配されているとは限らないでしょう。敬虔、徳、無私の外見の下に微妙な、カモフラージュされた利害関心が隠されています。官僚は単に国家の奉仕者であるだけでなく、国家を自分に奉仕させる者でもあります。しかしながら、徳を絶えず建前として掲げている者はその作用を免れることはできません。なぜなら、ひとはメカニズムに取り込まれているし、彼に無私の義務を想起させる賞罰が存在するからです。

　となると、徳の可能性の問題は、次のような世界が存在しうるための社会的諸条件の問題に帰することになります。つまり、無私への持続的性向が形成されうる世界、そしてその性向がひとたび構成されたならば、絶えず強化される客観的条件が存在する世界、そしてその性向が徳の恒常的実践のもとになるような世界、同時にまた、徳ある行為が、少数の卓越した人物の英雄的行為としてでなく、規則的に、それなりの統計的頻度で発生する世界、が存在しうるかどうかの問題です。持続的な有徳行為をなんらかの純粋意識の決定、すなわち、サルトル流の誓いのようなものを基礎に説明することはできません。

無私が社会学的に可能であるのは、無私に向けられた性向と無私が報いられる世界が出会う場合だけです。そうした世界のうち、最も典型的なのは、家族（と家族的交換の経済学）の他に、文学界、芸術界、科学界等、さまざまな文化的生産の界です。すなわち、経済世界の根本規範の逆転を土台に構成される、そして経済的利益の法則が停止されるミクロコスモスです。かといって、これらのミクロコスモスが他の形態の利害関心を持たないというわけではありません。芸術社会学や文学社会学は、界の働きによって形成される、そしてそのためには人々が死も辞さない固有の利害関心（詩をめぐる争いでアンドレ・ブルトンをして相手の腕を折らさしめかねない利害です）を啓示し（あるいは暴き出し）分析します。

普遍化の利潤

取り上げるべきかどうか少々迷いますが、ひとつ提起すべき問題が残っています。普遍に従うことには利潤がある、ということがほぼ普遍的に観察されるのはなぜか、という問題です。比較人間学的研究をおこなえば、普遍の認知は普遍的に認知されていることが判明すると思います。たとえ表面的でも普遍に従うことを原則とする行為を価値あるものと認知することは社会的実践の普遍要因であることが判明すると思います。一例を挙げましょう。アルジェリアの婚姻交換を研究するなかで私は、公式的な規準（平行イトコを娶らなければならない）が存在するが、実際にはこの規準はほとんど守られていないことを観察しました。父方の平行イトコとの結婚率は三％程度、より厳格主義的なマラブー信徒の家族で六％程度です。にもかかわらず、この規準は依然として行動の公式的な建前であるため、ゲームに通じている者たちのなかには、敬虔な偽善の論理に従って、「恥を隠す」必要から、あるいはその他の理由から、やむをえずした平行イトコとの結婚を義務の選択に転換してしまう者もいました。公式の規準と「折り合いをつける」ことによって、「利害にもとづく《アンテレッセ》」戦略がもたらす利潤に加えて、普遍への合致がもたらす利潤を手にすることができたわけです。

すべての社会が普遍の利潤の可能性を提供するとしたら、普遍を標榜する行為は普遍的に不信の目にさらされることになるでしょう。これが、イデオロギーとは個別的利益の普遍化であるとみなしたマルクス主義によるイデオロギー批判の人間学的根拠です。イデオローグとは、自分の個別的利益に合致することを普遍・無私と主張する者だ、というわけです。にもかかわらず、普遍と普遍化の利潤が存在するという事実、偽善的にであれ普遍を賛美することによって、実際には個別的利害関心に発する行為に普遍の衣をまとわせる（他に相手がいなかったので平行イトコと結婚したのに、規則を遵守したとみせかける）ことによって、利潤を得ることができるという事実、要するに、徳と理性との利潤が存在しうるという事実は、歴史における徳と理性との大きな原動力のひとつです。形而上学的仮説（ハーバーマスの場合のように、経験的な確証に偽装された仮説であっても）を持ち出すまでもなく、理性は歴史のなかに根拠を持つと言うことができます。また、理性が多少なりとも前進するのは、普遍化には利益があるからであり、普遍的に、いや、特に芸術界や科学界のようなある種の世界においては、利害関心があるよりはないと見える方が、利己的であるよりは高邁・利他的であると見える方がよいからだ、と言うことができます。公式的なすべての規準《ノルム》と形態《フォルム》（その瞞着的な機能も含めて）の根底にある、そして普遍化の利潤は普遍的に存在するという事実の上に成り立つ普遍化戦略のおかげで、普遍は実現する可能性、ゼロでない可能性を普遍的に持つことになるのです。

こうして、徳は可能かという問題は、人々が普遍に利害関心を持つような世界を作ることは可能かという問題に置き換えることができることになります。共和制とは市民が徳に利害関心を持つ世界だとマキャベリが言っています。そのような世界が生成するためには普遍の普遍的認知という原動力が不可欠です。すなわち、個人と個人の利益とに対する集団と集団の利益の優位――すべての集団が集団として自己を確立すること自体のなかで標榜している優位――が公式に認知されなければなりません。

不信の目による批判は、すべての普遍的価値は実は普遍化された個別的価値、したがって疑わしい価値であるというものです（「普遍的文化とは支配層の文化だ」などなど）。この種の批判は社会的世界を認識するための不可避の第一歩ですが、かといって、支配層が顕揚する、またそうすることによって彼らが自己を顕揚する事柄（教養、無私、純粋、カント的道徳、カント的美学など、私が『ディスタンクシオン』の末尾で時にはいささか手荒に客体化した事柄）が正統化という象徴的機能を果たすことができるのは、まさにそうした事柄が原則的に普遍的認知を享受しているからこそである、ということを忘れてはなりません（誰も、自分の人間性を否定することなしに、これらの事柄を公然と否定することはできません）。いや、それだからこそ、それらの事柄を（本気であれ何であれ）称揚する行為はある種の象徴的利潤（適合性、とくに卓越性という形の利潤）を保証されるのです。この象徴的利潤は、それとして追求されるのでなくとも、それらの行為を社会学的に根拠付けるに十分なものです。またそれらの行為に存在理由を与えることによって、それらの行為が存在しうる応分の確率を保証するに十分なものなのです。

最後にまた、官僚制に戻ります。官僚制は、法と同時に、普遍、一般の利益、公的奉仕への服従をみずからの掟とする世界、そして官僚制とは抗争を越えて、一般の利益・合理性（あるいは合理化）に奉仕する、普遍的、中立的階級であるとする哲学のうちに自己を認知する世界です。プロイセンの官僚制あるいはフランスの官僚制を作った社会集団は普遍に利害関心を持っていました。彼らは支配を掌中にするために、普遍（法、公的奉仕の観念、一般の利益の観念など）と、こういう言い方ができるならば、普遍の名における支配を発明しなければならなかったのです。

今日の政治的闘いの難しさの一つは、左右の技術官僚《テクノクラート》あるいは知識官僚《エピステモクラート》である支配層が理性および普遍と結託している、ということにあります。われわれは、支配するためにはますます技術的・合理的正統化が必要とされる、そして被支配層も支配に対して自己を防衛するためにはますます理性を使用することができるし、そうしなければならない世界に向かいつつあります。支配層は彼らの支配を行使するためにはますます理性、そして科学を援用しなければならないのです。ですから、理性の進歩は高度に合理化された支配形態の発展を伴うでしょう（世論調査のような技術が、すでに今日盛んに使われていることに見られるように）。そして、そうしたメカニズムを解明できる唯一の学問である社会学は今までにもまして二者択一を迫られることになるでしょう。みずからの合理的認識手段をさらなる合理的支配のために役立てるのか、それとも、支配を合理的に分析するために、とりわけ合理的認識が支配に対してなし得る貢献を合理的に分析するために役立てるのか、の二者択一です。

（加藤晴久訳）

原注

（1）一九八八年十二月、リヨン第二リュミエール大学人類学・社会学部でおこなわれたコレージュ・ド・フランス出張講義の記録。

（2）この点については次を参照。Gilbert Dagron, « L'homme sans honneur ou le saint scandaleux », *Annales ESC*, juillet-août 1990, p.929-936.

訳注

＊1　この章では intérêt が主題的に論じられているわけだが、文脈に応じて「利益」「利害関心」と訳し分けた。profit という語も使用されているが、intérêt と区別するために「利潤」を当てた。

＊2　スコラ哲学者 Jean Buridan（一三〇〇—五八年頃以後）のものとされる寓話から生まれた比喩。ロバの両側に等量のカラスムギを置くと、ロバはいずれか一方を選ぶことができず飢えてしまう、

つまりどちらとも決めかねるの意。

＊3　ピエール・コルネイユ（一六〇六—八四）の悲劇『シンナ』の副題。ローマ皇帝アウグストゥスが信頼する青年貴族シンナとマクシムに裏切られたが許す話をつうじて、貴族に対する王権の支配は寛容にもとづくべきことを説いた。

付論　カトリック教会の経済学について

まず、教会についての誰の目にも明らかなイメージはこうです。教会とは、魂のケアを委ねられたひとつの機関である、と。あるいは、マックス・ウェーバーに倣って高度に客観化した言い方をすれば、救済財の正統的操作を独占する（聖職者の）団体である、と。また、それゆえに、非聖職者の期待との不断の取引《トランザクシオン》を基盤にして、いわば職権的に行使される、本来的に精神的な権力を付与されている団体である、と。つまり教会は、一部は自分がつくりあげた見方の諸原理（「信仰」を構成する諸性向）に依拠しつつ、これら原理を強化したり変換したりしながら、ひとびとの表象や行動《プラティック》を方向づけていくのです。これが可能なのは、非聖職者の要求にたいして相対的な自律性を持っているからです。

　しかしながら教会は、経済的次元を具えたひとつの事業体でもあります。さまざまな種類の資源を活用して自己の存続を図ることができる事業体です。ここでもまた、表向きのイメージ、公式的なイメージが示されます。教会は奉献、すなわち宗教的サービスに対する対抗贈与《コントル・プレスタシオン》（いわゆる教会維持献金《ドゥニエ・ド・キュルト》）と、資産運用収益（いわゆる教会財産《レ・ビヤン・ド・レグリーズ》）とで生きている、というのです。現実はもっと複雑です。つまり、教会の現世的な権力は、（巡礼旅行を請け負う本来的に宗教的な経済事業体に関連するポスト、あるいはカトリック系新聞出版事業体に関連するポストのように）単なる経済的論理によって存在することができるポスト、あるいは（カトリック系の学校の教員ポストのように）国家の援助によって存在することができるポストを掌握していることに由来するものでもあるのです。

当事者自身、「第一に利害関心《アンテレ》を持っている者」自身が、教会の真の経済的基盤を知らないでいます。そのことは次のような典型的な言明が示しています。「国が教会に何の支援もしてくれない以上、奉献によって教会を維持するのは信者たちということになります[1]」。しかしながら、教会の経済的基盤が大きく変動したことは、責任者たちが教会の物的財産をひけらかしたりすることがあることに現れています。かつては物的財産は反教権主義の批判の主たる標的にされることが多かっただけに、否認されたり隠蔽されたりしていたのです。

教会の経済的基盤が変動した結果、教会の影響力を計るための方法として、従来ブーラール師[*1]がやっていたような、カトリック信者と、彼らの信仰実践の程度とについての調査に代えて、教会と信仰の存在の内にそれらの存在理由があるようなポスト、したがって教会と信仰が消滅すれば消滅してしまうであろうポスト（すなわち、ロウソクやロザリオ、宗教画の製造業、カトリック系の学校や出版社）の集計調査をおこなうことができるでしょう。この方法の方がはるかに実態を明らかにしてくれます。すべての徴候が示しているのは、カトリック教会はいまや、信者なき教会――自分が抑えているポストの総体からその主たる力（不可分離的に政治的かつ宗教的な力、聖職者ことばで言えば「使徒的《アポストリック》」力）を得ている信者なき教会――になりつつある、ということです。

カトリック教会の存在の経済的基盤が次第に変化した結果、次のような事態が生じました。非聖職者たちとのもっぱら象徴的な取引（と、説教および魂のケアによって行使されてきた象徴的権力）が二義的な位置に退いて、国家との取引が前面に出てくることになりました。教会が掌握しているポストに就くためには信者でなければならないわけですが、その人々に対して教会が行使する現世的権力の基盤を保証しているのは、まさに、それらポストを財政的に負担している国家であるからです。

信徒であること、あるいは信仰を実践していることが明示的に要求されていなくとも、カトリック共同体のメンバーに優先的に与えられるポスト、したがってそれらポストを占めている、あるいは獲得したいと考えている人々に信徒であり続けるよう仕向けるポスト（たとえばカトリック系の学校の教員ポスト、さらには付設プールの監視員、医療機関の会計係などにいたるまで）があるわけですが、それらのポストを教会が掌握しているがために、教会はいわば国家の顧客集団に対して影響力を持ち、またそのことによって、物質的な利益を、そうでなくとも象徴的な利益を（しかも、それらポストを提供する経済的性格の事業体を直接的に所有する必要なしに）保証されているのです。

こうして教会は、みずから標榜している使命にふさわしいイメージ、無私と恭謙のイメージに合致した外見を獲得することになります。実際に教会が狙っているのは、何よりもまず、その存続の主要な条件である「カトリック」のポスト、ポジションの確保であり、教育活動はその正統化の理由にすぎないにもかかわらず、いわば目的と手段の逆転の結果、カトリック系私学教育の擁護運動が、教会の精神的（司牧的、使徒的）役割の遂行に不可欠の手段の擁護であるかのように見なされることになるのです。(2)

（**加藤晴久訳**）

原注

（1）*Radioscopie de l'Église en France, 1980, les 30 dossiers du service d'information de l'épiscopat pour le voyage de Jean-Paul II*, Paris, Bayard Presse, 1980, p.27.

（2）カトリック教会と政党（特に共産党）の類似がよく言われるが、その根拠はこの構造的・機能的相同性にある。カトリック教会と同様、党は自分が持っているポジション（各種議会、地方自治体、その他の、社会運動・スポーツ・教育団体等におけるポジション）を――それらポジションを占めている者たちを掌握し続けるために――掌握し続けなければならないわけである。

訳注

＊1　ブーラール師　chanoine（司教座聖堂参事会員）であった宗教地理学者。子どもの洗礼をおこなうか、日曜日ミサに列席するか、復活祭に聖体拝領を受けるかなどの調査にもとづき一九四七年、フランスの宗教地図を作製した（五二年、六六年に改訂版）。

6

象徴財の経済学

私がこれから検討しようとする問題は、初期のカビール族についての民族学的研究から最近の芸術の世界についての、もっと正確に申し上げれば、現代社会におけるメセナの機能についての研究に至るまで、絶えず自分に問いつづけて来たものです[1]。そこで私は、前資本主義社会における名誉交換とは全く違っている事柄においても、すなわち現代社会におけるフォード財団やフランス基金のような寄付行為や家族の中での世代間交換や、文化的あるいは宗教的などの財の市場における相互行為についても、同じ道具立てによって考察し得るかを示してみたいと思います。

象徴財というものは、明らかに（物質的か精神的か、身体か精神かなどといった）通常の二項対立においては、おのずから精神の側におかれるものです。ですから多くの場合、象徴財は学問的分析の対象外と見なされてきました。したがって、私にとって象徴財は、全く違った研究において取り上げてみたかった一つの挑戦だったわけです。私の最初の研究は、われわれが理解する意味での経済的なるものの否認 dénégation にもとづいた、前資本主義的経済の事例であるカビール経済の機能についての分析でした。ついで、家族経済の機能について、つまり家族内部、すなわち世帯のメンバー間と世代間の交換について、それぞれの機会に、異なった場（カビールやベアルン〔現在のピレネ＝ザトランティック県。ブルデューの生まれ故郷〕）を対象におこなった研究でした。

私が寄付の経済と呼ぶもの、つまり教会と信者の間に成立する相互作用のタイプに関する分析（未発表）。文学の界や官僚的経済についておこなった研究に加え、文化財の経済に関する研究。こうした現象的にはきわめて多様な社会的世界の分析から得られた知見にもとづいて、従来そのようなものとしては研究されてこなかった象徴財の一般原理を、私は明らかにしてみようと思うのです。

ずっと前、私はごく初期の著作において、若気の傲慢さ（無知）から来る大胆さで、社会学の役割は実践の経済《エコノミー》の一般理論をつくることにある、と書きました（ということは、今私がやっていることを大胆にも〔当時すでに〕できるといっていたことになるかもしれません）。ある種の速読《ファスト・リーディング》〔拙速主義〕の素人（不幸なことに、大学教授の中にもそんな人は多く見うけられますが）には経済主義の表明と見えたものは、むしろまったく逆に、（マルクス主義や新限界効用学派《ネオ・マージナリスト》の）経済主義から、利益（金銭的）の極大化の追求としての利潤法則にしたがって機能するものでは決してない前資本主義的経済やいわゆる資本主義経済の幾つかのセクター丸ごとを引き離す意志を示していたのです。経済的世界は、多くの経済社会によって構成されております。この諸経済社会は、それぞれに固有な「合理性」をもっており、またそれぞれの規則性と「実践理性」に調整された（合理的 rationnelles というよりも）「理性的 raisonnables」な諸性向を前提としており、また必要とします。これから述べようとするこうした諸経済社会は、逆説的に見えますが、社会的行為者が「無私無欲」から利益を得るための客観的条件をつくりだすという点では、共通しています。

振り返ってみますと、カビール経済を解明しようとしていたときに気づいたことなのですが、意識的というよりも無意識にでしたが、私が家族経済を皆さんと同じように（われわれは全て家族的世界の出身なのです）営んでいたことが、カビール経済を理解する上で役に立っていたのです。このカビール経済は、多くの場合、われわれが〔合理的〕計算の経済によって経験するものとは対立しています。しかしそれとは逆の、こうした非経済的な経済を理解していたので、問いの体系をもって家族経済や寄付の経済に私は立ちもどることができたのです。もし私が家族社会学をやっていなければ、そうした問いの体系を構築し得なかったであろうと思われます。

贈り物とギブ・アンド・テーク

私が『実践感覚』で述べたことが知られているとは前提できませんので、ごく手短にこの本におけるいくつかの分析に立ちもどって、象徴経済の一般的な原理を明らかにしてみたいと思います。贈与交換の本質的な部分を思い起こすことから始めることにしましょう。マルセル・モースは、気前のよい行為の断続的な連続として贈与交換を描きました。これに対してレヴィ＝ストロースは、贈与交換を交換行為からは超越した、贈り物がお返しを受ける互酬的構造である、と定義しました。私の場合は、この二人の分析に欠けているのは贈与とお返しの間の時間的間隔を決定する役割である、と指摘しました。なぜなら、受けとった物をすぐに返すことはしないものだということ――すぐに返せば、それは拒絶を意味します――が、実際どんな社会でも暗黙に認められているからです。そして私は、この贈り物とお返しの間隔の機能を問題にしました。なぜお返しは、〔すぐには返されずに〕遅延され、〔贈られた物と〕違ったものでなければならないのか？　この間隔は、贈り物とお返しとの間に遮蔽物をつくる役割をもっているのであり、この二つの完全に対称的な行為が、関係のない単独の行為となることを可能にするのです。私の贈り物がお返しを期待しない、ただの気前のよいものとなるのは、わずかではあってもお返しがないというリスクがあるからですし（何処にでも、恩知らずはいるのですから）、したがって贈る時と〔お返しを〕受けとる時の間の間隔をそうしたもの〔リスク、賭けの要素をもったもの〕にするサスペンスや不安があるからです。カビールのような社会では、実際のところ拘束は非常に大きく、自由はごく少ないものです。しかし、〔お返しをしない〕可能性も同時にありうるわけで、〔お返しを受ける〕確実性は絶対とはいえません。ですから全てはまるで、贈り物のギブ・アンド・テークの交換を区別する時間的間隔が、贈り物をした人がお返しなしで贈り物をすることを可能にするために、またお返しをする人が自分のお返しを無償のもの〔お返しを期待されていないもの〕、つまり受けとった贈り物によって決定されたものでないとするのを可能にするために、あるかのように進行するのです。

現実においては、レヴィ＝ストロースが明らかにした構造的真理は、無視しがたいものです。私はカビールにおいて、贈り物は一つの災いだという諺をたくさん採集しました。なぜなら、贈り物は貰ったらお返し（言葉や挑戦に対しても同様ですが）をしなければならないからです。いずれの場合も、最初の〔贈る〕行為は受けとる者にとって自由の侵害なのです。贈答行為は、大変な脅威〔脅し〕なのです。この行為はお返しを義務づけますし、より多くのお返しを義務づけます。そのうえ、それは義利 obligations をうみだし、恩義を受けた者をつくりだす〔人に借りを与える〕ことによって、人をつかまえておく一つの方法なのです。(2)

しかしこうした構造的真理は、いわば集合的に抑圧されます。贈る人と貰う人が、ギブ・アンド・テークや交換の真理を否定することを目的とした隠蔽作業に、それとは知らずに協力しているとでも仮定しない限り、時間的間隔の存在は理解できないでしょう。この隠蔽作業は、贈与交換の消滅を表すのです。そこにおいて、大変難しい問題に触れることになります。つまり、社会学は客観主義的叙述に終始するなら、贈与交換をギブ・アンド・テークに還元してしまい、ついには贈与交換と信用行為との区別をつけることができなくなるのです。ですから、贈与交換において大事なことは、二人の交換者の間に介在している時間の間隔が、それとは知らずにまた示し合わせたわけでもないのに、この交換者たちのやっていることの客観的真理を隠蔽したり抑圧したりしているという事実です。社会学者のあばく真理は、無私無欲たらんとする行為をシニカルな計算として描くリスクをともないます。ですが、行為はそれ自体として、生きられた真理として受けとらねばなりませんし、その理論モデルはこの生きられた真理を公式に確認しなければならず、また説明しなければなりません。

そこに、象徴交換の経済における第一の特質があります。つまり、いっしょに把握することが難しい二重の真理をもつ実践が問題なのです。この二重性を正式に確認しなければなりません。より一般的に申し上げますと、学者のつくった事実ではなく、現実そのものに存在するこの両義性《アンビギュイテ》を重要視する場合にだけ、象徴財の経済が理解できるのです。つまり、主観的真理と（社会学が統計によって、あるいは民族学が構造的分析によって手に入れる）客観的現実の間の矛盾を認めなければ、象徴財の経済は理解できないのです。こうした二重性は、一種の自己欺瞞や自己瞞着によって可能となるのであり、我慢できるものになります。しかもこうした個人的な自己欺瞞は、集合的自己欺瞞やまったくの集合的誤認によって支えられています。この集合的誤認の根拠は、客観的構造（あらゆる言葉、女性、殺害の交換を命令する名誉の論理）と別のやり方で考えたり、行動したりする可能性を排除する精神的構造に書き込まれております。

行為者が自他に対して欺瞞者になれるとともに、自らも騙され得るとするなら、それは行為者が子供のときから一つの世界に浸《ひた》っていたからです。この世界においては、贈与交換が性向や信念のなかに社会的に制度化されており、そのため孤立した諸個人の意識や、自由決定の論理に身をおく時に、人為的に浮上させられるパラドックスに陥ることがないのです。このパラドックスをジャック・デリダは、最近の著『パッション』で指摘しております。贈る人と受けとる人は、あらゆる社会化の働きによって、利益を得ようとする意図も計算もなくその論理が客観的に命じるままに気前のよさの交換に入るよう仕向けられ、傾向付けられているわけですが、そのことが忘れられてしまうと、無償の贈り物というのは存在しないし、それは不可能だという結論が引き出されてしまいます。なぜなら、交換は互酬性の論理に従うというレヴィ＝ストロースのモデルによれば、この二人の行為者を、客観的になしたことを自ら主観的計画であったようにみなす計算家と考えるほかなくなるからです。

　したがいまして、ここに象徴交換の経済がもっている別の特質があるのです。つまり、明示化のタブーです（なによりも、この〔明示化という〕形態は、高くつきます）。交換の真理をありていに申し上げれば、よく言われますように、「値段の真理」（贈り物をするときは、値札を外す……）は、〔贈与〕交換を台無しにするということです。ついでに言えば、贈与交換をパラダイムとする行動は、社会学にとってきわめて難しい問題を提起します。というのも、定義からして、社会学は明示化するものなのですから。つまり社会学には、当たり前とされたり、隠蔽されたり、語られたりしないことを、そっくり破壊することなく語る義務があるのです。

　こうした分析の証拠やこの種の明示化のタブーの証明は、価格の導入によって生まれる効果の記述に見出すことができます。象徴交換の経済は、そうしたタブーを内部に含んでいるのです。〔経済の〕分析家がするように、象徴交換の経済を利用することができると同時に、これとは逆に、経済的交換の経済について象徴交換の分析家に奉仕してもらうよう求めることもできます。たとえば価格というものは、象徴財の経済にたいして経済的交換の経済の独自性を特徴づけるものですが、この価格はすべての経済的交換に適用される交換比率についての合意の象徴的表現として機能します。交換比率についてのこの合意は、象徴交換の経済にも存在します。しかしその決済期日と条件は、暗黙〔言外〕の状態におかれています。贈与交換においては、価格は暗黙のうちに〔言外に〕おかれていなければなりません（たとえば、値札のように）。つまり私は、価格の真実を知りたくないし、また他人にそれを知られたくないのです。交換されるものの相対的価値に関する合意の明示化を避ける点で、また交換条件、すなわち価格の明示的で前提的となる定義を避ける点で、まるで〔交換者同士が〕お互いに一致しているかのようです（たとえば、ヴィヴィアナ・ゼリゼアが指摘しておりますように、ある種の交換においては、金銭の使用はタブーとされております。つまり、息子や配偶者には賃金は支払われませんし、またカビールの若者が父親に賃金を要求すれば、それはスキャンダルになります[5]）。

私の使う言葉は目的論的な含意《コノタシオン》を含んでおり、また人々がかたくなに目を閉ざしているかのように解釈させる可能性があります。事実、「すべては、あたかも……かのように経過する」といわねばならないでしょう。価格の論理を拒否すること、それは計算と計算可能性を拒否するやり方です。交換比率に関する合意が、価格の形態で明示されているという事実は、計算可能性と予測可能性が可能だと言うことです。つまり、人はどう対処すべきか心得ているのです。しかしそれは、同時に象徴交換の経済全体、つまり二重の意味で価格をもたないモノの経済を破壊することです（分析の必要上、時折そうしなければならないのですが、価格をもたないモノの価格を語ることは、象徴交換の条件に矛盾を持ち込むことになります）。

交換の真理についての沈黙は、共有された沈黙です。行為を合理的で、計算されたものとしか考えない経済学者は、行為の目的論的、主知主義的哲学の名の下に、常識 common knowledge を語っているのです。誰もが一つの情報をもっていると誰もが知っていることを誰もが知っていると言うことができる場合、あるいは時折言われるように、この情報がポリシネル〔イタリア喜劇コメディア・デラルテの道化役〕の秘密であるような場合、この一つの情報は常識なのです。贈与交換の客観的真理は、ある意味で、常識であるとさえ言いたくなるでしょう。つまり私があなたに贈り物をするとき、あなたが私にお返しをすることを私は知っていることを、あなたが知っていることを私は知っています。しかし確かなことは、ポリシネルの秘密を明かすことがタブーだということです。そうしたことは全て、隠されたままである必要があります。それぞれの行為者のなかには、身体化された、客観的な社会的メカニズムがあります。このメカニズムが、(コメディはもうやめにしようとか、互酬的交換を気前のよい贈り物として示すことはやめようとか、つまりそれは偽善だと言ったりすることで）この秘密を暴露しようとする考えそのものを、社会学的に考えられないものとさせるのです。

しかし、常識を私がしたように語る（つまり、自己欺瞞だとする）ことは、意識の哲学に止まることであり、それぞれの行為者をあたかも二重の意識にとらわれた者とすることです。すなわち、意識が一方では知っている真実を意識的に抑圧することによってつくりだされた、ある二重化された意識、分裂した意識に行為者はとらわれていることになります（これは、なんら私の発見などではありません。それは、ヤン・エルスターの『ユリシーズとセイレン』を読めば分かることです）。意図をもった意識や明示的な投企や明示的に立てられた目的（とくに、客観的分析が明らかにする明示された目的）に向けられたものとして行為をとらえる理論を放棄しない限り、偽善に陥ることなく、象徴交換の経済や二重の行動を説明することはできません。

（ハビトゥス概念によって）私が提起した行為理論では、原理として、ほとんどの人間行為は、意図とは全く違うもの、つまり獲得された諸性向をもっているということになります。つまり、この獲得された諸性向によって、行為は目的という意識的な狙いを原理としてもっているとしなくとも、あれこれの目的に向けられていると理解され得るし、またしなければならないことになるのです（「すべては、あたかも……かのように経過する」ということが、この場合きわめて重要なのです）。おそらく性向の最も良い例は、ゲームの感覚でしょう。ゲームの規則を深く内面化したプレーヤーは、しなければならない時にしなければならないことをします。しかも、そこではすることを目的として明示的に立てる必要がありません。プレーヤーは、それをするために、することを目的として意識的に知る必要がないのです。また少なくとも、（勝つか、負けるかの状況situations critiquesを除けば）敵がお返しに何をするかを明示的に知るために、問いを立ててみる必要がないのです。ある種の経済学者たち（とりわけ、ゲーム理論に強い経済学者たち）が行為者に帰している、チェスやブリッジのプレーヤーのようなヴィジョンがそう信じさせるようには、かくのごとき問いを立てる必要はないのです。

ですから、象徴財の経済のパラダイムでとらえられた贈り物の（あるいは、女性やサービスなどの）交換は、経済的経済のギブ・アンド・テークとは対立しています。なぜなら、贈与交換は、原理として、計算的な主体をもっていないのであり、意図的にでも計算によってでもなく、交換のゲームに入るよう前もって社会的に傾向づけられた行為者をもっているからです。それゆえに、贈与交換は経済的交換の客観的真理を知らないのであり、これを否認するのです。この〔象徴財の〕経済では、経済的利害が暗黙〔言外〕の状態にされていたり、それを口に出して言うとしても、婉曲語法〔遠まわしな言い方〕によって語られたりする、つまり否認の言語によって語られます。この事実に、もう一つ別の証拠を見ることができます。婉曲語法というのは、語らないことを語ることによって、全てを語ることを可能にするのです。つまり婉曲語法は、言うのもはばかられるものを語ることを可能にするものです。ですから婉曲語法は、象徴財の経済で言えば、通常の意味での経済的なるもの、つまりギブ・アンド・テークを語ることを可能にするのです。

私は「婉曲語法」を語ったのですから、「まとめ上げる〔形を整える〕」についても語ることができるというものでしょう。象徴的労働とは、形にすることと同時に形式をまもる〔儀礼をまもる〕ことにあります。集団の要求することは、形式を守ること、自分自身の人間性を保証し、自分自身の「精神的誇り〔面子〕」を確認することによって、他者の人間性を尊重することです。どんな社会も、エゴイスティックな利害の規則を拒絶するように見せながら社会に敬意を表する人には、敬意を惜しみません。要求されていること、それは、しなければならないことを絶対しなければならないというのではなく、少なくとも、しなければならないことに努めている徴《しるし》を示すことです。社会的行為者に期待されるのは、完全に規則に従っていることではなく、規則を身に付けていることであり、可能なら、規則を尊重しているという目に見える徴を示すことです（「偽善的行為とは、悪徳が徳に対して払った敬意である」という定式の意味が、私にはこれでわかります）。実践的な婉曲語法は、ないがしろにされる運命にあることを知りながら、社会的秩序が称揚する社会的秩序や諸価値に対して払ったある種の敬意なのです。

象徴的錬金術

こうした偽善的行為は、「ノブレス・オブリージュ」の警句によれば、とりわけ支配者にとって必要とされるものです。カビール人の場合、われわれが実践している経済的経済は女性たちの経済です(6)。男性には、経済的経済の論理への一切の譲歩を許さない面子を守る義務があります。面子にこだわる男性は、「耕作が始まる前に返してくれ」などとはいえません。彼は期限をハッキリさせないままにしておきます。あるいは、「私はあなたに牛を一匹貸すから、それとひきかえにあなたは四〇〇キログラムの小麦を私にください」（と彼は言うであろう）。女性たちなら、本当の価格と返済期限を言うでしょう。彼女たちなら、経済的真実を言うことができるのです。なぜなら、いずれにせよ、彼女たちは象徴交換の経済から（少なくとも、主体としては）排除されているからです。そして、これはわれわれの社会でも真実なのです。たとえばそれは、『社会科学研究紀要』誌の特集「家庭の経済(7)」を見れば分かることです。つまりこの特集によれば、しばしば男性は、価格を尋ねるといった、身を落とすことなしにはできないことを女性にやらせるために四苦八苦するものなのです。

　経済的なものの否認は、客観的には、経済的な関係の変容に向けられた作業によって実現されます。とくに、搾取関係（男性／女性、年上／年下、主人／使用人など）の言葉（婉曲語法をともなった）や行為による変容に向けられた作業によって実現されるのです。実践的な婉曲語法があります。贈与交換は、時間の間隔をへだてた、その賜物です（しないようなふりをして、することをする）。象徴交換の経済に入っている行為者は、そのエネルギーのかなりの部分をこの婉曲語法の実現に費やします（これが、経済的経済が〔象徴財の経済よりも〕はるかに経済的である理由の一つなのです。たとえば、贈る相手の趣味に合わせた「個人的な」プレゼントをする代わりに、怠慢やら都合で、小切手で済ませてしまえば、探す手間を節約《エコノミー》することになります。こうした手間は、プレゼントが相手やその趣味に合っているとか、いいタイミングであるとか、プレゼントの「価値」がお金にはかえられない物だとか、必要な心くばりや心配から来るものなのです）。したがって、経済的経済は象徴的構築の手間を省く限りにおいて、より経済的なのです。この象徴的構築は、客観的には実践の客観的真実を隠す傾向があるわけです。

　この種の象徴的錬金術の最もいい例は、支配関係や搾取関係の変容です。贈与交換は、平等な者たちの間でおこなわれるものであり、社会的関係をつくりだすコミュニケーションによって

「一体性《コミュニオン》」や団結を強めることに貢献します。しかし同時に、贈与交換は、実際にはあるいは可能性としては、ポトラッチ〔マルセル・モース『贈与論』に語られた、北西部米インディアンにみられる互酬的贈答の儀式〕のように不平等な行為者たちの間でおこなわれます。つまり、それが説明されている通りのものだとすれば、ポトラッチは象徴的支配の持続的関係とコミュニケーション、つまり認知と承認 reconnaissance（二重の意味で、つまり承認と感謝）にもとづいた支配関係をつくりだすのです。カビール人たちの場合、女たちは継続的に普段小さな贈り物を交換します。この贈り物が、とりわけ集団の再生産にかかわるような、重要な多くのものが依拠している社会的関係をつくり上げるのです。これに対して、男たちは断続的で非日常的な、大きな贈り物に責任を負っています。

日常的な交換行為から非日常的な交換行為までの間には、程度の差があるだけです。ポトラッチという交換は、その限界（〔相手が〕お返しのできる可能性を越えて贈る行為という意味での限界。こうした行為は、受領者に義務を負わせた状態、受領者を支配された状態にさせます）を示す例と言えます。最も平等な贈り物にも、支配効果の潜在性《バーチャリティ》があります。また最も不平等な贈り物でさえ、交換行為つまり人間性における平等を承認する象徴的行為を意味します。この象徴行為は交換を交換として評価させ、交換の対象に興味を抱かせ得る認知カテゴリーをもっている者にだけ、その価値を分からせるものです。十分に社会化されたトリブリアンド島人〔B・K・マリノフスキー『西太平洋の遠洋航海者』に語られたクラ循環がふまえられている〕でなければ、贈り物として認められるものとして、また感謝に値するものとして毛布や貝を受けとることはしないでしょう。十分に社会化された者でなければ、毛布や貝は何ものでもないわけですし、興味を引くものでもないのです。

象徴行為は認知と承認の行為、つまり贈り物をされた側の認識行為を常に前提にしています。象徴交換が機能するためには、贈る側と贈られる側がともに同じ認識と評価のカテゴリーをもっている必要があります。これは象徴的支配行為においても当てはまります。つまり男性の支配において見られるように、[8] 被支配者の客観的共犯をともないながら、そうした象徴的支配が行使されるためには、支配者が自分の行為を生みだすために用いるのと同じ認知構造を、被支配者が支配者の行為（とその存在）に適用する必要があるのです。

象徴的支配（を定義するとすれば）は、誤認《メコネサンス》に、つまり象徴的支配がその名においておこなわれる原理の認識にもとづいています。それは男性支配においても同様なのですが、またさらにある種の労働関係にも当てはまります。つまりアラブ社会における khammès という一種の分益小作人が、その主人ととりむすぶ労働関係にも当てはまります。この分益小作人は収穫物の五分の一を受けとるのですが、マックス・ウェーバーによれば、（農業労働者に対して）農業使用人とされています。この五分の一分益小作制度は、市場の強制や国家の拘束を知らない社会において、分益小作がなにほどか「隷属化」されている場合、つまり法的でない関係によって繋がれている場合にだけ機能し得るのです。分益小作が法的でない関係によって繋がれるためには、搾取と支配の関係を婉曲的な関係に変換する一連の継続的な行為（分益小作の息子の面倒を見るとか、その娘を結婚させるとか、彼らに贈り物をするとか）によって、親密な家族的関係に象徴的に変換されるというやり方で、これらの関係が魔術化されねばなりません。

われわれの社会にも、また経済的経済の真っただ中にも、パターナリズムをともなった、支配関係の真実を変容させる象徴財の経済と錬金術の論理があります。ほかの例をあげますと、ある種の伝統（「ガスコーニュの年下」）において見られるような長子と年下の関係があります。すなわち、長子相続権の社会では、年下は服従する、つまり非常に多くの場合年下は結婚を諦め、その地方の皮肉な言い方でいえば「サラリーなしの家の使用人」（あるいはまた、ガルブレイスが専業主婦について言っているように、「隠された使用人」）になると、言わねばなりません。この「隠された使用人」は、年上の兄姉の子供を自分の子のように可愛がり（みんながそれを奨励し）、あるいは家を出て行ったり、軍隊（近衛騎兵）に入ったり、憲兵や郵便局員になったりしたのです。

馴致（この場合は、年下の者の馴致）の作業は、一つの関係の客観的真理を変容させるために必要なものです。この作業は、年下を励ましたり、年下に報いたりする集団全体の行為です。錬金術が贈与交換のように機能するためには、社会構造全体によって、したがってこの社会構造によって生みだされた精神構造と諸性向によって支えられていなければなりません。適合的な象徴行為のための一つの市場が存在している必要がありますし、象徴的利益というご褒美、多くの場合物的な利益に変容される〔形を変えられる〕褒美がなければなりません。また、無私無欲に利益を見いだすことができなければなりませんし、家族の使用人〔年下の者〕を扱う人も報われねばなりません。「正直者だ、立派な人だ！」と年下の者に言う必要があります。とはいえこうした関係は、非常に両義的であり、倒錯的なものです。つまり、khammès〔分益小作人〕は自分の主人を恐喝できることをよく知っています。分益小作人が、主人の自分に対する扱いが悪いとか、主人は自分に礼を尽くしていない（自分はよく主人に尽くしているのに）などと主張して、立ち去ってしまえば、この主人は不名誉をこうむることになります。しかし同時に、主人は仕返しに、もしそれらが周知のことであるなら、分益小作人のミスや謀反を言い立てることもできましょうが、分益小作人がオリーブを盗んだので激怒して、限度を越えてまで踏みつけにしたり、侮辱したりすると、形勢は弱い者の方に有利になってしまいます。この非常に複雑で、異常に洗練されたゲームは、関係者が共有する認知と評価の原理を用いながら、共同体の法廷で展開されるのです。

承認

象徴暴力の効果の一つは、支配と従属の関係を情動的な関係に、権力関係をカリスマ的関係に、あるいは情動的魔術化（たとえば、経営者と秘書の関係など）を引き起こす魅惑に変容することにあります。恩義の承認《ルコネサンス》が、感謝《ルコネサンス》や気前の良い行為をした人への持続的な感情になります。この感情は、周知のようにとりわけ世代間の愛着や愛情にまですすむ場合があります。

前述したような象徴的錬金術は、婉曲語法や変容や「まとめ上げる〔形を整える〕」といった行為をする人のために、象徴的効果を発揮できる承認＝感謝の資本を生産します。これが私が象徴資本と呼ぶものであり、マックス・ウェーバーがカリスマという言葉で表現しようとしたものの意味にほかなりません。もっとも、ウェーバーの場合、カリスマは純粋に記述的概念であることを、『経済と社会』の宗教についての章の冒頭で述べております。この象徴資本は、デュルケーム学派の場合のマナ mana に当たります。象徴資本は、真の魔術的力のような、象徴的に有効となる物理的な力や富や戦《いくさ》における武勇など、何らかの属性です。その効力は、認知と評価のカテゴリーをもった社会的行為者が、そうした属性を認識することによって発揮されます。このカテゴリーが、認知と評価の認識、確認、承認を可能にするのです。ある種の属性は、社会的に構築された「集団的期待」や信念に応えるため、物理的接触なしに離れたところから作用します。人が命令を下し、人はそれに従います。これは、半ば魔術的行為です。しかしそれは、社会的エネルギー保存の法則にとっての明らかな例外にほかなりません。目に見えるエネルギーを費やすことなく、象徴的行為がこの種の魔術的効果を発揮するためには、多くの場合不可視であり、忘却され、抑圧された前提作業が、疑問を抱かずに従わなければならないという感情をもつために必要とされる性向を生みだすことが、押し付けや命令に従う者にとって必要です。象徴暴力とは、社会的に押し付けられた信念という「集団的期待」に基づいているとは認識されることのない服従を、騙しによってつくりだす暴力です。魔術の論理と同じように、象徴暴力の理論は信念〔信仰、信条〕の生産の、言い換えれば、認知と評価の図式をもった行為者を生産するために必要な社会化の作業の論理にもとづいております。この認知と評価の図式によって、行為者は状況と言葉に書き込まれた命令を認識し、この命令に従うことができるようになるのです。

いま申しあげた信念は、明示的な信念、つまり非‐信念〔信じないこと〕の可能性との関係として明示的に提示される信念ではありません。そうではなくて、この信念は世界の命令への直接的な参加であり、通念による服従なのです。そうした参加や服従は、命令を与えられた者の精神的構造とその命令に組み込まれた構造が一致する場合におこなわれます。そうした場合、それが当たり前のことだったし、ほかにしようがなかった、ということになるのです。名誉が傷つけられようとしたとき、本当に誇り高い人が同じような場合にしたであろうことをするのです。それをとりわけ完璧な仕方でするのです（なぜなら、命令を実行するには、程度があるからです）。それを計算することなく、集団的期待に応える者は、状況に書き込まれた要求に直接的に調整されているのです。そうした人は、象徴財の市場からあらゆる利益を手に入れます。そうした人は、徳の利益だけでなく、自在さや優雅さの利益を獲得します。当たり前のこととして、ただ一つの為すべきことをし、またしてはいけないことをしないので、そのような人は、共通の意識によって称賛されるのです。

この象徴資本の最後の重要な特質は、この資本が集団のメンバー全員にとって共通であることです。象徴資本は認知される存在なので、また行為者のもっている属性と認識カテゴリー（高い

／低い、男性／女性、大きい／小さい、など）との間の関係のなかに存在しているので、さらにそれ自体としては、社会的カテゴリー（上の人／下の人、女性／男性、大物／小物）を結合（同盟、会食、婚姻）と分離（接触や不釣合いのタブー）にもとづいて構成し構築するので、いろいろな集団――あるいはその諸集団、家族、氏族、部族などの名に――と結びついております。また、象徴資本の維持や増大を狙った集団的戦略や、象徴資本の獲得や維持を狙った個人的戦略の手段や賭金が、この象徴資本なのです。そうした戦略のなかで、象徴資本を（贈与交換や会食や婚姻などを通して）もっている諸集団に参加したり、象徴資本をもっているあるいはもっていない集団（スティグマを押された民族[9]）を区別したりするのです。分化した社会における、象徴資本の諸次元の一つは、民族的アイデンティティです。この民族的アイデンティティは、その名前や肌の色とともに、ポジティブなあるいはネガティブな象徴資本として機能する知覚対象 percipi、認識される存在なのです。

認知と評価の構造は、本質的に、客観的構造の身体化の産物なので、象徴資本の配分構造はきわめて大きな安定性を示す傾向があります。したがって、象徴革命は認知手段と認知カテゴリーの少なからぬ革命を前提にします[10]。

そういうわけで、前資本主義的経済は、われわれが経済的なものとするものを否認《デネガシオン》することによって基本的に成り立っているのです。この否認は、いくつかの操作とその表象を隠しておくことを義務づけます。またこれに関連した第二の特質は、経済的行為を象徴的行為に変容することにあります。この変容は、贈与交換の場合のように、贈与が絶えず物的対象物であることを止め、社会的関係をつくりだすための一種の象徴やメッセージとなるように機能します。第三の特質は、こうしたまことに特殊なタイプの循環において、わたくしが象徴資本と呼ぶ資本の特殊な形態が生産され、蓄積される点です。この象徴資本は、適切な認知カテゴリーをもった諸行為者がもつ諸属性間の社会的関係のなかに現れることを特質としております。つまり、特殊な認知カテゴリーによって構築され、認知される存在である象徴資本は、その思考形態において社会的に構築された行為者の存在を前提にしています。この思考形態において、社会的行為者は自分たちに提示されたものを認識し承認しますし、信念を認め、つまりある場合には従属や服従を認めるのです。

計算のタブー

ヨーロッパ社会において徐々に形成された経済としての経済は、前資本主義的経済の小さな島々〔散在する局地的世界〕のネガティブな形成をともなっています。この小さな島々は、経済として形成された経済の世界のなかに生き続けております。この過程は、その原理が物質的利害の法則である新しいタイプのゲームの場である、ゲーム空間という一つの界の発生と呼応しております。その内部ではギブ・アンド・テークの法則が明示的な規則となっている、あるいは半ばシニカルな仕方で公然と表明される世界が、社会的世界の中心に存在しているのです。たとえばビジネスの問題となれば、家族のルールは棚上げにされます。あなたが私のイトコであろうとなかろうと、私はあなたを何らかの買い手として扱います。そこには、特別扱いも例外も容赦もありません。カビール人にとって、ビジネスや市場のモラルは善意のモラル、bu niya（善意の人、無邪気な人、立派な人）のモラルと対立しています。たとえば善意のモラルでは、利子を付けて家族の誰かに貸すといったことはありえないのです。市場というのは、計算の場であり、計略であり、神聖なものの悪辣な侵犯の場であります。象徴財の経済が要求するものとは全くちがって、市場では歯に衣《きぬ》を着せずに損得や儲けが語られます。カビールの場合なら、市場でさえ幅をきかす婉曲化の作業は、もはやそこにはないのです。つまり、市場の関係自体が、社会的関係に沈められている（ポランニーのいうように埋められている embedded）のです（どのようにでも、また誰とでも商売ができるというものではありません。売ったり買ったりするときも、保証人に取り囲まれて、知人の中から信用がおけると評判の人を選ぶのです）。そして市場の論理が少なからず魔術化された依存的な社会的関係のネットワーク全体からの解放は、実にゆっくりとしたものだったのです。

こうした長い過程の果てに、家族経済は逆転の効果によって例外的に形成されました。マックス・ウェーバーはある個所で、経済的事柄が血縁的関係によって考察されていた社会から、血縁的関係自体が経済的関係のモデルによって考察される社会に移行すると述べております。つねに抑圧されていた（ほかの場合と同様に、カビールでも、あたかも計算の意図が全くないかのようであった）計算の精神は、これが実行され、公然と表明されるのに有利な条件が生まれるにしたがって、徐々に表明されるようになりました。経済界の出現は、社会的行為者が自分は損得ずくで動くということを自他ともに認めることができるような、また自分を取り囲んでいる集団的誤認から解放され得るような世界の出現を画期としているのです。つまり社会的行為者は商売ができるだけでなく、彼らはそれをするためにその世界にいる、つまり利害にかかわる仕方でふるまうために、また計算し、利益をあげ、蓄積し、搾取するためにその世界にいるというわけです。[11]

経済的なるものや貨幣交換の一般化や計算の精神の形成にともなって、家族経済はあらゆる経済的関係のモデルを提供することを止めたわけです。商品経済の固有な論理におびやかされて、家族経済は次第にその固有の論理、つまり愛の論理を公然と表明するようになりました。こうして、その証拠を明らかにすべくその対立を極端なまでにおしすすめるなら、価格をもたない家庭内の性的交換の論理と、明らかな市場価値をもち、貨幣交換によって評価《サンクション》を受ける商品化された性的関係とが対立します。物的有用性や価格をもたない（計算や貸し付けのタブー）家庭の女性は、商品の循環から排除された（独占権）、感情の対象や主体 sujets なのです。いわゆる金で買える女（売春婦）は公開市場において、貨幣と計算にもとづいた価格をもっており、感情の対象でも主体でもなく、モノとして自分の体を売ります。[12]

ゲーリー・ベッカー『人間行動に対する経済学的アプローチ』シカゴ大学出版、一九七六年）における経済還元主義は、定義として計算を否定し受けつけないものを、経済的計算に還元するわけですが、これに抗して家族的単位の中心においては極めて特殊な論理がともかく維持されつづけています。統一された単位としての家族は、経済的論理によって脅かされているのです。（土地や家名などの）財によって規定された一つの階級の排他的所有によって定義される独占的集団である家族は、所有によって統一されているとともに、分割されます。家族外の経済的世界の論理、感情を蝕む計算の虫が家族の内部に侵入してきます。遺産による統一体である家族は、遺産と遺産にたいする権力をめぐる競争の場でもあります。しかしこの競争は、家族の存続の基礎、すなわち統一、団結、統合を破壊することによって、この資本〔遺産〕を絶えず危険にさらすことになります。遺産をめぐって家族は分裂するものであるがゆえに家族はこの遺産の統一を維持することによって、遺産を維持するための行動をとる必要があります。私がアルジェリアの事例で明らかにできたように、貨幣交換の一般化とそれにともなう賃労働として労働をみる「経済」観念――それ自体で目的をもつ仕事や役割として労働をみるのとは違う――の形成は、家族の統一が依拠する財と仕事の共有を脅かす計算的性向の世代へと導くことになります。実際、分化した社会においては、計算の精神と市場の論理は団結の精神を蝕み、世帯や家父長的な集団的決定を諸個人の個人的決定に換える傾向や、分割された市場の発展を世帯内の異なる性と年齢層（ティーンエージャーら）にとって都合のよいものにする傾向があります。

ここで再生産戦略のシステムにかんする分析を思い起こしてみる必要があります。この戦略は、様々な形態と相対的比重をとりながら、あらゆる社会に姿を現しています。この戦略は、ある種のコナトゥス、つまり家族と世帯の分裂的要素に抗して、またとくに家族の統一を支えている財産をめぐって競争している者たちに抗して、家族の統一を守ることによって、存続しつづけようとする衝動を原理としてもっています。

団体精神を具えた団体である家族（その意味で、団体として機能することに気配りをしているあらゆる集団――たとえば、アメリカの大学の男子学生社交クラブと女子学生社交クラブ――にとって、原型的なモデルとして役立つ）は、矛盾する諸力をもつ二つのシステムに従っています。その一つは、緊張や矛盾や争いをもたらすとともに、ある文脈においては何らかの団結を維持させる経済的なものの諸力です。他方には、団結の諸力があります。これは、一部は様々な形態をとる資本の再生産が、ほとんどの場合、家族的統一の再生産に依存しているという事実と結びついています。

このことは、象徴資本と社会〔関係〕資本の場合、とりわけ当てはまります。つまりこれらの資本は、家族という社会的基礎単位の再生産によってしか、再生産されることができないのです。ですからカビールの場合、財と仕事の統一を解体させた多くの家族は、団結した大家族の名誉と特権をまもるため、外見だけの統一を示す道を選びます。同じように、先進的な近代社会の大ブルジョア家族の場合、また家族的再生産とは最も縁遠い経営者の家族の場合でさえも、経済的行為者は彼らの資本の再生産における一つの条件である拡大された家族的紐帯の再生産に、その戦略や経済的実践において、余地を残しております。有力者たちというのは、大きな家族をもっているものです（これは、一般的に人間学的法則だと私は思っております）。彼らは拡大された家族的関係の維持に特別な関心をもっており、またこの関係を通して資本集中の特殊な形態に特別な関心をもっております。言い換えれば、家族に対して加えられる核分裂の力にもかかわらず、家族は依然としてさまざまな資本の蓄積や維持や再生産の場なのです。（ショシナン＝ノガレが指摘するように）大家族は革命を生き延びたということを、歴史家は知っております。非常に拡大された家族は、きわめて多様な資本をもっており、その結果、家族の団結を維持するために、生き残った者たちは集合的資本の再構築のためお互いに助けあうことができるのです。

したがって、家族のただ中においてこそ、教会（モラル——とくにキリスト教のあるいはまた非宗教的な——の名において示されるものの本質が、家族の均質な物の見方に見られるかどうかを、証明する必要があるでしょう）や国家のような諸制度によって奨励され支援された、家族の統一やまとまりを再生産する働きがあります。国家は、家族手帳や家族手当など、象徴であるとともに物的な行為の全体をなす諸制度によって、家族観[13]というリアリティを構築するカテゴリーを基礎付け強化します。そうした制度は、多くの場合、家族のメンバーに家族的統一を維持することが利益になると思わせる経済的評価《サンクション》を伴っています。こうした国家の行為は単純なものではありませんので、たとえば民法と社会法の対立の例を考慮に入れるなどして、くわしく見ておく必要があります。民法は、ベアルンの人々にとって多くの困難をもたらしました。つまりベアルンの人々は、民法の条項の限界内で、長子相続権にもとづいた家族を存続させるのに大変な苦労をしたのです。〔なぜなら〕この民法の条項は、彼らに財産の均等分割を要求したからです。その結果、ベアルンの人々は、法をねじまげ、法によって導入された分裂の力に抗して家をまもるため、ありとあらゆる手練手管を編み出さざるを得なかったのです。他方、社会法は特定のカテゴリーの家族――たとえば片親だけの家族のような――の価値を高めたり、扶助をとおして、「自然な」家族としてあつかわれた特殊な家族観に、普遍的な規則の評価《サンクション》を与えたりします。

世代間の交換の論理、つまり家族内における象徴交換の経済という特殊なケースの分析が残っています。世代をこえた資金の支給を確保するための私的契約関係の困難を説明するために、経済学者は瓦状に重なり合う世代のモデルをつくりました。つまり行為者を、若者と老人という二つのカテゴリーに分類します。期間（t）における若者は、年をとると期間（t＋1）になります。期間（t）の老人は（t＋1）に死ぬことになります。そうすると、一つの新しい世代が生まれます。どうすれば、若者は年をとったとき、自分たちが消費するために生産した富の一部を、時間のなかで移転することができるのでしょうか？　こうした経済学者たちは、言葉のフッサール的な意味で、想像上のバリエーションを発明する天才であり、空回りする形式的モデルをつくりだす点で興味深い人たちです。こうして彼らは、明白なことをぶち壊してしまう恐るべき手段を提供し、自分でも辻褄が合わないと分かっていながら密かに受け入れていることを、わざわざ疑問にせざるを得なくさせています。

経済学者たちは、こうした世代間の関係を自分たちの仮説の根拠にします。その仮説とは、お金は貴重であり時間を通じて変わらないのだから、若者は今日貯めたお金を、自分が年を取ったとき使えるであろうというものです。なぜなら、将来、若者は今日貯めたお金を常に受けとるだろうからです。これは取りも直さず、（シミアンが見事に述べたように）貨幣は常に信用にもとづいており、その保証は時間的に持続する信用の鎖にもとづいているということです。しかしともかく、世代間の交換が実現されるためには、承認としての負債の論理が介入しなければなりませんし、感謝と恩義の感情が生まれる必要があります。世代間の関係は、何よりもまず、承認から感謝、親孝行の気持ち、愛情への形態変換の場です（世代間の交換は、常に贈与の論理――信用供与――において成立します。親子の間の貸与は、利子を徴収するものではなく、その支払期限は曖昧なままにされております）。しかし今日、友愛 philia は、労働にともなう移住と（必然的にエゴイストな）計算の精神の一般化によってもたらされた、同居の破壊によって脅かされていますので、国家は世代間の交換の管理における家族的統一を引き継ぐようになっています。そして「第三の世代」は、それまでは家族に与えられていた老人の世話を国家に移すことを可能にする集団的発明の一つとなったのです。もっと正確に言えば、この集団的発明は家族内での直接的な世話を、国家によって補償された世代間交換の管理による世代間交換に取り替えたのです。国家は、老人のための財源を再編し、再配分します（国家がフリーライダーの問題を解決する一例です）。

純粋なものと商業的なもの

さてついに、文化財の経済に至りました。この経済でも、前資本主義的経済の特質の大部分と再会します。まず、経済的なものの否認という特質です。すなわち、芸術界や文学界の生成というのは、裏返しの経済的世界の漸進的な生成です。この裏返しの経済的世界には、市場によるポジティブな評価《サンクション》があり、あるいは無関心があり、否認があります。[14] ベストセラーは、自動的に正統な〔立派な〕作品だと認められるわけでもありませんし、またベストセラーの商業的成功が非難の的になることさえあり得ます。それとは逆に、（芸術家という観念と同様、つねに存在したわけではない、歴史の発明である）「呪われた芸術家」が、その時代における自分の呪いから未来の選ばれた徴を引き出すこともできるのです。芸術のこうした見方（文化生産の界がその自律性を失うにつれて、今日その分野は失われていますが）は、純粋芸術家の理想とともに、徐々に発明されたものです。純粋芸術家の理想は、芸術以外の目的をもっていませんし、まったく特殊な社会的世界である損得の大海の中の小島が成り立つ限りにおいて、市場での評価や公的な承認や成功にも無関心です。そうした社会的世界においては、経済的失敗は成功の一つの形態〔証〕でもあるわけで、いずれにせよ、決して取り返しのつかない失敗などではありません（これは、無名の年老いた芸術家の問題の一つです。彼は、自分の失敗は一つの成功だということを自他ともに認めさせる必要があり、また彼には本が売れなくとも、読まれなくとも、鑑賞されなくとも成功する可能性のある世界が存在しているのだから、そこなら成功する十分なチャンスがあるのです)。

そういうわけで、ネガティブな評価《サンクション》がポジティブな評価《サンクション》である裏返しの世界があるのです。確かにこの世界では、価格の真実が全く排除されております。全ての言葉が、婉曲的なのです。その結果、社会学がぶつかる主要な困難は、言葉の選択に関係することになります。つまり皆さんが「生産者」というとき、皆さんは還元主義者に見えますし、他のような生産ではない、この生産空間の特殊性を、確かに隠すことになります。皆さんは、学問的に定義することのできない、ユニークな芸術家という神秘主義のもつ、「創造」のイデオロギーにとらわれることになります。このイデオロギーは大変強力なので、芸術的に見せるために、またあらゆる種類の象徴的利益を得るためには、このイデオロギーをつかえば十分なのです(皆さんが、「私は創造的な人間でして、還元主義的社会学者は嫌いです」などと新聞に書けば、芸術家や哲学者として通用することになります……。ですからこれが、新聞や週刊誌や雑誌が、「社会学者の帝国」とか「諸学の王たる社会学者」とか「社会学者の領分」とか毎日書かないでは済まない理由の一つなのです)。こうしたまことに強力な職業的イデオロギーは、商品経済の語彙を排除する一つの言葉に表されております。すなわち、画商 le marchand de tableaux は、自分のことを画廊店主 directeur de galerie と呼ぶのを好んでいます。出版者 éditeur は、本の商人 marchand de livres、すなわち文学的労働力の買い手の婉曲表現です(十九世紀には、作家は売春婦と似たものだとよく言われました)。前衛の出版者と作家との関係は、この後で述べますように、主任司祭と寺男〔聖具室係〕の関係によく似ております。出版者は月末で苦しい若い作家に、こう言ったものです。「ベケットをご覧なさい。彼は印税のびた一文にも手を付けませんでしたよ！」。すると、この貧乏作家は居心地悪そうにして、ベケットたることに確信がもてなくなり、そしてベケットとはちがって、卑屈な態度で金を要求したのです。それは、『感情教育』〔フロベールの小説〕を読み返していただければ、分かることですが。アルヌー氏は、きわめて両義的な性格をもった芸術の商人です。半分は商人であり、半分は芸術家であり、半ばセンチメンタルな、半ばパトロン的な関係を芸術家とむすんでいます。こうした柔らかな搾取関係は、芸術家が柔らかくなければ成り立ちません。家族内の関係のように、象徴暴力に従う人々の共犯関係がなければ成立しないのが、象徴暴力の関係なのです。被支配者は、愛情や敬服をとおして自分自身の搾取に協力することになるのです。

芸術家の資本は象徴資本であり、またカビール人たちの名誉をめぐる争いほど、知的闘争というにふさわしいものはありません。こうした多くの戦いにおいては、(理性をもてば、理性によって勝てるといった) 見せかけの賭金は、名誉にかかわる賭け金〔面子にかかわること〕を隠していいます。それは、(サラエボはどうなっているのか、サラエボのほんとうの賭け金〔争点〕は何かを知る争いといったような) 些細な話から、(優先権の争いのような) より「深刻な」争いに至るまでそうなのです。この認められるという象徴資本は、その場に参加する人々の信仰〔信頼、信用〕を前提とする一つの認識です。カール・クラウスが他のところでしたように、デュシャンはほんとうの社会学的実験をして、このことを見事に示してくれました。デュシャンは、男子用トイレを美術館に展示して、聖化された場所〔美術館〕による聖化が発揮する創設 constitution の効果と、この効果が発生する社会的条件を証明してみせました。全ての条件が、社会的条件に還元されるというものではありません。しかしこうした行為は、彼によってなされる必要がありました。つまり、他の画家によって、さらにまた誰が画家であるかを言う能力をもっている芸術の場における他の行為者によって画家として認められるひとりの画家によって、為される必要があったのです。また彼を画家として認め、彼の行為を芸術家の行為として認めている美術館が必要でした。さらに芸術界には、彼を認めるという、この種の問題提起を認める用意がなければなりません。これと反対のことは、「不統一派《アンコエラン》の芸術」(15)のような芸術運動が到達したものを見れば、すぐに分かるでしょう。彼らは、十九世紀末に一連の芸術活動をした芸術家たちであり、これは一九六〇年代にとりわけコンセプチュアル・アート〔一九六〇年代ニューヨークで生まれた絵画運動。ミニマリズム芸術とポップアートに対抗し、作品のフォルムを重視する〕の芸術家たちによって、そっくり繰り返されました。「世間でいうように、その精神《エスプリ》は十分に準備されたものではなかった」し、マルセル・モースの言う「集団的期待」というものがそこにはありませんでしたので、彼らはまともに取り上げられることはありませんでした。そのうえ部分的には、彼ら自身真剣ではなかったし、また界の状態ゆえに、彼ら自身へボ絵描きの単なる悪ふざけとしか考えていなかったものを自分にも他人にも芸術行為としてみせることができなかったのです。ですから、今から言えば言い得て妙と言うべきでしょうが、こうも言われたものです。「見てご覧！　あいつらは、何でもでっち上げるぜ！ 本当も嘘も」。ですから、先駆者や先例は、十分慎重に扱われねばならないのです。こうした芸術家たちが登場し、彼らのしていることがわれわれの目にそれとして見えるためには、社会的条件が充たされていなかったのです。だから、この芸術家たちはそれをしていなかったのです。つまり私の言いたいのは、デュシャンがデュシャンをすることができるためには、デュシャンをすることができるように、界ができていなければならないということです。

作家や芸術家の象徴資本、作家の名前のフェティシズム、サインの魔術的効果については、他の世界で機能する象徴資本について申し上げた全てのことをもう一度申し上げる必要があります。つまり象徴資本というものは、信仰に、すなわちその界において有効な認識と評価のカテゴリーに基礎をおいています。

一時的な成功と特別な聖化〔評価の確立〕とをきりはなし、規則に従う者に無関心という特別な利益を保証することによって、芸術の界（あるいは科学の界）は無私無欲のほんとうの利益（社交界の気前のよさが生みだす利益に相当する）の成立（発生）条件をつくりだします。裏返しの経済的世界である芸術の世界では、最大の非‐経済的な「狂気」が、ある意味で「合理的」なのです。なぜなら、芸術の世界では無私無欲は認められるものであり、割に合うからです。

司教たちの笑い

宗教的事業というのは、その本質においては、私が前資本主義的経済の分析で明らかにした原理に従っています。家族経済の場合と同様に、寄付や奉仕や犠牲の経済――これは、家族の経済が（友愛的交換のモデルとともに）形を変えた一つのあり方なのですが――がもっている逆説的な性格は、今日のカトリック教会において、ハッキリと目に見える形で明らかになります。実のところ、経済的なものの否認にもとづいた経済的次元における宗教的事業は、貨幣交換の一般化にともなって、利潤の極大化の追求が大部分の日常的実践の原理となっている世界に浸りきっています。その結果、全ての行為者――宗教的、非宗教的を問わず――は、自分の労働と時間の価値を、少なくとも暗黙のうちに、お金に換算する傾向をもつようになります。寺男や聖具室係は、その程度はさまざまでしょうが、抑圧されたホモ・エコノミクス〔経済人〕です。彼らは、祭壇に花を供えるのに半時間かかるのを知っていますし、家政婦の手間賃が高いことも知っています。しかし同時に、彼らは宗教的ゲームに参加しており、自分の宗教的なサービス労働を普通の人のサービス労働と同格扱いにすることを拒否するのです。

この種の二重の意識は、おそらく経済的世界と非経済的な下位世界（活動家やすべての「ボランティア」のことを考えてみればよいでしょう）に同時に身をおいている社会的行為者にとっては共通するもので、危機的状況や不安定な状況にある人にはよく姿を現すわけですが、したがって通念《ドクサ》の大いなる明白さと断絶している正気(部分的ではありますが)の原理に属するものです。ですから、宗教的サービスの物的待遇を改善するために一種の組合がつくった、教会で働く非信者の職員向けの雑誌である『トレード・ユニオン』誌は、分析の手段としてたいへん役に立つのです。しかし一つの行動を乱暴に「経済的」真理(教会の貸し椅子の料金徴収係は、無報酬の家政婦だと言うような)に帰着させるのは、当然、魔術からの解放ではありますが、同時に人を煙に巻くことにもなります。そうした客観化は、教会も経済的ビジネスであることを明らかにします。しかしこのような客観化は、教会が本物のビジネスではない限りにおいて、またビジネスとしては否認されている限りにおいて機能するような経済的ビジネスであることを、忘れさせる危険があります(同様の言い方でいえば、家族はゲーリー・ベッカー流の経済主義が与える定義に従うのを否認する場合にのみ、機能することができます)。

すでに述べましたように、ここには制度の真実を明示化することによって生ずる問題があります。つまり、制度の真実はその真実の明示化を拒否することにあるのです。もっと簡単に言えば、明示化された世界の論理全体が明示化のタブーにもとづいているとき、明示化は破壊的変化をこうむらせます。ですから私は、司教が教会の経済的なことに触れたとき、客観化の言葉を使ったのを聞いて非常に驚いたものです。たとえば司教たちは、カトリック神学を説明するために「需要と供給の現象」について語りながら、笑っておりました。(一つの例をあげますと、「われわれの社会は、社会じゃありません……えーと……他の社会とはまったく違います。われわれは何も生産しませんし、何も売らないのですからね。そうでしょ？」――パリ司教区尚書部)。また他のときには、司教たちは異常なまでの婉曲語法をつくりだします。こうしたことは、ヴォルテール主義〔反教権的懐疑主義〕的な解釈からすれば皮肉な嘘だと言いたくなるようなものですが、むしろ無知というよりも抑圧された客観的真実と、実践の生きられた真実の間の乖離を前にしているのだと考えさせてくれます。さらには、分析によって明らかにされる真実を行為者自身から隠すこの生きられた真実が、実践の完全な定義においては、実践の真実の一部をなしていると考えさせてくれるのです。宗教的事業の真実は、二つの真実をもっています。経済的真実と経済的真実を否認する宗教的真実です。したがって、カビールの場合のような個々の実践を描くには、音楽の和音のような重なり合う二つの言葉を並べる必要があります。つまり、伝道／マーケティング、信者／顧客、奉仕／賃労働、など。実践をともなう宗教的言説は、象徴財の経済のような実践の経済の構成要素なのです。

こうした両義性は、寄付の経済の最も一般的な特質です。寄付の経済においては、交換はある種の超越的実体である捧げ物に形を変えます。大部分の社会では、生の原材料を、たとえば金を崇拝の対象にはしませんが、加工された金は崇拝の対象となります。生の原材料を美術品や彫像に変える努力は、経済的関係を婉曲化する作業の一部をなしています（彫像を溶かして金にすることが禁じられるのは、このためです)。ジャック・ジェルネは、聖なる商売と、否認された一種の銀行である仏教のお寺について非常にすばらしい分析をおこなっています。仏教のお寺は、自由な合意とボランティアにもとづいた献金や供物や寄付、また高利や金儲け（穀物の貸し付け、質貸し、風車税、地代など）[16]によって生みだされた世俗的利益を集めます。この資金は、僧侶や寺院の維持、礼拝やお祭りや公的儀式や葬式などに使われるものではなく、「無尽蔵」[*1]に集められて、その一部は貧者、病人へ贈与の形態で配られたり、また信者が無料で宿泊するために使われたりします。こうしてお寺は、客観的には一種の銀行の役割を果たしているのですが、銀行のようなものとは決して見なされない条件の下では、そのように認識され、考えられることはあり得ないのです。

　宗教的事業は、自らその経済的側面を認め得ない、またその経済的側面を永遠に否認することによって機能する経済的側面をもった一つの事業です。つまり、私は経済的活動をしていますが、それを知りたいとは思いません。あるいはまた私は、自分に対しては〔それは経済活動だと〕言えるような仕方で、また他人に対しては、それは経済的活動ではないと言えるといったやり方で――他人に対しては、自分は経済的活動ではないと信じているとしか言いようがないのですが――経済的活動をしているのです。宗教的事業、宗教ビジネスは、「営利目的をもった商工業ではありません」。『トレード・ユニオン』誌が言っていたように[17]、それは他の事業のような事業ではありません。シニシズムがあるかないかを明らかにするという問題は、宗教的行為者が自分のしていることを信じていること、さらに宗教的行為者は自分の行為と機能に対する厳密な経済的な定義を受け入れないことが宗教的事業の機能や成功の条件自体の一部をなしていることを知れば、完全に解消されるでしょう。ですから、教会の聖職者でない職員の組合が組合の考える職業を定義しようとしたとき、組合は、〔聖職にある〕雇い主が擁護するこの職業の暗黙の定義に出くわしてしまったのです（言うまでもなく、司教はこの定義を拒否しました）。神聖なる仕事は、純粋に経済的、社会的な成文化に還元できないのです。つまり、寺男は「職業《メチエ》」をもってはいないのです。神に捧げるサービスをしているわけです。教会の高位者が擁護する理想的定義は、その実践の真実の一部をなしていると、ここでもまた言えます。

こうした実践の客観的な定義をともなう構造的な二重のゲーム〔一石二鳥のゲーム〕は、最もありふれた行為の中に見られます。たとえば、サン＝シュルピスの近くに巡礼の事業所（客観的な観察者の目からすれば、婉曲語法的なニュアンスはなくなってしまうのですが）があります。これは実際には旅行代理店なのですが、このことは婉曲語法の体系的な使用によって否認されています。イギリスへの旅行は「世界教会運動の発見」ということになりますし、パレスチナへの旅行は「宗教的テーマによる周航、聖パウロの歩みに従って」、そしてロシアへの旅は「正統との遭遇」ということになります。形を変えるのは、本質的には言葉です。つまり、自分のしたことをしなかったと他人に（あるいは自分に）信じさせるためには、他人に（あるいは自分に）自分がしたこととは何か違うことをしたと言わなければなりませんし、また自分がまるでしなかったかのように、それをしていないと他人に（あるいは自分に）言わねばなりません。

他の例として「枢機卿の建設工事現場」と言われる会社を取り上げてみましょう。この会社は、フランスの宗教的建築物の建設を請け負っております。この会社は聖職者によって管理運営されており、退職した理工科学校卒業生《ポリテクニシアン》〔工学系エリート大学の出身者〕や法律の専門家など重要な人材をボランティアとして雇っています。こうした職員は、彼らの時間と能力を無償で会社に提供しており、事務や会計など手の離せない仕事もその割には、賃金をもらっている職員はごくわずかです。また彼らは、前任者による指名によって採用されたのであり、公募によってその職に就いたわけではないので、むしろカトリック的だと言ってよいでしょう。司教団の財政部である事務局は、ほとんどが退職者である六〇人のボランティアを擁しています。こうした構造――少数の聖職者が、ごく少数の有給職員に助けられながら、膨大な数のボランティアを統制している――は、カトリック企業の典型です。こうした構造は、宗教色の強い新聞や出版社などにもよく見られるものです。ボランティアのほかに、労働やサービスの無償供与といったカトリック企業の中心的特質が、そこにも見られます。カトリック企業は、つねに大家族と見なされております。一人の聖職者、ときには二人の聖職者の文化＝教養の特質は、集団的・個人的な歴史全体と結びついているものなのですが、つねに婉曲化されねばならない語彙や言葉、そして社会関係を管理する術を知っているということにあります。その壁にはもう十字架がないのに、学校がいつまでもカトリック的であるのは、言葉や人間関係を管理するきわめて特殊なやり方におけるカトリック的な性向を深く身体化したオーケストラの指揮者がいるからです。

宗教的企業では、その生産関係は家族関係をモデルとして機能しています。つまり、他人を兄弟のように扱うのですが、これは関係の経済的側面を括弧に入れることです。宗教制度は、ボランティアの論理によって、社会関係を精神的親族関係や宗教的交換関係に変容させ、搾取関係をもふくむ（家族の場合のような）社会関係を婉曲化するために、実践的・象徴的に営々として努めています。つまり有給職員や下級の教会職員、たとえば教会の掃除をしたり、祭壇を飾り付けたりする人々のかたわらには、労働の贈与、「お金と時間の自由な合意にもとづく寄付[18]」があります。搾取は隠蔽されています。すなわち司教たちと組合員の話し合いにおいて、司教たちは常に、神聖な仕事の両義性を演じます。司教たちは組合員たちに、神聖な行為は神聖であり、宗教的行為はそれ自体が目的であり、宗教的行為をする者はそれをすることそのものによって恩恵を受けるのであり、無限の究極目的に連なっているのだということを認めさせようとします。

ボランティアの論理の機能と、またこれによって可能となる搾取は、神聖化された仕事の客観的な両義性によって促進され、助長されます。巡礼において病人の車を押すことは、行為自体が目的であり、またそれ以上に報われる慈善的行為であると同時に、有給の看護婦によっておこなわれるべき専門技術的行為でもあります。礼拝所の維持管理は、技術的行為でしょうか、それとも（清めの）儀礼的行為でしょうか？　肖像画を描くことはどうでしょうか？（私は、ルルドの処女の肖像画を描いた労働者に対するインタビューを念頭においています）。行為者の役割は、少しも両義的ではありません。すなわち寺男は、ミサを準備し礼拝所を維持管理します。彼は洗礼や結婚式や葬式の準備に責任をもっておりますし、こうしたさまざまなセレモニーの手伝いをし、小教区の地域を管理しています。彼の行為は、儀礼的サービスです（彼自身は、聖化されてはおりませんが）。『トレード・ユニオン』誌[19]は、「労働の宗教的な目的性《フィナリテ》」について語っています。

聖職者ではない職員は、電話交換手、秘書や会計の仕事や要求事項の整理のような非宗教的な職務をおこなう際に、彼らの仕事を恩恵であり神聖な義務だと見る聖職者たちの傾向とぶつかることになります。（ボランティアは、ほとんど女性の仕事です。少なくとも一部の女性ボランティアの場合、その労働の対価や金銭的な価値は、ハッキリとは決まっていません。これに対して、男性の聖職者集団は、無料奉仕をしてもらうため、性別分業によって区別された形態に頼っています）。聖具室係が、自分たちの仕事には宗教的目的があるのか、またこの仕事は賃金に値しないのかと質問すると、賃金というのはこの世界では通用しない言葉ですと、司教たちは答えます。「あの猊下《げいか》にとって、エクス島〔大西洋岸のシャラント＝マリティーム県に属す〕に行かれることは出世なのですか？」と、ある調査者がちょっと不用意にたずねたところ（「失言」は、時には真相を明かしてしまうことがあるものです。時として、失言が当たり前のことをぶち壊すことによって）、司教団の幹部秘書は「えー、確かにそうですよ。でも、ちょっと驚きましたけどね。Xさんのようにナンシーの〔司教〕補佐から、ナンシーはけっこう大きな司教区ですけど、カンブレーの司教になった人もいますが……まー、そう言えば、確かに本当ですけど、しかしこの出世という言葉は好まれませんよ。それより、承認《ルコネサンス》と言った方がいいでしょう」。別の例として、賃金についての聖職者の見方を取り上げてみましょう。「まず第一に、司祭は給料をもらっていません。それが第一のことです！　これは大事なことです。あなたは賃金とか賃金労働者とか言いますが、司祭は賃金労働者じゃありませんよ。司祭と司教の間には、一つの契約があります。まあ、言ってみれば、一種独特な契約、雇用者から被雇用者への奉仕に対する賛辞の契約などではなく、まったく特殊な契約があるのです。〔…〕しかし、それだからと言って賃金があるとはいえませんね。司祭というのは、賃金労働者ではありません。報酬 honoraires などと言うことはできませんね。そうではなく、まあ強いて言えば俸給 traitement と言えるでしょうけど。いわば、司教からの援助ですね。司祭と司教の間に存在する契約とは何でしょう？　司祭は生涯、教会に奉仕することを約束しました。これに対して、司教は司祭に彼にとって必要と思われるものを約束するのです。〔…〕あなたがそう言えというなら、非常に広い意味で俸給について語ることはできるでしょう。括弧付きでならばね。しかし、賃金についてはできません！　賃金なんて！」。括弧付きだというのは、否認と象徴経済への移行の非常にハッキリとした徴です。

聖職者たち自身は、両義的な経済的地位をもっており、この地位を誤認のうちに生きています。つまり彼らは貧しき者（SMIG〔全産業一律最低保障賃金の水準〕）なのですが、それは表面的な貧しさであり（さまざまな種類の贈り物をもらっています）、選ばれた貧しさなのです（寄付や贈り物といったさまざまな形態で彼らのところには資源が来ており、彼らは顧客に依存しているのです）。こうした構造は、二重のハビトゥス、つまり婉曲語法の才や、二股をかけることなしに二重の意味をもった実践と言説の両義化の才をそなえたハビトゥスにふさわしいものです。パリ地方に向かう巡礼のリーダーは、ルルドに関して「精神的活力」を語ります。彼は「顧客」について語るとき、下品な言葉を前にしたように笑います。宗教的言語は、いつでも婉曲化の手段として機能します。宗教的言語の働きにまかせておけば、つまり宗教的ハビトゥスに書き込まれた機械的行為《オートマティスム》〔自動作動〕にまかせておけばそれで十分なのです。このように働くのが、宗教的言語の本質的側面です。一石二鳥の戦略へ導く——宗教的利益と経済的利益の蓄積を〔同時に〕可能とする——この構造的二心〔二枚舌〕が、教会や政党の代表者（司祭、代表、政治家）の不変的性質の一つとなり得ます。

われわれは、このように（学校、医療、慈善などの）事業体と関わりをもつことになるのです。こうした事業体は、ボランティアと寄付の論理において機能することによって、経済的競争においてかなりの特典をもっております（その中でもとくに、ラベル効果があります。半ば家族的なモラルを保証するキリスト教という形容詞）。しかしこうした客観的には経済的な事業体は、自分たちの経済的側面が誤認されるという条件が絶えず再生産されなければ、つまりその行為者が自分たちの行為には経済的見返りがないことを信じ、また信じさせられることができない限り、この特典を利用することはできません。

ですから、経済的機能と宗教的機能の分離を回避することが、方法論的に見て、いかに重要かがわかるというものです。すなわち、実践の固有に経済的な側面と、経済的機能の実現を可能にする象徴化を切り離すことを避けねばならないのです。言説というものは、何らかの余分なものではありません（「イデオロギー」について語るとき、人はそうした点を信じさせようとします）。言説は、経済的なものそのものの一部となっています。したがって、もっと正確に言うなら、婉曲化の労働に費やされるまことに多大な努力として、言説を考慮しなければなりません。つまり、宗教的労働は経済的活動を神聖な勤めに変容させる多大のエネルギーの支出を必要とするわけです。すること以外のことをすると信じる（信じさせる）ためには、時間を使い、努力し、我慢することさえ受け入れなければなりません。そこには消耗があるのですが、エネルギー保存の法則は依然として真理なのです。なぜなら、失われたものは別の地位《ポスト》に戻ってくるからです。

　非聖職者のレベルで価値のあることは、常に自己欺瞞の論理のなかにある聖職者のレベルでは、n乗の真実となります。しかし自己欺瞞について語ることは、各人は自分の嘘についてだけ責任を負っているということを信じさせ得ることです。実際、自己欺瞞の労働はそれを助ける社会的制度全体によって支えられた、一つの集団的労働です。その助けとなる最も強力なものが、言葉です。言葉は、表現手段であるだけでなく、集団的支えとともに働く構造化の原理でもあるのです。つまり、集団的欺瞞は、言葉（とくに、婉曲語法、儀礼的な決まり文句、呼びかけ——「お父さん」「お姉さん」——や指示の言葉）、儀礼、交換と社会的関係（たとえば、あらゆる種類の組織的伝統）をカトリック的に管理する社会的技術の客観性にだけでなく、身体、ハビトゥス、生活の仕方、話し方などにも刻み込まれております。集団的欺瞞は、とりわけこの構造的二心を励まし、それに褒美を与える、象徴財の経済の論理によって強化されます。たとえば、「きょうだい的」関係は社会的に制度化された性向だけでなく、伝統やさまざまな場にも刻み込まれております。『ディアローグ』と呼ばれる、すなわち「対談」を呼び物とするあらゆる種類の雑誌があり、対談の専門家がいて、この専門家はきわめて多様な言語に入ることによって、きわめて多様な人々と対話することができますし、そこには出会いの場があるのです。

要するに私はすでに、他のところで[20]、すなわち公共財の経済や官僚界の経済や国家の経済の分析を経済的なものの否認の場として、素描しました（余談を入れますと、教会は長いあいだ、一般的利益や公共サービスという半ば国家的機能を担ってきました。この点を知っておくことは大事なことです。また教会は、公的目的――教育、病人や孤児の世話など――に割り当てられる最初の公的資本の集中を実現しました。ですからこのことは、「社会」国家が地位を得るようになった十九世紀において、教会は国家ときわめて激しく競争することになったことを説明するのです）。「公的」な秩序、「公《おおやけ》のこと」の秩序は、一般的利害や公的サービスの行為が可能になり、唱導され、知られ、認められ、報われるようになる界の出現をとおして、歴史的に形成されました。こうした官僚界は、家族（あるいはまた教会）が手に入れた人材とまったく同じような献身的な人材を手に入れることはできませんでしたが。また国家利益のサービスは、個人や家族のサービスとつねに競争しました。公法は、「公務員は贈り物をしない」ことを想起させます。ですから実際、公務員の行為が私人に対して個人的な仕方で利益を供与したときは、その行為は疑惑、つまり汚職の疑いを受けるのです。

最後に、私が簡単にふれましたさまざまな世界が共通にもっている論理の原理を明らかにしてみたいと思います。

象徴財の経済は、（狭義の）経済利害の抑圧や検閲にその基礎をおいています。したがって、経済の真実、つまり価格は積極的ないし消極的に隠蔽されねばなりませんし、曖昧なままにされていなければなりません。象徴財の経済は、ボヤケと不確定性の経済です。象徴財の経済は、明示化のタブーによって支えられているのです（定義からして、分析はこのタブーに背きます。計算や利害とは逆のものとして定義される実践を、計算高さや利害にとらわれたものとして見せるのですから）。

この抑圧のため、象徴財の経済に特徴的な戦略と実践は、つねに両義的で、二つの顔をもっていますし、表面的には矛盾さえしております（たとえば、象徴財には価格があったり、「価格なし」であったりします）。多くの実践や言説（婉曲語法）に見られる、こうした相互に排他的な真理の二重性は、二枚舌や偽善と考えられてはなりません。こうした二重性は、対立物（音楽の和音の隠喩によって説明すれば、伝道／マーケティング、信者／顧客、信教／労働、生産／創造、など）の共存を（一種の止揚によって）確保するための否認と考えられるべきものなのです。

否認や抑圧の作業は、この作業を実行する人のハビトゥスの協奏化《オーケストレーション》に、端的に言えば、直接的ないし間接的に関係した行為者たちの諸性向間の、意図的な結論でも協議によるものでもない合意にもとづいているのです。象徴交換の経済は、合理的行為や常識（君が私にお返しをするだろうということを私が知っていることを、君が知っていることを私は知っている）の論理にもとづいたものではなく、共有された誤認にもとづいております（君が私にお返しをすることを私は知っているのに、知りたくないことを、君は知っているのに、知りたくないことを、私は知っているのに、知りたくないのだ。私はこのように作られ、仕向けられます）。合理的行為や常識の論理は、象徴交換の経済に最も特徴的な行為を、矛盾であり不可能だと考えさせます。抑圧の集団的作業は、行為者たちが認知と評価の同一のカテゴリーを身につけている場合にだけ成立します。年上と年下の二つの顔をもった関係が持続的に機能できるためには、かつてのベアルンの家族のように、血縁関係の利益――「家族の精神《エスプリ》」――に対する年下の服従や献身は、年上の寛容やデリカシーと、また類似の諸性向と結合されねばなりません。年上の寛容やデリカシーというのは、彼の弟や家族の他のメンバーや家族外の人々に向けられた注目や視線の原理となっています。また、類似の諸性向は、適切な行動が象徴的に評価され、報酬を与えられるようにします。

　この共通の諸性向と、またこれによって基礎付けられる共有の通念《ドクサ》は、同じか類似の社会化の産物です。この社会化は、象徴財市場の客観的構造と調和〔協奏〕した認知構造の形態をとった、この市場の一般化された身体化を導きます。象徴暴力は、被支配者のハビトゥスの生成的構造と被支配者に押し付けられる支配関係の構造との調和に基礎をおいています。つまり被支配者は、支配関係が生み出した、支配者の利益に適合的なカテゴリーを通して支配者を認識します。

象徴財の経済は、信じることに基礎をおいていますので、この経済の再生産ないし危機は、信じることの再生産ないし危機にその原理を見いだします。つまり象徴財の経済の原理は、精神的構造（認知と評価のカテゴリー、選好の体系）と客観的構造の一致が、永続化されるか断絶されるかにあります。しかし、その断絶は意識の単なる獲得から生ずるわけではありません。そうではなく、諸性向の変容は客観的構造の前提的で随伴的な変容なしには進むことはできません。諸性向は、この客観的構造の生産物であり、この客観的構造よりも長生きすることもあり得るのです。

（安田尚訳）

原注

（1）このテキストは、一九九四年二月にリュミエール・リヨン大学の人間学部と社会学部においておこなったコレージュ・ド・フランスの二つの講義を書き起こしたものである。

（2）これについては、ブルデュー『実践感覚』1、今村仁司・港道隆訳、みすず書房、一九八八年、一七三―一七八ページを参照。

（3）同書、一八五ページ。

（4）ブルデュー『実践感覚』2、今村仁司・塚原史・福井憲彦・港道隆訳、みすず書房、一九八八年、八〇ページ（〔カビールの〕体面 nif について）。

（5）Cf. V. Zelizer, *Pricing the Priceless Children, The Social Meaning of Money*, New York, Basic Books, 1994.

（６）前掲『実践感覚』２、八三ページ。
（７）« L'économie de la maison », *Actes de la recherche en sciences sociales*, nos 81-82, mars 1990.
（８）P. Bourdieu, « La domination masculine », *Actes de la recherche en sciences sociales*, n° 84, septembre 1990, p.3-31.
（９）プルーストにおけるサロンの機能については、前掲『実践感覚』１、二三一―二三三ページを参照。
（10）ブルデュー『芸術の規則』Ⅰ、石井洋二郎訳、藤原書店、一九九五年、二六九ページ。
（11）エミール・バンヴェニストは、その著『インド＝ヨーロッパ諸制度語彙集』（*Le Vocabulaire des institutions indo-européennes*, Paris, Ed. de Minuit, 1969. とくに第一巻）において、経済的思考の基本概念が、（たとえば、買うとか買い戻すとかの）経済的概念が生まれた（家族や政治や宗教などの）非経済的意味の言語から徐々に解放される過程を分析している。ルカーチ（『歴史と階級意識』*Histoire et Conscience de classe*, Paris, Éd. de Minuit, 1974, p.266）が指摘しているように、経済としての経済を対象とする自立的学問としての政治経済学の歴史的形成は、それ自体経済界の自立化過程の一側面なのである。つまり、いわゆる「純粋理論」の限界を無視することなく、この学問が可能となる歴史的・社会的条件を明らかにしなければならないのだ。
（12）セシリー・ホイガードとリヴ・ファンスタッドによれば、売春婦の多くは、その外見に反して、ホテルでの売春よりも、体を売る時間が短くて気持ちまで奪われることがないので、街頭での売春の方を好むと言っています。ホテルでの売春は、高度の婉曲化である自由な出会いの真似をしようとするので、見せかけをするため、つまり婉曲化するために多大の労力と多くの時間を費やす必要がある。すなわち街頭での売春の場合、短く早い出会いなのでその間、売春婦は他のことを考えたりでき、モノとしてふるまえるのだ。これに対して、ホテルでの出会いでは一見すると、より人格を尊重しているように見えるが、客と話をしなければならなかったり客に興味があるように見せかけねばならなかったりするので、金で買った愛ではないという曖昧さを少しばかり思い出させる関係のために、他のことを考えていられるという疎外の中での自由がなくなってしまうのである（C. Hoigard et L. Finstad, *Backstreets: Prostitution, Money and Love*, University Park, Pennsylvania University Press, 1992）。

（13）本書収録の「家族の精神」、一六四―一七八ページを参照。

（14）前掲『芸術の規則』I、二二五ページ以降。

（15）D. Grojnowski, « Une avant-garde sans avancée, Les "Arts incohérents," 1882-1889 », *Actes de la recherche en sciences sociales*, n° 40, 1981, p.73-86.

（16）J. Gernet, *Les Aspects économiques du bouddhisme dans la société chinoise des* V^e *et* X^e *siècles*, Saigon, École française d'Extrême-Orient, 1956.

（17）Cf. *Trait-d'union*, n° 20, p.10.

（18）*Ibid.*

（19）*Ibid.*, no 21, p.1.

（20）本書一六〇―一六一ページおよび二〇五―二〇六ページ。

訳注

＊1　無尽蔵《むじんぞう》――「『尽きることのない宝の蔵』の意。無尽蔵の功徳を有する実践や境意を表す例えとして用い、また、その転義として、寺院が寄進された金銭・財物を蓄え、これを貸し出して利息を取り、寺院経営のための財源の確保・増大を図った金融事業のことをいう。後者の意味における無尽蔵は南北朝時代から行われたが、本来、福田思想（人々に功徳を与える）に基づくものである」（鎌田茂雄編『中国仏教史辞典』東京堂出版、一九八一年、三七八―三七九ページより）。

7 学者的な視点

私はこれから、三つのテーマをめぐって私に寄せられたコメントに対して、まとめてお答えしようと思います。[1] まずオースティンの表現にならって言えば、学者的な視点 scholastic view とよぶもの、スコレー skholè の視点を分析してみたいと思います。またわれわれの思考は、こうした視点が一つのアカデミックな空間において生産されるという事実に負っていることの問題を提起してみたいと思います。

さらに、実践の理解が提起する、また人間科学をことのほか難しくさせている特殊な問題にも触れてみたいと思います。

そして最後に、理性と歴史の諸関係の問題を取り上げてみたいと思います。つまり、一見すると理性の基礎を、したがって自らの基礎をも破壊する社会学は、理性的な言説をつくり出すことができないのでしょうか。またそうした社会学は理性の政治、つまり「理性の現実政策」Realpolitik de la raison をもたらすことのできるテクニックを提供できないのでしょうか。

まじめに遊ぶ

「学者的《スコラスティック》な視点」は、オースティンが『知覚の言語』〔*Sense and Sesibilia*, 1962〕の中で話のついでに使った表現です。彼は例をあげています。言語の特殊な用法は、状況と直接的に両立する言葉の意味を理解したり集めたりするかわりに、状況への参照のすべてを度外視して、言葉のあらゆる可能な意味を数えあげたり、しらべ上げたりします。この大変意味のある例は、学者的な視点というものの本質をふくんでおります。それは、社会的世界や言語や、あるいは全く別の思考対象に対する、全く特殊な視点に関係しております。この全く特殊な視点は、スコレー skholè、つまり余暇〔拘束されない自由時間、暇〕の状況によって可能となります。学校という言葉もこのスコレーに由来しておりますが、学校は勉強時間が制度化された状況という意味で、状況の特殊な形態です。学者的な視点をとるということは、あらゆる学問の界がひそかに要求する入場料を意味します。つまり、あらゆる実存のテーゼや実践的意志を棚上げにする（フッサールがいう意味での）「中立化する」性向は、美術館に行ったり芸術作品を鑑賞したりする条件――少なくとも特殊な専門的能力の所持と同じように――なのです。またこの性向は、ただの遊びや精神的経験など、それ自体が目的であるような学校的実践の条件でもあります。

プラトンのスコレーについての考察をまじめに取り上げてみる必要、つまりおなじみの表現で言えば、「まじめに遊ぶ」spoudaiôs paizein 必要があります。学者《スコラスティック》的な視点は、学者《スコラスティック》的な状況と不可分です。この社会的に制度化された学者的な状況においては、遊び paizein やふざけや真面目 spoudazein の普通の区別にあえて挑戦したり、無視したりすることができます。真面目に遊んだり、遊びのことを真面目に取り上げたり、真面目な人が――実際に忙しいので、あるいはまた積極的に、あるいは消極的に――取り合わない問題に熱中することなどができます。ホモ・スコラスティック、あるいはホモ・アカデミクス〔学問人〕というのは、その人の状態（あるいは国家）がそれをするあらゆる手段を保証するので、真面目に遊ぶことができる人のことです。つまりその手段とは、自由時間、生活の必要からの解放、余暇《スコレー》にもとづいた特殊な訓練によって確保された専門的能力、そして結局のところ学者《スコラスティック》的な世界で生みだされる、真面目な人の目にはくだらない賭金〔事柄〕への投資や入れ込みだと映る（態度や傾向と理解される）性向なのです（カリクレスのような真面目な人は、ソクラテスにあなたはふざけているのですか、それとも真面目なのですかと尋ねてから、哲学という真面目な遊びは、私のように若い時から哲学に打ち込んできた者を、真面目な人たちが真面目に受けとるあらゆることから切り離す危険があります、とソクラテスに指摘しました）。

歴史的状況の拘束や限界から免れた（コンテキスト・フリーな）思考や言葉によってつくられる世界にほんとうに入るには、時間を自由に、つまり暇《スコレー》を自由に使えなければなりません。また、暇な状況において獲得され、強められた、無駄な遊びをする性向をもっていなければなりません。

そうした性向とは、たとえば生活の必要からとか、差し迫った問題を解決するといったものではなく、それを解くのが楽しみだという理由で問題を立てたり、言葉を手段としてではなくそれ自体を考察や悦楽や分析などの目的として扱ったりするという傾向や態度です。

ですから、哲学者や社会学者など世界を考察する仕事をする人たちが、最も知らないでいること、それは学者的な視点に書き込まれた前提条件であり、哲学者を彼らの夢から目覚めさせるために私が言葉をつないでつくった言い方でいえば、それは学的知のドクサ doxa épistémique と呼ぶものなのです。つまりそれは、思想家が自分の思考の諸前提を考えられない状態（ドクサ）にさせておくこと、すなわち学者的な視点の可能性の社会的条件であり、無意識的なテーゼのもつ無意識的で生成的な諸性向です。こうした社会的条件や諸性向は、学校的あるいは学者的な体験、もともとは必要性や緊急性の世界と距離をとる(ブルジョアの)体験を通して獲得されたものです。

プラトンの弁護士やアロン・シクレルの医者[2]とちがって、われわれには時間が、それもすべて自分のものである時間が、つまり緊急性からの自由があります。この緊急性は、時間をお金に換算できるわけですから、何らかの経済的必要性と関連を常にもっております。またこうした時間は、経済的、社会的条件全体によって、また蓄積された経済的資源である自由時間のストックがあることによって可能となるものです（ウェーバーによれば、政治的資本の最初の蓄積は、名士たちとともに出現します。名士は、一時的に生活を支える活動を放棄し、それを他人に代わってもらえるだけの十分な資源をもっていました）。

なぜ、学者的な態度の経済的、社会的条件に注目する必要があるのでしょうか。なんの根拠もなしに、こうした条件を享受することを責めたり、罪悪感を抱かせたりすることが、問題なのではありません。私が依拠する論理は、政治的な非難や告発の論理ではなく、認識論的検討の論理です。つまり私の論理は、学的知の態度自体や、世界と世界における行為から身を引き離す〔距離をおく〕という事実に書き込まれた諸前提を問題にしているわけですから、こうした諸前提を考えるための根本的な認識論的検討なのです。知る必要があるのは、〔世界や行為からの〕撤退や抽象化〔捨象〕や退却が、こうした撤退等が可能にさせる思考にどんな影響を与えるのか、という点です。またこうした撤退等によって、われわれが考える内容そのものがどんな影響を受けるか、という点です。

ですからたとえば、文化的生産の界において生産されるすべてのものが、この種の外的目的の宙吊りをその可能性の条件としているのなら（これは、言語の用法、とくに言語学において見られることです。言語学では、言語を何かをするためにではなく、言語について調べるために利用しているのです）、またわれわれが無駄な世界にいる、目的がないということを究極目的とする世界にいるとするなら、われわれは美学を非常に間違って理解していたということも、無理からぬことと言えるのではないでしょうか。〔このシンポジウムで〕昨日、私がジュール・ヴイユマン(3)に答えて申し上げましたように、美学に対してわれわれが問わない幾つかの問題がありました。なぜなら、われわれの反省の可能性の社会的条件が、われわれの美学的態度の社会的条件にもなっているからです。また、あらゆる美的命題の非‐措定的な〔命題として立てることのない〕美学的諸前提のすべてを問うことを、われわれは忘れていたからです……。

理論的視点の理論

社会学者でありながら、私がなぜここで哲学をするのだろうかと、訝《いぶか》る方もおられるかもしれません。言うまでもなく、それは私の研究を論ずるためにここに来られた私の友人の哲学者たちに対して、いささかの敬意を払うためです。さらに私は彼らに感謝しているからでもあります。学問的視点の本質自体にこれらの問いを突きつけることが、学問研究の一部をなしていると、私は思っています。私自身の戦略や研究対象を理解するため、学問的認識方法を反省しなければならない幾つかの研究状況において、純粋な思索の意図を超えて、この問いは私自身にも突きつけられております。ですから、ゲームの理論や蓋然性の理論のような、実践的必要性の宙吊りを前提にする、実践の論理に逆らって構築される思考手段を用いる思考様式を学者的な視点がとる限りにおいて、この視点とは違うあらゆる視点の生産物である実践に対して、批判的反省なしにそれが適用されるなら、学者的な視点は、いとも簡単に研究対象を破壊し、純粋なつくり物をつくりだしてしまう危険があるでしょう。学者のなんたるかを知らない学者は、つまり「学者的な視点」を知らない学者は、自分の学者的な視点を〔研究対象である〕行為者の頭に持ちこむ恐れがあります。つまり、その研究対象に、〔自分の〕理解の仕方や認識様式に属するものを繰り入れてしまう危険があるのです。

こうした認識論的誤謬は、非常にありふれたものです。この誤謬は、話し手をまるで文法家のようにしてしまうチョムスキーの例にも見られます。文法というのは、典型的な学者的な視点の産物です。ヴィゴツキーによれば、暇《スコレー》〔学校〕は、言語の初歩的習得から第二段階の習得に進むのを可能にするものです。つまりそれは、言説の実践についてのメタ言説に到達するのを可能にします。ですから、学者的な誤謬推理《パラロジスム》、scolastic fallacy は、メタ言説を言説の実践に、またメタ実践を実践の原理にすることにあります。これはチョムスキーがしたことです。あるいはまた、レヴィ＝ストロースが規則という言葉のさまざまな意味をもてあそびながらしたことであり、ウィトゲンシュタインがその区別を、われわれに教えてくれたことです。

ベアルンとカビールにおける親族関係の研究において、私が結婚を規則によって導かれ支配されたものとしてではなく、諸戦略によって方向づけられたものと考えるようになったのは、一種の哲学的名誉の名によるものではなく――思い起こして見れば、ウィトゲンシュタインのような理論的分析によって助けられて――、実践をよりよく説明しようとしたことによるものです。規則についてではなく諸戦略について語るというのは、別の仕方で対象を構築することであり、したがってインフォーマントに別の仕方で質問することであり、彼らの実践を別様に分析することです。たとえば、配偶者間の単系の親族関係によって特徴づけられる同盟関係を、系図によって記録することに止まらず、夫婦の年の差、二つの家族間の物質的または象徴的「資産」の格差など、それぞれの婚姻に関するあらゆる情報――それは膨大なものになりましたが、行為者が意識的、無意識的に自分の戦略において、考慮に入れることのできた情報――を集めなければなりませんでした。

しかしこうした視点のラディカルな転換をおこなうためには、理論的視点に関する理論的視点をもたねばなりません。また、民族学者は自分たちが観察し分析する行為を前にして、〔自らは〕活動する行為者の地位にはいないということ、また行為に参加《アンガジェ》しておらず、ゲームとその賭金に入れ込んでいないということから、理論的、方法論的な全ての帰結を引き出さねばなりません。さらに民族学者は、系図に記載されたあれこれの結婚を前にして、自分の娘を結婚させたい、良い結婚をさせたいと願っている父親とも違うということから、そうした帰結を引き出さねばなりません。民族学者は、あらゆる利害や実践的賭金を（知らぬ間に）宙吊りにしています。民族学者の場合、それはあまりにも明らかです。つまり彼は、ゲームの外に身を置き、半ば理論的な視点をとっており、演劇における観客の視点をとっているのです。社会学者の場合はそれほど明らかではありませんが、社会学者は学者として学校システムに持ち込む利害関心と、自分の子供の将来を心配する父親として行動するときに学校システムに持ち込む利害関心とを隔てる距離を忘れることがあります。学者としては、単に理解したいだけであって、相続された文化資本による、選抜メカニズムの機能に「純粋な」視点を向けます。婚姻戦略あるいは利害《アンテレ》（たとえば、その結婚によってもたらされる物質的、象徴的利益を極大化する利益）の観念は、経済的・象徴的資本の蓄積と浪費の過程における本質的要素が婚姻交換を経由する世界において、活動する行為者として考えはじめるやいなや、心に浮かんでくるものです。

ましてや神話や儀礼についても、同じことが言えます。特殊な論理を理解する何ほどかのチャンスをもち得るのは、実践的利害や賭金の宙吊りにもとづいた、非実践的視点としての理論的視点を、理論的批判に付すことを条件とした場合です。儀礼行為は、構造人類学では代数学のそばに位置づけられますが、ほんとうは体操であり、ダンスなのです（右から左へ向いたり、左から右へ向いたり、左肩の上や右肩の上に腕を伸ばすなど）。こうした体操やダンスは、実践的論理、つまり〔諸実践を貫く〕整合性に従っておりますが、それはある点までであり（この点を越えると、実践的論理は「実践」であることを止めます）、またそれらは実践的目的、すなわち希望や（生や死の）欲望などの実現に向けられるのです。

さらにまた、理論的視点に対する、また実践的視点に対する、したがってこれらの視点を区別する本質的な違いに対する理論的反省がもたらす理論的転回は、純粋に思索的なものではありません。つまりこの転回は、研究の実践的操作の深部における変化をともない、まったく明白な学問的利益を生み出します。たとえば、構造的論理主義が、神話の代数学から排除するように、あるいは失敗であり無意味であるとするように仕向ける儀礼的実践の諸特質に関心を抱くようになるのです。両義性、多義的現実、未決定すなわち非決定——これらがもっている部分的な矛盾は言うまでもありませんが——やボヤケといったものは、どんなシステムにも存在しており、実践の柔軟性や開放性などをつくりだすものであり、要するに「実践」であるもの、したがって少ない労力で（特に論理的探求において）生活と実践の急迫性に反応するよう前もって傾向づけられているものなのです。

ここで分析をさらに進め、学問的誤謬を追いつめねばなりません。民族学の場合とまったく同じように、この学問的誤謬は社会学の場合もこの学者的な誤謬推理から生まれます。たとえば、調査対象者に——質問紙だけでなく、通念《ドクサ》の自明さから解放されているという特権や自由時間をもっているという調査者の状況を問題にすることなく——調査者自身の社会学者になってもらうという類の学者的な誤謬推理です（あなたは階級はいくつあると思いますか、といったタイプの質問、など）。もっと悪いのは、調査対象者が「はい」か「いいえ」でしか答えられない質問とか、（政治理論についての質問のような）社会的世界や自分の実践にたいして「学者的な視点」をとる傾向性や準備がない限りしないであろうし、またできないであろう（実際に、調査対象者が自分でつくることのない）質問とかが、それです。さらにまた、考察のための手段を用いるだけで生じる、見落とされがちなあらゆる効果を明るみに出す必要もあるでしょう。記録や記述や筆写といった、あるいは「モデル化」や系図や図式、表などの道具といった考察の手段は、「学者的な状況」と不可分なものですが、それを用いることによって、これらの手段を構築する社会的条件に書き込まれた（時間や時間の急迫性を括弧に入れるとか、無償性の論理や実践的目的を宙吊りにする論理のような）諸前提を再生産することになります。

要するに、ライルの有名な題名をもじって言えば、「学者的な視点」が言外に意味するものを知らないと、人間科学における最も重大な認識論的誤謬、つまり「学者を機械の中に」入れるという認識論的誤謬に陥ることになりますし、すべての社会的行為者を（行動する学者ではなく、実践について論理的に思考する〔だけの〕）学者のイメージで見ることになってしまいます。あるいは、もっと正確に言えば、実践を説明するために学者がつくらざるを得ないモデルを、行為者の意識にしてしまうことになりますし、また学者が実践を理解し、説明するために生産せざるを得ない構築物が、あたかも、実践を決定する原理であるかのようにしてしまいます。「合理的行為理論」Rational Action Theory の信奉者たちが人間的行動の原理と位置づける合理的計算をする人は、ニュートン以前の思想家らが惑星の規則的運動の原因としていた思慮深い水先案内人 l'angelus rector〔支配する天子の意味。天文学者ケプラーによれば惑星の軌道運動を支配する天子、神のこととされる〕に負けず劣らず、ばかげています――たとえこれがそれほど驚くべきことでなかったとしても、それは多分、われわれの「面子」をくすぐるからでしょう。

したがって、「学者を機械の中に入れる」というのは、ほとんどやみくもに、目的論的主知主義（その例は前述しました）か、それとも機械論に陥る危険があります。あるいはまたひどく無節操な学者の場合のように、一方から他方へ絶えず揺れ動くことになる危険があります。時間があれば、正しい実践の理論は、こうした変節自体が隠蔽する二者択一を消滅させることによって、これらの変節から免れていることを示すことができたでしょう。ジャック・ブーヴレス[4]によれば、それは原因による説明と理由や意図による説明の二者択一です。例を一つだけあげます。「ノブレス・オブリージュ」という表現は、表面的には分かりにくいのですが、性向の特殊な論理をまさに語っているものです。つまり、貴族のハビトゥスは、力によるやり方で（「私はそうせずにはいられない」）、その実践と思考を導き＝方向《ディリジェ》づけます（二重の意味で）が、それを機械的に強制するわけではありません。また、それは貴族の行為を論理必然的な仕方で導きますが（「こうするしか他にない」「違った仕方は、できなかった」）、しかし、まるで規則が適用されるように、あるいは合理的計算の結果に従わされるように強制されるものではありません。要するに、諸性向を原理としてもっている実践の特殊な論理を理論化するためには、原因による説明と理由による説明という規範的な区別を放棄しなければなりません。

普遍性の特権

したがってわれわれは、それを意識することなく、いつもの思考様式を用いるだけで、われわれの対象に基本的な改竄を加えるのです。この改竄は、純粋で単純な破壊にまで行き着く可能性が、しかも気づかれないままになされる可能性があるのです。それらの歴史的妥当性（アナクロニズム）や社会的妥当性（階級のエスノセントリズム）の条件を超えて、カントがいうような「普遍的妥当性を主張する」ように見える諸概念を適用する場合でも、同様のことがおこります。なぜなら、そうした諸概念は、特殊な条件の下で生産されているにもかかわらず、われわれがその特殊性を見逃してしまうからです。カントよりもカント的であるために、また我が友ジュール・ヴィユマンのために、われわれは次の点を理解しておく必要があるでしょう。つまり、感受性の無私無欲なゲーム、感受能力の純粋な訓練、要するにいわゆる感受性の超越論的使用は、可能性の歴史的・社会的諸条件を前提にしています。また、美的喜び、しかも「すべての人々によって体験可能であるべき」純粋な喜びは、「純粋な」性向が持続的に形成され得る条件を入手できる人たちの特権です。

たとえば、われわれが「大衆の美学」を語ったり、「大衆文化」に対する「大衆」の貢献を是が非でも認めたいと思ったりするというのは、何をしていることなのでしょうか。われわれが美的判断をくだしているときに、われわれがおこなう実践的利害のエポケーが成立する社会的条件をエポケーすることを忘れて、われわれは、純粋かつ単純に、われわれが位置づけられている特殊なケースを普遍化します。もっと大雑把に言えば、無意識のうちに、また全く理論的な仕方で、すべての人々に（特にジュール・ヴィユマンが指摘したように、われわれと同じように風景美を鑑賞できる年老いた農夫に、あるいはまた唯美主義者が楽しむラップ音楽の創造者たちに）、純粋美学の視点の条件である社会的・経済的特権を与えるのです。

われわれが習慣的に普遍的なものとして考察する人間的所産の大部分――法、学問、芸術、道徳、宗教など――は、学者的な視点と不可分ですし、またこの視点を可能にさせる、少しも普遍的でない経済的・社会的諸条件と不可分です。こうした諸条件は、（法律界、学問界、哲学界などの）文化的生産の界という特殊な社会的世界において生み出されます。また普遍の独占をめぐって闘い、それによって多少なりとも、それぞれの時点において普遍、すなわち永続性が保証されている真理や価値を前進させることに貢献する特権を共有している行為者がかかわる社会的世界において形成されるものです。

私はカントの美学は正しいと認めることを躊躇しませんが、しかしそれは、自由時間《スコレー》の生産物であるすべての男性と女性がもつ美的経験の現象学の名においてのみ認めようとするものです。つまり、厳密に記述される美の経験は、カントの知らない経済的・社会的可能性の条件をもっています。またカントが分析を試みた人間学的可能性は、そうした経済的・社会的条件が普遍的に適用されない限り、実際に普遍的になることはできません。したがって、普遍的（理論的）可能性のリアルな普遍化の条件は、自由時間《スコレー》という経済的・社会的条件です。何者かによる自由時間の独占化は、そうした幸福な少数派 happy few に普遍の独占を与えることになります。

あえて重たくなるリスクを冒して、くどいかもしれませんが確認しますと――この点で軽いことは非常に容易です――社会学的考察がそこから出発する事実 datum〔経験所与〕は、美を理解する普遍的な能力ではなく、美的な性向や能力をもっていない者が、美として捧げられた対象を前にして経験する無理解あるいは無関心の感情です。普遍的妥当性があると主張する判断の可能性を生じさせる社会的条件を思い起こしてみれば、普遍的妥当性の主張や、また同時にカント的な分析の主張には限界のあることがわかります。すなわち、特定の歴史的社会における教養人の生きられた経験（極めて厳密に記述された経験の生成）についての現象学的分析としては、『判断力批判』はその妥当性に限界があるのです。しかし、（その可能性の社会的条件を知らないで、またカントはその極限とも言えるでしょうが、その自らの限界を知らずにおこなう）特殊なケースの無意識的な普遍化は、芸術作品（「自然美」の理念による世界）の経験におけるすべての可能性の普遍的規範としての効果をもっております。またこうした普遍化は、特殊な形態の経験やこれを経験できる人の特権を、ひそかに正統化する普遍的規範としての効果をもっています。

純粋な美的経験について当てはまることは、すべての人間学的可能性についても当てはまります。すなわち、（可能性としての）普遍や複雑な論理的思考をする能力、まったく厳格な道徳的行為をする能力などのように、われわれが考えることを禁ずるものは何もありません。それでもやはり、こうした能力は依然として特定の人の特権です。なぜなら、この人間学的可能性は特定の経済的・社会的条件においてのみ完全に実現されるものだからです。また逆に、人間学的可能性がなくなったり、狭められたりするのも、こうした諸条件のせいなのです。

したがって、非人間的な生活条件について語る《エノンセ》（あるいは告発する《デノンセ》）ことと、人間的可能性とりわけ無償や無欲の性向の完全な実現条件の所持者を認めることとは同時にはできません。そうした非人間的生活条件は、プロレタリアやルンペン・プロレタリアのものであり、とりわけアメリカ、その他のゲットーにおいて見られるものです。われわれは無償や無欲の性向を、暗黙にあるいは明示的に、「文化」や「美」の概念の中に書き込みます。（私はだいぶ前に、庶民階級が撮る写真は隠れた原理に従っていること、またその写真には存在理由と必要性があるということ――つまり（庶民階級の写真趣味の場合）美学について語ることはできないということを示そうとしました。その際、私が影響を受けた）称賛に値する、名誉回復に対する配慮だけでは、理解したことの保証にはなりませんし、全く的外れである可能性もあります。それはたとえば、ラボフが示そうとした例を見れば、私にはよくわかります。ラボフは、黒人のゲットーでの会話は、ハーバード大生の巧みに婉曲化された会話と同じ程度に洗練された神学的真理を含みうることを示そうとしました。それでもしかし、ハーバード大生の人を煙に巻く話は、すべてに門戸が開かれているものであり、とりわけハーバード大学の門には開かれているわけです。しかしゲットーの言葉の驚くべき発明は、全体としては、学校市場や同種のすべての社会的状況においては価値をもっていないのです。

　しかしそれは庶民をそのままの状態に閉じ込め、あえて申しあげれば、貧窮を自己選択や最終結果に変えてしまうことで、そこに庶民を閉じ込める庶民を尊敬する方法、結局のところは非常に安易な方法だと、私は思います。庶民文化の崇拝（その歴史的パラダイムはプロレタリア礼賛 Proletkult です）は、庶民の実践を野蛮なものだとする階級の差別主義《ラシスム》と同様に、本質主義の一形態です。多くの場合この庶民文化崇拝は、階級の差別主義《ラシスム》の、ラディカルをいつわる引っくり返しにすぎません。実際この崇拝は、ラディカルなシック〔粋〕といった、これ見よがしな転覆の利益をもたらします。こうした庶民文化の崇拝は、事柄をその現状のままに、つまり一方には申し分のない洗練された文化＝教養が、また他方には名目だけ名誉回復された文化があるという状態のままにします。庶民礼賛の美学理論は、それでもやはり、予想外のことかもしれませんが、学者的なバイアスの効果の一つです。なぜなら、この美学理論は、それが可能となる条件を普遍化する意志を全くもっていない学者的な視点を、ひそかに普遍化するからです。

ですから、世界に対する一定の基本的性向や、リアリティのある種の（美的、学問的など）構築、つまり世界構築 worldmaking の基礎的な形態が、普遍的な人間学的可能性を構成しているというのであれば、この可能性はある種の条件においてのみ実現可能なのです。また、必要性や急迫性から距離をとった自由時間《スコレー》や、とりわけ学校の与える自由時間など、以前の自由時間によって蓄積されたあらゆるものは、トロブリアンド島から今日の先進国にいたるまで、文化の程度によって、またその社会内部の社会的空間における地位に応じて、不平等に分配されます。それは、きわめて単純なことであり基本的なことなのですが、自分たちが共有する特権に書き込まれた諸前提を忘れがちな人々に、注意を喚起しておくことは無駄ではないでしょう。これが、きわめて単純な論理的、政治的な方針に導くことは明らかでしょう。すなわち、普遍に到達する条件を普遍化しなければ、現状に奉仕する傾向のある本質主義の二つの形態、すなわちポピュリズムと保守主義の二者択一を避けることはできないのです。

論理的必要性と社会的拘束

しかし少なくとも、見せかけのポピュリズムに対して警戒をうながすメリットや、明晰さと厳密さのメリットをもつスローガンに具体的で正確な内容を与えるためには、普遍が生みだされる全く固有な社会的世界の、つまり私が界と呼ぶ社会的世界の固有な生成と構造を、しっかりと分析し直さなければなりません。実際私は、理性が発展する社会的条件が少しずつ制度化されるミクロ・コスモスの歴史と同じ外延をもつ、理性の社会史があると思っております。理性は歴史を貫いています。といっても、理性は歴史に対して相対的だということを意味しているのではありません。理性の歴史は、ある特殊な社会的世界が生成する一つの歴史なのです。この可能性の条件として自由時間をもち、またその基盤として必要性と急迫性に（特に経済的なそれに）対して距離をもつ特殊な社会的世界は、社会的交換、競争、すなわち闘争の特殊な形態の発展に好都合な条件を提供します。こうした条件は、人間学的可能性にとって必要不可欠なものなのです。

この特殊な社会的世界が理性の発展に貢献するとすれば、それはこの世界では論拠に基づいた議論や論証や反証が勝利しなければならないからです。カントのいう「病的な動機」は、この世界で認められるためには、つまり象徴的に有効であるためには、論理的な動機に変換されねばなりません。この社会的世界は、一面では、権力、独占、利害、エゴイズム、対立などの側面をもった他の世界と同じものです。また他方では、極めて特異な、例外的な、すなわち少しミラクルな世界です。つまり、実際、暗黙にあるいは明示的に競争における闘争に関してつくられた規則では、最も「病的な」欲動《ピュルシオン》が社会的形態や社会的形式主義の形態をとること、とくに議論、討論の場合は、その手続きや規則化されたやり方に服すこと、また歴史のそれぞれの時点で、理性と見なされたものに対応する規範に従うことが義務づけられています。

日常的な世界における最も乱暴な拘束が宙吊りにされた、学者的な世界である学問の界は、必要と拘束の新しい形態が、あるいは特殊な合法性 Eigengesetzlichkeit が生まれる場です。すなわち、今朝ほど、ジャック・ブーヴレスがその特殊性を明らかにしようと試みた論理的拘束は、（相互的に）社会的拘束の形態をとっております。論理的拘束は、学問共同体における学問領域において獲得された諸性向の形態で頭脳に書き込まれています。また論理的拘束は、諸制度の形態で科学の界の客観性に書き込まれてもいます。たとえば、規則に従った議論や反論や対話の仕方とか、さらに、とりわけ肯定的、否定的な評価《サンクション》などの形態で制度化されています。その市場には生産者の競争相手、すなわち情け容赦のない判定者しかいないという意味で、まことに風変わりな市場として機能しているこの界が、個人の生産物〔研究業績〕に評価《サンクション》を加えるのです。

ついでに申し上げれば、相対主義から解放されるためには、理性の普遍的構造を超越論的幻想の新たな形態によって、意識はもちろんのこと、言語にも書き込む必要はありません。ユルゲン・ハーバーマスは、社会科学の中に（特に、〔ポール・〕グライスの原理の中に）、社会科学が身を捧げているように見える歴史の環から抜けだす手段を見つけようとしますが、彼はその自分の努力の途上に止まっています。歴史を超えたものを引き合いに出す必要もありませんし、またプラトン的幻想に身を捧げる必要もありません。こうした幻想は、学問の界において生産された（数学や芸術などの）作品の超越性を説明しようとするとき、あらゆる界において、多様な形態で見られるものです。また、界が生産し要求する諸性向をもったすべての人々に対して加えられる拘束や、内的・外的な検閲の経験が生みだす超越性の場合も同様です（「何人もここに入るなかれ……」）。歴史的還元を最後までつきつめるなら、理性の起源を人間的「能力」、つまりは本質にではなく、特殊な社会的ミクロ・コスモスの歴史自体に求めねばなりません。行為者は、このミクロ・コスモスの中で、普遍のため、普遍の正統な独占のために闘っています。

相対主義に陥ることなく、文化的生産の界の機能をリアルに分析するなら、非合理主義的ニヒリズムや反科学主義と、合理的対話の道徳主義との二者択一を乗りこえ、ほんとうの「理性の現実政策《レアルポリティーク》」を提案することになるでしょう。実際私は、奇跡を信じることなく、理性を行使する社会的条件の擁護に向けた合理的政治行動をおこなうことなしには、またさらに知的活動の制度的基盤を護るための、持続的で謙虚な介入による、すべての文化生産者の永続的な動員なしには、理性の前進は達成できないと思っております。理性の歴史的根拠を忘れた、人間的精神《エスプリ》を発展させようとするどんな計画も、理性の大義を前進させるためにただ理性の力と理性的予言を考えるだけで、歴史における理性と自由の実現条件である政治的な手段を理性と自由をもって武装しようとする政治的闘争に訴えないなら、それはまだ、学者的な幻想に囚われているのです。

（安田尚訳）

原注

（1）このテキストは、ベルリン自由大学で一九八九年十月二十三―二十四日におこなわれた研究会「趣味、戦略、実践感覚」での最終報告の口述記録である。

（2）Aaron V. Cicourel, « Habitus and the Development of Emergence of Practical Reasoning »（ベルリン自由大学で一九八九年十月二十三―二十四日におこなわれたシンポジウム「趣味、戦略、実践感覚」での発表）。

（3）Jules Vuillemin, « Refléxion sur raison et jugement de goût »（ベルリン自由大学で一九八九年十月二十三―二十四日におこなわれたシンポジウム「趣味、戦略、実践感覚」での発表）。

（4）Jacques Bouveresse, « La force de la règle »（ベルリン自由大学で一九八九年十月二十三―二十四日におこなわれたシンポジウム「趣味、戦略、実践感覚」での発表）。

道徳の逆説的根拠

道徳について考える出発点としては、暗黙の戦略の存在があげられるでしょう。その存在は、普遍的に証明されておりますし、この戦略は言葉や実践の根底にあるものです。行為者はこの戦略によって、その実践が普遍的規則と矛盾し、この規則への純粋な服従を原則としていない場合でさえも、この規則に（行為と意図において）順応しているという見せかけをつくりだそうとします。[1] この戦略によって、「規則を身につける」、とりわけ「形式をふまえる」、つまり規則をその違反にいたるまで承認していることを示すわけです。この戦略は、集団の基本法の承認を意味しております。すなわち、たとえ規則を尊重していなくとも（カビール人は、「すべての規則には扉がある」とよく言います。また、マルセル・モースは「タブーは、破られるためにつくられた」と言っています）、少なくとも規則の承認を示すことを要求する基本法は尊重しなければなりません。「敬虔なる嘘」や「欺瞞的敬虔」ほど、敬虔な行為はないのです。誰もだまさないこうした欺瞞が、集団によって容易に受け入れられるのは、この欺瞞が集団の規則に対する尊重という疑う余地のない宣言〔意思表示〕を、含んでいるからです。つまり、集団の存在を成り立たせている普遍的（集団のメンバー全員に適用されるわけですから）形式的原理に対する尊重を、含んでいるからです。この公認の戦略（カビールの公的な信念では、父親は「恥をかく」ことのないようにという配慮から強いられる平行イトコ婚を、婚姻規則を純粋に尊重しているからだというように示します。また、フランスの最高裁判所の公的な信念は、法の純粋な原則から演繹したという振りをして、全くの状況判断から影響を受け、強いられた判決を下します）は、行為者が集団の公的な信念に対してもつ畏敬の念を表そうとするものです。この公認の戦略は、集団が絶対的なものとして要求するものを、集団に与える普遍化の戦略です。つまりこの戦略は、集団に対する畏敬や集団が与えたいと思っている、あるいは集団自体が身を捧げている表象に対する畏敬についての公的な宣言なのです。

　集団が自己に対してもつ（精神的）表象は、（劇場での）演技《ルプレザンタシオン》の絶えざる労働によってのみ、またそうした労働においてのみ永続化され得るものです。行為者は、この演技によって、集団が掲げる理想的真理や真理の集団的理念に対して順応しているという外観を、たとえフィクションによってでも、あるいはまたフィクションにおいてであろうとも、生産し再生産します。こうした演技は、集団やスポークスマンや高官たちの意を表現するとみなされる人たちに対して、とりわけ強い緊急性をもって、押し付けられます。こうした人たちの場合、公私の生活において、集団的理念に対する公的な畏敬の念を欠く権利が誰よりも少ないのです。集団は、集団を認めていることを公然と示す人たちだけを、完全に認めるものです。ですから、政治的スキャンダルに対する罰は、忠実でない、また自分が集団の信任に値しないということを認めなかったスポークスマンに下されます。

したがって、集団は徳にかなった、実際にあるいは少なくとも意図において普遍的と考えられた行動に対して、普遍的に報いるのです。また、集団は、無私無欲の理念や、われわれ〔集団〕への私の服従、個別的利害から一般的利害への献身に対して、また実際になされたあるいは見せかけの敬意に対してさえも特別なはからいを与えます。こうした敬意が倫理的命題への移行を定義するものにほかなりません。ですから、自らを普遍に従わせること、徳の（少なくとも）外観をもつこと、外的には公的な規則に対して服従することが（象徴的あるいは物質的な）利益になるというのが、普遍的な人間学的法則なのです。言い換えれば、公的な規則に対して普遍的に与えられる承認は、規則の尊重がたとえ形式的であれフィクションであれ、規則性から生ずる利益を保証し（規則に則っているというのは、より簡単ですし、楽なことです）、あるいは「規則化」の利益を保証するようにさせるのです（たとえば、よく官僚的リアリズムは「状況を規則化する」と言うように）。

したがって、普遍化（我がプラトンにおける、koinon と koinonein〔ギリシア語*κοινον*と*κοινονειν*のローマ字表記。「共通・共有」と「共有する」の意〕の承認の確認のような）は、正統化〔合法化〕の普遍的戦略ということになります。規則に従う人は、集団の側にこれ見よがしに身を置くことで、また共通の普遍的な規範を公的な行為において、あるいはこの行為によって承認することで、集団を自分の味方につけます。〔集団の〕規範が普遍的だといえるのは、普遍が集団の限界内で承認されたものだからです。そういう人は、可能な限り多くの人にとって価値のある、また一つの普遍的なXにとって価値のある集団の観点から、自分の行為を捉えるようになります。（私がそれをしたいからとか、それが私には楽しいからといった）主観的な恣意の単なる確認とは違って、規則の普遍性に依拠することは、普遍的形態や決まり文句や一般的規則と結びついた象徴的力の増大を表しております。

ところで、徳がもたらす利益や、徳の社会的理想への順応によって生まれる利益が存在することは、普遍的に認められているところです。しかしどんな伝統でも、偽善的態度や「大義名分」の誇示的な（多かれ少なかれ偽善的な）擁護や、あらゆる形態をとった道徳的露出主義に対して警告を発しております。普遍化が最高の正統化〔合法化〕戦略であるとしても、形式的にだけ普遍的なふるまいをすると、それは集団の支持や称賛を得ようとしているからではないのかとか、また常識koinonが表す象徴的力や、あらゆる選択を普遍的なものとして提示させる根拠を掠め取《サプロプリエ》ろうとしているのではないかとか常に疑われかねません（koinon、すなわち常識は、倫理的・実践的な意味で、エゴイスティックなものに対立し、また認知的・理論的な意味で、主観的で部分的なものにまさに対立します）。ですから、まさしく、普遍に依拠することが最大の武器になるのです。このことがとりわけ真実なのは、象徴暴力の独占をめぐる、また、権利、真理、善やいわゆる全ての普遍的価値を語る権利をめぐる政治的闘争の場合です。

無私無欲から生ずる利益についての社会学的分析がもたらし得る魔術からの解放は、必ずしも純粋な意図の道徳主義〔心情倫理〕へ導くというものではありません。普遍性の横領《ユズルパシオン》〔僭称〕に専ら熱心なこの意図の道徳主義は、普遍の利害《アンテレ》や普遍の利潤《プロフィ》が普遍への前進をもたらす最も確かな原動力であることを知らないのです。「偽善は、悪徳が徳に払う敬意である」という諺が言われるとき、われわれはネガティブで普遍的に糾弾される偽善に、あるいはもっとリアルな見方からすれば、ポジティブで普遍的に承認される徳への敬意に着目しているのです。どうして、疑いを含んだ批判は、それ自体、普遍の利益に与る方法だということを、知らないでいられるでしょうか。どうして、あらゆる場合において、表面的なニヒリズムのなかに、実際は普遍的原理や論理や倫理の承認が隠されていることを見ようとしないのでしょうか。疑いを含んだ批判は、普遍化戦略のエゴイスティックな、利害に囚われた、あるいはまた部分的で主観的な論理を表現し暴露するために、少なくとも密かに、この承認を引きあいに出さなければなりません。ですから、人間についてのアリストテレス的な定義、つまり人間は非合理的だという定義にそれでも反論できるのは、合理的規範を人間に適用することには意味があり、また合理的だと判断される場合だけなのです。同様に、たとえば、ヘーゲルの国家官僚制モデルに関して、国家の公僕が普遍に奉仕しているという見せかけの下で、〔実際は〕特殊利害に奉仕していることを見ずにすませていると言って批判できるのは、官僚制が、それが主張するように、普遍に奉仕できることを暗に認めている場合だけ、また理性やモラルの基準や批判が、国家の公僕に適用されうると認めた場合だけなのです。

我がカントの普遍化可能性のテストは、倫理的自負《プレタンシオン》の論理的批判における普遍的戦略です

（ほかの人が特殊な属性をもっている、たとえば黒い肌をもっているという理由だけでひどい扱いを受けていると主張する人は、自分が黒人である場合、この扱いを受け入れる性向について問われるでしょうから）。社会学的にリアルな言葉によって、政治におけるモラルすなわち政治の道徳化を問題にするということは、政治的実践が普遍化可能性のテストに付されるには、充足される必要のある条件がなんであるかを問題にすることです。さらに、政治界の機能自体が、実際の普遍化戦略の強いる拘束や統制に四六時中コミットしている行為者に、この拘束や統制を押し付けるためには満たさねばならない条件を明らかにすることが問題なのです。ですから、マキャベリの理想的共和国のように、行為者が徳や無私無欲、公共奉仕、共有財産への献身に対して利害をもつような社会的世界をつくりだすことが、必要になるでしょう。

政治的モラルは、天から降ってくるものではありません。またそれは、人間的本質に書き込まれているものでもありません。全ての行為者とその行為が、界の論理自体の中に実践的に制度化された、永続的な普遍化可能性のテストに——とりわけ、批判に——さらされる世界がつくりだされるのは、「理性とモラルの現実政策《レアルポリティーク》」においてだけなのです。倫理的批判に政治的力を与えることによって、最も論理的で倫理的な性向を具えた行為者を優遇できる政治界の出現に貢献できる行為ほど、（少なくとも、知識人にとって）リアルな政治的行為はありません。

要するに、モラルが出現するチャンス、とりわけ政治におけるモラルが出現するチャンスは、モラルの政治の制度的手段を創造するための労働をする場合にだけ生まれます。公的なものの公的な真理、公的サービスの崇拝、共有財産への崇拝は、贈収賄や出世主義や利益誘導型政治、あるいは少しはましな例では、共有財産に奉仕する私的利益などを至るところで暴露する疑惑への批判に抵抗することができません。オースティンが事のついでに指摘した「合法的ペテン」のように、公人は社会的に正統化され、自分を公人だと思うように奨励された、したがって公的なものと共有財産への忠実な奉仕者として自らを考え提示するよう奨励された私人なのです。モラルの政治は、ただこうした事実を公式に認めることにあります。すなわち一方では、高官たちを自分の本来の役割に挑ませるよう、つまり高官たちを彼らの公的な役割の公的な定義の罠にかけるよう努めることによって。しかしまた同時に、とりわけ、公的なものと非公的なものとの距離、政治生活の表舞台と裏舞台の距離を隠すのに必要な隠蔽の努力のコストを高める労働をすることです。こうした暴露や魔術からの解放や欺瞞の暴露といった労働は、ぜんぜん幻滅させる〔魔術を解く〕ものではありません。つまり、実際こうした労働は、平等、連帯といった、またとりわけ特殊な場合では誠実、無私無欲、愛他主義といった公的に表明された規範、要するに市民道徳を定義するもの全てと矛盾する現実を暴露することの批判的効力の原理をなす諸価値の名においてこそ実現できるものです。ですから、この労働を課せられる人たち――スキャンダルの特ダネをねらうジャーナリスト、普遍的な原因をすばやく捉える知識人、法の尊重を擁護し、拡大しようとする法律家、社会学者のように隠されたものを暴露することに執念を燃やす研究者――は、それぞれの界の論理が自分たちの徳のリビドー libido virtutis の原理となっている普遍の利益を彼らに保証する限りにおいて、市民道徳の支配を創りだす諸条件を創造することに貢献できるのです。こうしたことには——「高潔の士《ベル・アム》」にとってでなければ——なんら絶望すべきことはありません。

（安田尚訳）

原注

（1）このテキストは、シンポジウム「蓋然性の黄昏から」（ロカルノ、一九九一年、五月）での報告による。また、「政治における道徳政策へ向けて」（« Toward a Policy of Morality in Politics », in W. R. Shea et A. Spadafora（ed.）, *From the Twilight of Probablity*, Canton, Mass. Science History Publication, 1992, p.146-151）を参照されたい。

訳者あとがき

本書は Pierre Bourdieu, *Raisons pratiques, Sur la théorie de l'action*, 254p., Éditions du Seuil, 1994 の縮刷版である《Points Essais》文庫版（248p., 1996）の全訳である。

フランスでは単行本刊行の二年後にそのままの形で縮刷され、文庫版になるのが通例である。本書についてもおなじく、二年後の一九九六年に単行本の縮刷文庫版が出たが、この文庫版では、単行本の 5. Un acte désintéressé est-il possible ? に付されていた *Annexe. Entretien sur la pratique, le temps et l'histoire* が削られ、そこに単行本の 6. L'économie des biens symboliques に付されていた *Annexe. Propos sur l'économie de l'Église* が移されている。それ以外の違いはない。著者の最終的な意向が反映されていると思われる文庫版を底本とした。

ブルデューは、『ディスタンクシオン』（一九七九年）、『実践感覚』（一九八〇年）、『ホモ・アカデミクス』（一九八四年）、『国家貴族』（一九八九年）、『芸術の規則』（一九九二年）というように、社会学史上、記念碑的な功績として後世に残るであろう大著を続々と刊行するかたわら、内外のメディアとのインタビューで、内外の大学でおこなった講演で、内外で開催されたシンポジウムでの発言で、自分の理論と分析をみずから積極的、精力的に解説してきた。イギリス、アメリカでは早くからブルデューを解説する書物が刊行されたが、フランスでブルデューについての入門書、解説書が生前少なかったのはそのためでもある。つまり、ブルデュー自身がブルデューの最良の解説者だったのである。

この系列に属するのが、

Questions de sociologie, 279p., Les Éditions de Minuit, 1984

（田原音和監訳『社会学の社会学』、一九九一年、藤原書店）

Choses dites, 231p., Les Éditions de Minuit, 1987

（石崎晴己訳『構造と実践』、一九九一年、藤原書店）

Réponses : Pour une anthropologie réflexive, avec Loïc J. D. Wacquant, 270p., Éditions du Seuil, 1992

（水島和則訳『リフレクシヴ・ソシオロジーへの招待――ブルデュー、社会学を語る』、二〇〇七年、藤原書店）

の三冊と、本書である。

最初の二著のタイトルは、文字どおりには「社会学の諸問題」、「言われたことども」（つまり、いろいろな機会に自分がおこなった「発言」）という意味で、いわばつつましい謙虚なタイトルであるが、三番目の「回答　反省的人間学のために」と本書の「実践理性」というタイトル、特に後者の「行動の理論について」という副題には、自分が究極的にめざした科学の概要を、この二冊の書で、体系的に解説しようとする意図が明確に示されている。

本書のもうひとつの特徴、わたしたち日本の読者にとって特に意味深いのは、一九八九年にはじめて日本を訪れた際におこなった講演のテクストが二篇収められていることである。

初来日時、ブルデューは東京で三回講演した。

1　十月四日（水）、日仏会館（当時は駿河台にあった）、「社会空間と象徴空間――日本で『ディスタンクシオン』を読む」

2　十月五日（木）、東京大学（本郷）、「新たな資本――日本で『国家貴族』を読む」

3　十月六日（金）、朝日スクエア、「普遍性の協同体――現代世界における知識人の役割[1]」

このうち1が、加筆の上、本書の「1　社会空間と象徴空間」を、2が「2　新しい資本」を成しているのである。3は *Les règles de l'art : Genèse et structure du champ littéraire*, 487p., Éditions du Seuil, 1992の末尾に、圧縮された形でPOST-SCRIPTUM. Pour un corporatisme de l'universelとして収録された（石井洋二郎訳『芸術の規則』Ⅱ、藤原書店、「追記　普遍の協同主義のために」、二三七ページ以下）。

＊　＊　＊

ふたつの点を指摘しておきたい。

本書のサブタイトルは«Sur la théorie de l'action»、「行動の理論について」である。ブルデューの著作に *Esquisse d'une théorie de la pratique*, 282p., Librairie DROZ, 1972（二〇〇〇年にスイユ社の«Points Essais»文庫で再刊された）がある。この名詞pratiqueはかなり特殊ブルデュー的な用語と見なされて「慣習行動」と訳されたことがある。また、「実践」と訳されているのを、マルクス主義の用語を連想させると異をたてて、これは「プラチック」とすべきだ、と言い張る議論もあったらしい。

たとえばフランス政府刊行局の刊行物に *Les pratiques culturelles des Français* という報告書がある。これはフランス人一般の読書、映画鑑賞、観劇、美術館・展覧会見学等の文化的「行動」、文化的「実践」を統計社会学的に分析したレポートである。わざわざ「慣習行動」「プラチック」としなくても、指示対象は容易に把握できる。

pratique は形容詞としても使う。本書のタイトルがまさにそれである。Raisons pratiques を「慣習行動的理性」ないし「プラチック（的）理性」とする必要があるだろうか。かえって何を言っているのかわかりにくい。この一九九四年の著作のタイトルで action と言っていることは、要するに la théorie de l'action は la théorie de la pratique と同じことである、とブルデュー自身が認めていることを意味している。あえて pratique と言うことをやめて、ごく普通な action にあえて戻ったのだと思う。ブルデューの学問的円熟を示すちいさな指標ではないだろうか。

かつて、ブルデューのキー概念が日本語ではいろいろに訳されていて統一されていない、とブルデューに「いいつけた」フランス人女性の社会学者がいた。もちろん統一されているに越したことはないが、それぞれの訳語が原語のどれに対応しているかがわかれば、問題はない。それでよい。同じことが champ「場」／「界」についても言える。

社会学辞典とかいうものを見ると act, action, behavior, comportment, conduct などについて、また、collectivity, group などについて、「こちたし」としか言いようのない議論がなされている。英語やドイツ語、フランス語が本当に身についていないための議論、滑稽でしかない議論である。にもかかわらず、そのような辞典であてがわれている訳語を使わないと、「まちがい」と言われたりする。日本の人文・社会科学が欧米の理論の翻訳の上に成り立っていることを如実に示す事態である。

指摘しておきたいことの第二は、ブルデューの学問は始めから最後まで、現実へのアンガージュマン、投企《プロジェ》であった、という側面である（もちろんブルデューは「アンガージュマン」「投企」といった実存主義的な用語を拒絶するだろうが）。そのことを示すちいさな、しかし啓示的な指標がある。本書の「1　社会空間と象徴空間」と「2　新しい資本」の注には「一九八九年十月」東京での講演と記されているが、前者の「付論『ソビエト型』変異と政治資本」の注には「一九八九年十月二十五日。東ベルリンでの講演」（傍点、引用者）とある。日本からパリに帰ったのが十月七日、それから二週間ちょっとあとに東ベルリンに飛ぶという東奔西走ぶりに驚くが、それよりもなによりも、東西ドイツを分かっていた壁が崩壊した十一月九日直前の東ベルリンで、しかも、この内容の講演をしたという事実がそれである。きわめて一般的、抽象的に思われるブルデューの理論が実はきわめて具体的、日常的な現実を照射し、ひとびとの行動に作用する機能を持っていることを如実に示す事態である。ブルデューは常々、「いつであれ、どこであれ、同じ原因は同じ効果を生む」と繰り返し、自分の理論の普遍妥当性を主張していた。ブルデューは、わたしたちが自分の進路を決めるという行動（action＝pratique）、キャリアをデザインするという行動、結婚するという行動、こどもを育て教育するという行動、音楽を聴き映画を見るという行動……について語っているのである。特にこの点に留意して本書を読まれるよう読者に期待しておきたい。

＊＊＊

翻訳の責任はそれぞれの担当者にあるが、校正の段階で郷間雅俊氏が厳密かつ綿密に、また遠慮なく訳文をチェックしてくださった。翻訳書の最初の読者は編集者である、読者に対して訳者と同じくらいの責任を負っていると、わたしは常々言っているが、本書が比較的に読みやすくなっているとしたら、郷間氏の寄与が大きい。記して感謝する。

二〇〇七年九月

訳者を代表して
加藤 晴久

注

（1）これら三つの講演は以下の書に収録された。加藤晴久編『ピエール・ブルデュー——超領域の人間学』、一九九〇年、藤原書店（現在は絶版）。

ま　行

や　行

ら　行

な　行

は　行

た　行

さ　行

索　引

この索引は、原書を参考にして編集部が作成した。→は参照指示。

あ　行

か　行

著者紹介

ピエール・ブルデュー　(Pierre Bourdieu)

1930年生まれ。高等師範学校卒業後，哲学の教授資格を取得，リセの教員となるが，55年アルジェリア戦争に徴兵。アルジェ大学助手，パリ大学助手，リール大学助教授を経て，64年，社会科学高等研究院教授。教育・文化社会学センター（現在のヨーロッパ社会学センター）を主宰し学際的共同研究を展開。81年コレージュ・ド・フランス教授。02年1月死去。主著『ディスタンクシオン』『再生産』『芸術の規則』（邦訳藤原書店）ほか多数。

訳者紹介

加藤晴久　（かとう・はるひさ）

1935年生まれ。東京大学名誉教授。仏語仏文学。訳書に，ファノン『黒い皮膚・白い仮面』（共訳）みすず書房，ブルデュー『市場独裁主義批判』藤原書店ほか。

石井洋二郎　（いしい・ようじろう）

1951年生まれ。東京大学教授。フランス地域文化論。著書に『身体小説論』藤原書店，訳書にブルデュー『ディスタンクシオン』藤原書店，『ロートレアモン全集』筑摩書房ほか。

三浦信孝　（みうら・のぶたか）

1945年生まれ。中央大学教授。仏語仏文学，フランス文化社会論。編著に『来るべき〈民主主義〉』藤原書店，共著に『思想としての〈共和国〉』みすず書房ほか。

安田尚　（やすだ・たかし）

1948年生まれ。福島大学教授。社会学。著書に『ブルデュー社会学を読む』青木書店，訳書に『教師と学生のコミュニケーション』藤原書店ほか。

実践《じっせん》理性《りせい》　行動《こうどう》の理論《りろん》について

2007年10月30日　初版第１刷発行©

訳　者　加藤晴久ほか
発行者　藤原良雄
発行所　株式会社 藤原書店

〒162-0041　東京都新宿区早稲田鶴巻町523
電　話　03（5272）0301
F A X　03（5272）0450
振　替　00160-4-17013
印刷・製本　中央精版印刷

落丁本・乱丁本はお取替えいたします　Printed in Japan
定価はカバーに表示してあります　ISBN978-4-89434-595-9

ブルデューの原点

遺産相続者たち（学生と文化）

P・ブルデュー、J-C・パスロン
石井洋二郎監訳

『再生産』（1970）『ホモ・アカデミクス』（1984）『国家貴族』（1989）へと連なるブルデューの原点。大学における形式的平等と実質的不平等の謎を科学的に解明し、見えない資本の機能を浮彫りにした、文化的再生産論の古典的名著。

四六上製　二三二頁　**二八〇〇円**
（一九九七年一月刊）
◇4-89434-059-3

LES HÉRITIERS　Pierre BOURDIEU et Jean-Claude PASSERON

「象徴暴力」とは何か

再生産（教育・社会・文化）

P・ブルデュー、J-C・パスロン
宮島喬訳

『遺産相続者たち』にはじまる教育社会学研究を理論的に総合する、文化的再生産論の最重要文献。象徴暴力の諸作用とそれを蔽い隠す社会的条件についての一般理論を構築。「プラチック」論の出発点であり、ブルデュー理論の主軸。

A5上製　三〇四頁　**三七〇〇円**
（一九九一年四月刊）
◇4-938661-24-1

LA REPRODUCTION　Pierre BOURDIEU et Jean-Claude PASSERON

学校的言語とは何か

教師と学生のコミュニケーション

P・ブルデュー他　安田尚訳

ブルデュー教育社会学研究の原点として『遺産相続者たち』と対をなす画期作。講義や試験の言葉遣いにあらわれる教師と学生の関係の本質を抉り出し、教育の真の民主化のために必要な認識を明快に示す、全教育者必読の書。

A5上製　二〇〇頁　**三二〇〇円**
（一九九九年四月刊）
◇4-89434-129-8

RAPPORT PÉDAGOGIQUE ET COMMUNICATION　Pierre BOURDIEU Jean-claude PASSERON et Monique de SAINT MARTIN

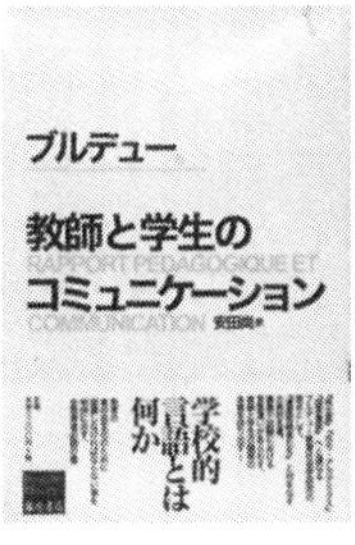

大学世界のタブーをあばく

ホモ・アカデミクス

P・ブルデュー
石崎晴己・東松秀雄訳

この本を焼くべきか？ 自己の属する大学世界の再生産を徹底的に分析した、科学的自己批判・自己分析の金字塔。世俗的権力は有するが学問的権威を欠く管理職的保守派と、その逆をゆく知識人的革新派による学部の争いの構造を、初めて科学的に説き得た傑作。

A5上製　四〇八頁　**四八〇〇円**
（一九九七年三月刊）
◇4-89434-058-5

HOMO ACADEMICUS　Pierre BOURDIEU

初の本格的文学・芸術論

芸術の規則 I・II

P・ブルデュー
石井洋二郎訳

作家・批評家・出版者・読者が織りなす象徴空間としての〈文学場〉の生成と構造を活写する、文芸批評をのりこえる「作品科学」の誕生宣言。好敵手デリダらとの共闘作業、「国際作家会議」への、著者の学的決意の迸る名品。

A5上製 I三一二頁 II三二〇頁 各四一〇〇円
(I一九九五年二月刊 II一九九六年一月刊)
I◇4-89434-009-7 II◇4-89434-030-5

LES RÈGLES DE L'ART Pierre BOURDIEU

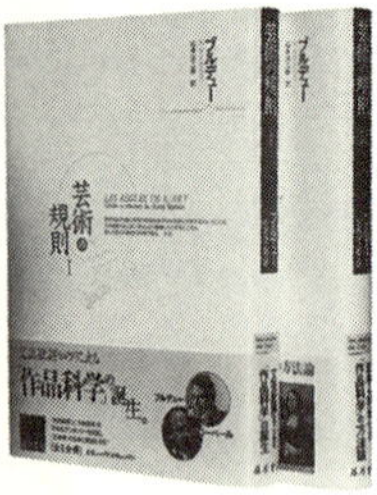

現代言語学・哲学批判

話すということ

〈言語的交換のエコノミー〉

P・ブルデュー
稲賀繁美訳

ソシュールにはじまる現代言語学の盲目性を、ハイデガー哲学の権威主義を、アルチュセール派マルクス主義の正統性の神話を、言語の社会的機能の視点から暴き、理論的言説が魔術的言説に他ならぬことを初めて喝破。

A5上製 三五二頁 四三〇〇円
(一九九三年一月刊)
◇4-938661-64-0

CE QUE PARLER VEUT DIRE Pierre BOURDIEU

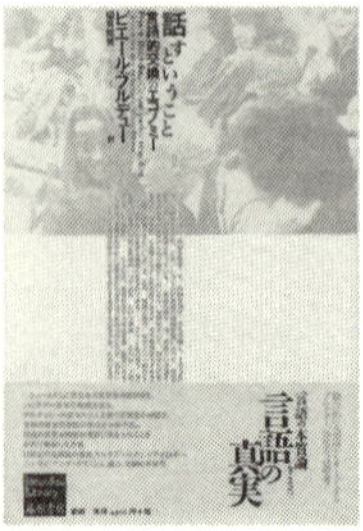

知と芸術は自由たりうるか

自由－交換

〈制度批判としての文化生産〉

P・ブルデュー、H・ハーケ
コリン・コバヤシ訳

ブルデューと、大企業による美術界支配に対して作品をもって批判＝挑発し続けてきた最前衛の美術家ハーケが、現代消費社会の商業主義に抗して「表現」の自律性を勝ち取る戦略を具体的に呈示。ハーケの作品写真も収録。

A5上製 二〇〇頁 二八〇〇円
(一九九六年五月刊)
◇4-89434-039-9

LIBRE-ÉCHANGE Pierre BOURDIEU et Hans HAACKE

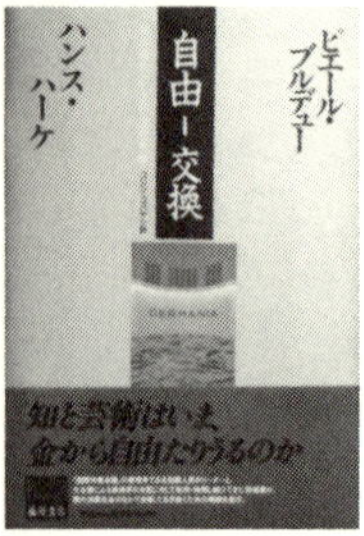

まったく新しいハイデガー像

ハイデガーの政治的存在論

P・ブルデュー 桑田禮彰訳

一見社会的な政治性と無縁にみえるハイデガーの「純粋哲学」の核心に社会的な政治性を発見。哲学と社会・時代の関係の本質にラディカルに迫る「哲学の社会学」。哲学言語の「内在的読解」による哲学的自己批判から、デリダ／ブルデュー論争の本質を明かす。

四六上製 二〇八頁 二八〇〇円
(二〇〇〇年一月刊)
◇4-89434-161-1

L'ONTOLOGIE POLITIQUE DE MARTIN HEIDEGGER Pierre BOURDIEU

政治の科学の根本条件

政治

（政治学から「政治界」の科学へ）

P・ブルデュー
藤本一勇・加藤晴久訳

代理表象のアポリアを見すえ、新自由主義の暴力に対抗するブルデューの公共性思想。『市場独裁主義批判』など、晩年のブルデューが展開した社会運動の理論的背景を示し、最重要概念「界（シャン）」の考え方を明快に説く。

四六上製　一九二頁　二二〇〇円
（二〇〇三年一二月刊）
◇4-89434-366-5

PROPOS SUR LE CHAMP POLITIQUE
Pierre BOURDIEU

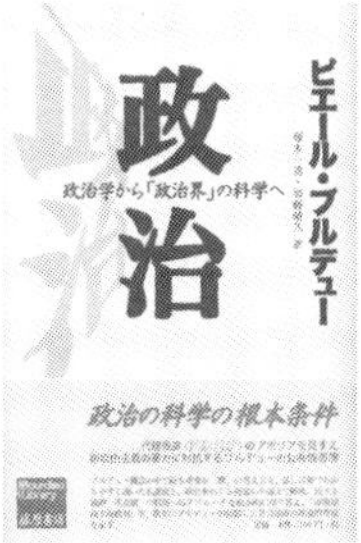

市場のルールを決めるのは誰か？

住宅市場の社会経済学

P・ブルデュー
山田鋭夫・渡辺純子訳

住宅市場の現場に分け入り、そこに働く重層的なメカニズム――経済政策、建築基準等の法規制、官僚・自治体・業界団体の介入、企業戦略と消費者の欲求――を徹底分析！　人間社会における経済行為の原理を解明した問題作。

A５上製　三三六頁　三八〇〇円
（二〇〇六年二月刊）
◇4-89434-503-X

LES STRUCTURES SOCIALES DE L'ÉCONOMIE
Pierre BOURDIEU

（附）主要著作解題・全著作目録

構造と実践

（ブルデュー自身によるブルデュー）

P・ブルデュー　石崎晴己訳

新しい人文社会科学の創造を企図するブルデューが、自らの全著作・仕事について語る。行為者を構造の産物にして構造の再生産者として構成する「プラチック」とは何かを、自身の「語られたものごと」を通して呈示する、ブルデュー自身によるブルデュー。

A５上製　三六八頁　三七〇〇円
（一九九一年一二月刊）
◇4-938661-40-3

CHOSES DITES
Pierre BOURDIEU

リフレクシヴィティーとは何か？

リフレクシヴ・ソシオロジーへの招待

（ブルデュー、社会学を語る）

P・ブルデュー＆L・ヴァカン
水島和則訳

俊英ヴァカンによる、現代社会理論の核心をめぐる質問にブルデュー自身が応答。「反省性」概念を軸に、その社会学の成り立ちと使命を余すところなく語る。

A５上製　四二四頁　四六〇〇円
（二〇〇七年一月刊）
◇978-4-89434-557-7

RÉPONSES
Pierre BOURDIEU & Loïc WACQUANT

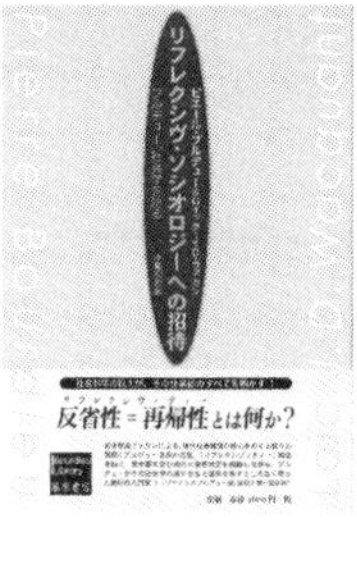

ネオリベラリズム批判

市場独裁主義批判

P・ブルデュー

加藤晴久訳＝解説

ピエール・ブルデュー監修〈**シリーズ・社会批判**〉第一弾。「市場」なるものが独裁者然と君臨するグローバリズムへの対抗戦術を呈示。最晩年のブルデューが世界各地で行なった、緊張感溢れる講演・政治的発言を集成。「市場派」エコノミストの詭弁をあばき、「幸福の経済学」を提唱する。

四六変並製　一九二頁　**一八〇〇円**
（二〇〇〇年七月刊）
◇4-89434-189-1

CONTRE–FEUX　Pierre BOURDIEU

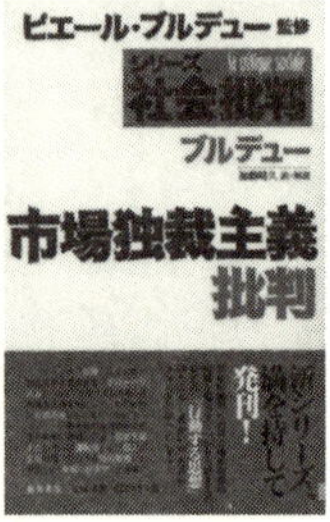

商業主義テレビ批判

メディア批判

P・ブルデュー

櫻本陽一訳＝解説

ピエール・ブルデュー監修〈**シリーズ・社会批判**〉第二弾。メディアの視聴率・部数至上主義によって瀕死の状態にある「学術・文化・芸術」を再生させるために必要な科学的分析と実践的行動を具体的に呈示。視聴者・読者は、いま消費者として「メディア批判」をいかになしうるか？

四六変並製　二一六頁　**一八〇〇円**
（二〇〇〇年七月刊）
◇4-89434-188-3

SUR LA TÉLÉVISION　Pierre BOURDIEU

偉大な知識人の生と仕事を俯瞰

ピエール・ブルデュー

〔1930-2002〕

加藤晴久編

ブルデューが自身の人生、同時代の思想家との関係を赤裸々に語る日本語版オリジナルのロングインタビュー二本と、最近の重要論文、世界の知識人によるブルデュー論、年譜、著作解題、**デリダ、サイード**らの弔辞などで構成。

A５並製　三一二頁　**三二〇〇円**
（二〇〇二年六月刊）
◇4-89434-282-0

〈ブルデュー・ライブラリー〉

〔続刊案内〕

- 実践理論素描　(*ESQUISSE D'UNE THÉORIE DE LA PRATIQUE*, 1972)
- 講義についての講義　(*LEÇON SUR LA LEÇON*, 1982)
- 国家貴族〔グランド・ゼコールと連帯意識〕　(*LA NOBLESSE D' ÉTAT*, 1989)
- 世界の悲惨　(*LA MISÈRE DU MONDE*, 1993)
- パスカル的省察　(*MÉDITATIONS PASCALIENNES*, 1997)
- 科学の社会的使用　(*LES USAGES SOCIAUX DE LA SCIENCE*, 1997)
- 男性支配　(*LA DOMINATION MASCULINE*, 1998)
- 科学の科学と反省性　(*SCIENCE DE LA SCIENCE ET RÉFLEXIVITÉ*,2001)
- 独身者たちのダンスパーティー　(*LE BAL DES CÉLIBATAIRES*, 2002)
- 政治的発言〔社会科学と政治行動〕　(*INTERVENTIONS 1961-2001*,2002)
- 自己分析のための素描　(*ESQUISSE POUR UNE AUTO-ANALYSE*, 2004)

1989年11月創立 1990年4月創刊

一九九五年二月二七日第三種郵便物認可　二〇〇七年一〇月一五日発行（毎月一回一五日発行）

月刊
機

2007
10
No. 188

昨夏、急逝した思想家鶴見和子。読者待望の最終歌集、遂に刊行！

山姥われ　よし足曳きの山巡り いづくの雲に消えむとすらむ

　脳出血で斃れた後に花開いた鶴見和子のほんとうの学問は、短歌による思想表現があってこそ、可能だった。左片麻痺となりながら、より広くより深くと、現代文明、現代社会について鋭い思索を追究し続けた鶴見和子の〝回生〟の十年余。

　その短歌は、多くの人々の心を打ち、励まし続けた。第二歌集『回生』、第三歌集『花道』に続く、最晩年の心境を詠んだ待望の最終歌集『山姥』を、歌人佐佐木幸綱氏の編集のもと、読者にお贈りする。

編集部

発行所　株式会社 藤原書店©
〒一六二―〇〇四一　東京都新宿区早稲田鶴巻町五二三
電話　〇三・五二七二・〇三〇一（代）
FAX　〇三・五二七二・〇四五〇
◎本冊子表示の価格は消費税込の価格です。

編集兼発行人
藤原良雄
頒価 100円

● 十月号 目次 ●

山姥

鶴見和子

ひらめきしまま捨ておける小さき想《おもい》ことばとなりて甦りくる

その日その日歩く稽古す残されし短き刻《とき》をよく生きむため

きもちよく踊りおどりて目覚むれば一本足の我案山子《かかし》なる

一日を泣いて暮すという人にうつしてあげたい我が笑い病

国人《くにびと》は等身大の首相しか持ちえぬものか選挙終りて

自然からひき裂かれたる人間を貴しとなす近代化あわれ

▲鶴見和子さん

■昨夏急逝した著者の最終歌集。

歌集 山姥

鶴見和子　序・佐佐木幸綱　跋・鶴見俊輔

菊上製　三二〇頁　四八三〇円

【豪華装幀愛蔵版　限定三〇〇部】九二四〇円

■鶴見和子歌集・好評既刊

歌集 回生　菊変上製　一二〇頁　二九四〇円

歌集 花道　菊上製　一三六頁　二九四〇円

葬送の記

鶴見俊輔

鶴見和子は、自分が死んだら海へ、と遺言した。

姉の死後、京都ゆうゆうの里で葬式を終えてから、葬送の自由をすすめる会のお世話を受けて、十月二十三日、和歌山港に遺族五名が集まり、葬送の会からの二名とともに紀伊水道に向かった。

和子は、南方熊楠の研究をしており、熊楠ゆかりの神島の近くに散骨することを望んでいた。

当日は雨。

天候にさまたげられることは、数日前からあやぶまれていたが、予定の所についたころには、さまたげというほどのことはなかった。

広い見晴らしがあり、遺灰とともに、さまざまの色あいの花びらを撒くことができた。

あたりを一巡し、花びらにとりまかれた葬送の場所をたしかめた。

私たち遺族五人にとって、はじめての経験であり、儀式であった。

八十年あまりを、ともに生きた私にとって、心に残る終りであった。

儀式を領導された葬送の会世話役の方がたに感謝します。

人間の葬儀は、やがてこの方向に向かうものと信じます。

鶴見和子個人にもどって考えると、和歌をつくる人として、『古今集』仮名序に紀貫之がのべたように、和歌を支えるものみなの生命に自分も流れ入る儀式であった。

アニミズムを自分の哲学として選んだ人にふさわしい。

（つるみ・しゅんすけ）

※「葬送の自由をすすめる会」会誌『再生』六三号より転載

心が透明でストレートな方

歌人 佐佐木幸綱

鶴見さんとは短歌のご縁でお会いし、おつきあいをいただきました。『「われ」の発見』という鶴見さんとの対談を出させていただいたこともありました。鶴見さんは十五歳で短歌をはじめられ、七十代で脳出血で倒れられてから、ふたたび短歌を作りはじめられました。

晩年はもうあふれるように短歌ができたらしい。『花道』『回生』、そしてこれから刊行される『山姥』、八十代で三冊もの歌集を作られました。こんな例は非常にめずらしい。私が知っているかぎりでは、窪田空穂が八十代で三歌集を刊行しています。空穂は九十代でなお一冊ありますから、鶴見さんは空穂には負けましたが、歴代第二位の記録を作られたのだと思います。

鶴見さんはとにかく心がきれいで、透明で、ストレートな方でした。たぶん短歌という詩がぴったりとあった方だったのです。小説とか俳句とかは透明すぎ、ストレートすぎる心ではうまくいかない。屈折、濁り、複雑な絡みあいが好きな人でないとうまくいかない。短歌は違います。屈折、濁り、複雑な絡みあいが好きな人も、それなりに歌のゆき方がありますが、透明でストレートな人にもそれなりのゆき方があります。

鶴見さんの歌の透明さ、ストレートさは群を抜いていました。鶴見さんの最後の短歌作品が『心の花』(二〇〇六年十一月号)に掲載されました。そのうちの二首を紹介します。短歌定型をあふれて、自在に心が遊んでいます。ストレートに心とことばが飛翔しています。

一本の手を欠き一本の手をもて歌書き文を書き　りんごすりおろし一本の手はわが宝

ここで死ぬのか自室に帰って死ぬか主治医にさえも私にさえもわからないめざむれば人の声するまだ生きており

鶴見さん、たくさんのいい歌を読ませていただき、ありがとうございました。

(「鶴見和子さんを偲ぶ会」へのメッセージ)

海外での講演を中心に、社会学的分析とは何かを明快に説く。

わたしの仕事の本質的要素

ピエール・ブルデュー

本書の主要な部分はわたしが外国でおこなった講演から成っている。フランスという個別的な事例について構築したモデルの普遍妥当性を外国の聴衆の前で論証するという状況のおかげであろうと思うが、これらの講演でわたしは、これこそは自分の仕事の本質と思うもの（にもかかわらず——その責任はわたしにあるのだろうが——善意に満ちた読者や評者にさえなかなか理解してもらえなかった本質的なもの）、つまり、最も基礎的なもの、最も根本的なものを展開することができたと思う。

一　関係論的な科学哲学

わたしの仕事の本質的、基礎的、根本的な要素と言ったが、その第一は、様々な関係を重視するという意味で関係論的《ルラシオネル》と称しうる科学哲学である。カッシーラーやバシュラールのように、他の問題では立場の違う論者たちが、関係論的な科学哲学は近代科学総体の哲学である、と一致して述べているにもかかわらず、これが社会科学に応用されることはきわめて稀である。それはたぶん、この哲学は社会的世界についての普通の（あるいは似非学問的な）考え方と真っ向から対立するからであろう。社会的世界についての普通の考え方は、個人とか集団とかいった実体的な「現実存在」に執着する。指さすことも手で触れることもできない、そして科学的作業によって獲得し構築し証明しなければならない客観的関係には関心を示さないのである。

二　性向的行動哲学

本質的要素の第二は、行為者の身体のなかに、また、行為者が行動する諸状況の構造のなかに、より正確に言えば、身体と構造の関係のなかに書き込まれている潜在性に着目するがゆえに性向的《ディスポズィシオネル》と称されることのある行動哲学である。ハビトゥス、界《シャン》、資本といった少数の基本概念に凝縮されるこの哲学、そして、客観的諸構造（様々な社会的界の構造）と身体化された諸構造（ハビトゥスの構造）との間の双方向の関係を礎石とするこの哲学は、社会的行為者、そのなかでも特に知識人が行動《プラティック》を説明する際にごく普通に用いる言語のなかに書き込まれている人間学的諸前提と根底的に対立する（おのれを動かす動機を十分に自覚した自律的個人が明示的に提示する理由によって生み出されたのではない一切の行動や表象を、知識人が、狭隘な合理主義の名のもとに非合理と見なす場合がその最たる例である）。性向的行動哲学はまた、ある種の構造主義の極端なテーゼとも同じく根底的に対立する。行為者をすぐれて活動的・能動的であると見なす（かといって主体に祭り上げるわけではない）がゆえに、行為者を構造の単なる付帯現象に還元することを拒否するからである（そのためにこの性向的行動哲学は、主体主義者と構造主義者の双方から等しく欠陥があるとされてしまうのだが）。性向的行動哲学は、学問的言説に検討抜きで導入された多くの官許概念（「主体」「動機づけ」「行為者《アクトゥール》」「役割」など）とはじめから絶縁することによって、また、正常に形成されたすべての精神を構成すると思われている、社会的に非常に強力な一連の二項対立（個人／社会、客観的／主観的、など）と絶縁することによって、自己を確立する。

▲P・ブルデュー（1930–2002）

根強い誤解を解くために

性向的行動哲学の原理と、この原理の実現形態である実践的性向（つまり社会学者の「メチエ」）とを、言説の力だけで、本当に伝達するのは難しいことは分かっている。それどころか、慣習に譲歩して、自分の理論的原理に「哲学」などという名を冠したために、この原理が理論的命題に変換されてしまう危険があることも分かっている。理論的命題ということになると当然、理論的討論の対象にされる。その結果、ひとつの方法を構成するところの、恒常的かつ統制された行動と思考の仕方を伝達する作業に新たな障碍を作り出す余地を与えてしまうことになる。それでも敢えてわたしは願っている。本書が、わたしの仕事に対する最も根強い誤解を解くことに役立つことを。こうした誤解のうちには、内容空疎な同じ異論を、意図的・非意図的な不条理な還元を倦むことなく繰り返すことによって、ときとして故意に維持されている誤解がある。たとえば、「全体論《ホーリズム》」「功利主義」といった非難である。また、読解者《レクトーレス》たちの分類的思考、あるいは見習い著者《アウクトーレス》たちの性急な還元主義が生み出した、決めつけ的《カテゴリック》なカテゴリー化というのもある。

実に多くの知識人が、社会学的分析は粗雑きわまる還元主義であると疑惑の眼を向け、また（それが彼ら自身の世界を直接の対象にすると）おぞましいものと忌み嫌う。彼らのこうした抵抗は的はずれな（唯心論的）自負心に根ざしていると、わたしには思える。そのために彼らは、社会的世界を科学的に認識するための第一条件であるところの、人間の行動についての現実主義的な表象を受け容れることができないのである。より正確に言うと、彼らの抵抗は「主体」の尊厳についてのまったく見当はずれな考え方に根ざしている。そのために彼らは、行動の科学的分析のなかに、彼らの「自由」あるいは「利害からの超越《デザンテレスマン》」に対する侵害を見るのである。

社会学的分析とは何か

言うまでもなく、社会学的分析はナルシシズムに対して譲歩することはない。それは、なんとしても「余人をもって代えがたい存在」であると自己を考えたがる者たちが擁護する、人間存在についてのいかにも独りよがりな考え方ときっぱりと絶縁する。また、言うまでもなく、社会学的分析は、社会的存在としての、すなわち個別的存在としての、自己を認識するための最も強力な道具のひとつである。この自己認識の形態のうちに「冥府への旅」を見、そして「自由の社会学」（ある社会学者はもうかれこれ三〇年前にこの名称を使っていた）をそれぞれ時代の好みに合わせて焼き直したものを歓呼して迎える者たちがいる。このような者たちが自分に認める自由の幻想を批判するとき、実は、社会学的分析は自由にアクセスする最も有効な手段を提供しているのである。社会的決定を認識することこそが社会的決定からの自由を獲得することを可能にしてくれるのである。

（加藤晴久訳）

（Pierre Bourdieu／社会学者）

（構成・編集部）

実践理性
行動の理論について
ピエール・ブルデュー
加藤晴久・石井洋二郎・三浦信孝・安田尚訳
四六上製　三二〇頁　三三六〇円

好評のブルデュー・ライブラリー
＊刊行順

ディスタンクシオン Ⅰ・Ⅱ
社会的判断力批判
P・ブルデュー／石井洋二郎訳
Ⅰ16刷・Ⅱ14刷
A5上製　各六一九五円

社会学の社会学
P・ブルデュー／田原音和監訳
6刷
A5上製　三九九〇円

再生産
教育・社会・文化
P・ブルデュー＋J-C・パスロン
宮島喬訳
10刷
A5上製　三八八五円

構造と実践
ブルデュー自身によるブルデュー
P・ブルデュー／石崎晴己訳
3刷
A5上製　三八八五円

話すということ
言語的交換のエコノミー
P・ブルデュー／稲賀繁美訳
3刷
A5上製　四五一五円

資本主義のハビトゥス
アルジェリアの矛盾
P・ブルデュー／原山哲訳
4刷
四六上製　二九四〇円

社会学者のメチエ
認識論上の前提条件
P・ブルデューほか／田原音和・水島和則訳
3刷
A5上製　五九八五円

芸術の規則 Ⅰ・Ⅱ
P・ブルデュー／石井洋二郎訳
Ⅰ3刷・Ⅱ2刷
A5上製　各四三〇五円

自由-交換
制度批判としての文化生産
P・ブルデュー＋H・ハーケ
コリン・コバヤシ訳
A5上製　二九四〇円

ホモ・アカデミクス
P・ブルデュー／石崎晴己・東松秀雄訳
2刷
A5上製　五〇四〇円

遺産相続者たち
学生と文化
P・ブルデュー＋J-C・パスロン
石井洋二郎監訳
5刷
四六上製　二九四〇円

教師と学生のコミュニケーション
P・ブルデューほか／安田尚訳
A5上製　三三六〇円

ハイデガーの政治的存在論
P・ブルデュー／桑田禮彰訳
四六上製　二九四〇円

市場独裁主義批判
シリーズ〈社会批判〉
P・ブルデュー／加藤晴久訳＝解説
2刷
四六変判　一八九〇円

メディア批判
シリーズ〈社会批判〉
P・ブルデュー／櫻本陽一訳＝解説
2刷
四六変判　一八九〇円

政治
政治学から「政治界」の科学へ
P・ブルデュー／藤本一勇・加藤晴久訳
四六上製　三三一〇円

住宅市場の社会経済学
P・ブルデュー／山田鋭夫・渡辺純子訳
A5上製　三九九〇円

リフレクシヴ・ソシオロジーへの招待
ブルデュー、自身を語る
P・ブルデュー＋L・ヴァカン
水島和則訳
A5上製　四八三〇円

明治期の国家形成を地方経営と首都計画の二つの視点から書き下ろした名著。

地方をどうするか／東京をどうするか

藤森照信
御厨　貴

地方をどうするのか

御厨　戦後金科玉条としてきた平等主義が行きつくところまで行きついて、タテマエでは自治体は平等だと言わざるを得ないけれども、東京都と沖縄県とか島根県、鳥取県とが同じであるわけがないんです。本当の意味で分権するのだったら、自分のところはこれが売りですと、それぞれ違う特色を出していくしかない。だから、貧乏県が出ても当たり前、そのかわり富裕県が出ても当たり前。そういうことが本来議論されるべきなんです。

藤森　地方でもう一つの問題は、中心が空洞化するんです。中心はシャッター通りなのに、周りには結構住宅ができている。空洞を埋めないで、周りの田んぼを食って、どんどん家ができている。

何で中心部は空洞化しているかと思ったら、空洞化しても土地の値段があまり下がっていないんですよ。土地というものが、本当に資本主義の需要と供給の原則に従うのであれば、買い手のつかない土地はただになる。だけど、需要がないのに地方都市の中心の土地はほとんど下がらない。路線価も下げていない。下げると税収ががばっと減るから。

政策で何とかなると思うんですが。町の本来のところに人がちゃんと入ってくれば周りの田園は残せますからね。あれを見ていると、行政に携わったら本当に毎日気持ちが暗くなると思いますよ。

▲藤森照信氏

憲法改正より首都改革

御厨　いまの流れでは最終的に道州制導入が有力になっていますが、道州制導入のときには東京は絶対変わらなければいけない。東京が他の県と一緒になって一つの州になるわけにいきませんから。そうすると、初めてそのときに東京をどう位置づけるかという話が出てくる。だから道州制の問題は、東京改革を重点にして僕はきっちり議論した方がいいと思っています。憲法改正より、首都改革、東京改革の方が先ですよ。

藤森　二十世紀が国土をどうするかということだったとすれば、二十一世紀は東京をどうするかでしょうね。明治以降は、国土をどうするかという器の方も行政も全部内務省がずっとやったけれども、そういう内務省に当たる「首都庁」みたいなのが必要でしょうね。

▲御厨貴氏

御厨　九〇年代一時期はやった「首都移転」構想を見ると、本当にそう思いますね。あれは首都ではなくて首都機能移転で、各省庁が一つずつ、自分のところの要らない役所を東京都の外に出しただけで、結局あれはものにならなかったでしょう。

藤森　内閣の中に東京相という大臣をつくって、東京の行政は内閣の中の一つにする。国土交通省の横に首都庁、国土交通相と並んで東京相をたてる。明治のころは、それに近い。内務省の何番目かが東京府知事でしたものね。そうすると、わかりやすい。

御厨　地方と首都の両方を考えないといけないですね。そういう時代になりました。特に首都については、地方を考えるのと同時に考えないといけない。今は首都をどうするかはまったく考えていませんから。

（構成・編集部）

（ふじもり・てるのぶ／東京大学教授）
（みくりや・たかし／東京大学教授）

妻愛子の視点から、愛子と蘆花の関係を描くノンフィクション。

阿修羅のごとき夫《つま》なれど

本田節子

蘆花の妻、愛子

原田愛子（一八七四―一九四七）が生まれたのは［熊本の］県北、海遠い山間の盆地菊池。徳冨蘆花（一八六八―一九二七）が生まれたのは県南の水俣、それも鹿児島県境の不知火海の海辺。同じ豪家、同じ士族、同じ商家（原田家は醸造家、徳富家は酒を中心に生活用品の何でもを売っていた）であっても、徳富家は総庄屋で代官を務めた家だし、父一敬は漢学者でもある。原田家は慶応二年（一八六六）に醸造を創業、父弥平次は教育を受ける機会がなく菊作りが趣味。二人は土地柄がちがい、育った環境がちがった。

原田愛子は三人の兄がいる末っ子の一人娘（異母姉四歳で没）である。両親に特別扱いされながら、ゆったりたっぷりの愛情に包まれて成長した。

徳冨健次郎こと蘆花も末っ子で三男だ（次男、友喜夭折）。弱気の父に甘やかされ、勝ち気の母に心配をかけながら、早熟で、孤独に、兄猪一郎（蘇峰）に殴られ守られながら複雑にゆがんで育った。野人蘆花、孤高の自然児蘆花、蘆花は単純なようで奥底に複雑さを秘めている。

「氷の如きもの」

梅には梅の、梔子《くちなし》には梔子の香りが添うように、二人はそんな夫婦であった。ちぐはぐであった夫婦が、一心二体ともいえる夫婦になるまでには、多くの紆余曲折があった。殴られ蹴られ当たり散らされた愛子。かろうじて狂気を抑えた蘆花は、それを「徳冨健次郎は九分九厘は狂に近づくことはありとも、最後の一厘彼を狂了せしめないであろう。彼の奥底には、冷干氷の如きものあり。（大正七年七月五日記す）」と書く。

「氷の如きもの」を守ったのが愛子である。そのために愛子は自殺未遂するほどの苦しみを何回も味わう。

明治三十八年夏の富士山頂での蘆花の人事不省。五日目に目覚めたことを、神に選ばれたと確信する蘆花は、心身の清浄を願う。そのための懺悔、告白。このとき、愛子が十四、五歳での処女喪失、つまりレイプを受けたことが語られる。蘆花は十歳までの女性関係を含めて結婚後のそれらをも語る。

修羅を栄養に替える要素

　蘆花作品の多くは、愛子がいてこそ生まれたとさえいえる。作品が書けないときの蘆花の苦悩は、彼から狂気をも引き出し、その大方は愛子に向けられた。もし愛子がいなかったら、蘆花は多分狂死していたろう。狂気がさせた嫉妬《しょねみ》は半端ではない。その凄まじさが並でない夫婦を誕生させた。なのにこれまで愛子が書かれることはなかった。

▲蘆花と愛子（大正中期頃）

　書かれなかったことの第一は、蘆花作品の弱さであろう。蘆花作品に小説は少なく、作品の多くは、旅行記であったり、告白文学である。次に日本の封建制、つまり、男尊女卑の思想がある。とくに熊本はそれが強い。女の支えで男は仕事ができた、とは認めたくないのである。

　たとえ何があっても、妻は夫の陰にいて夫のために尽くすのが当たり前の時代である。愛子は気むずかしい夫に仕えて、それを立派に成しとげた。彼女は修羅を生きた。なのに愛子を知る人々の話からは、その傷も陰もなかったようである。いやなかったとは思えない。多分あったのだ。それを愛子は心のひだにかくしてしまい、むしろ栄養としたのかもしれない。でなかったら人々が語る晩年の愛子像の、清浄さ、しなやかさ、気丈さを芯とした品の良さはなかったろう。

　修羅を栄養に替える要素とは？　愛子の何がそうさせたのか。愛子を書くことはきっと、その根元を捜す旅なのだろう。これもまた修羅だと分かっていても、著者はもう一歩を踏み出してしまった。

（ほんだ・せつこ／作家）
（構成・編集部）

「戦後文学」を問い直す、画期的シリーズ！　第五回配本

今日にまでつづく戦後

井口時男

安岡章太郎のしたたかさ

本コレクションは編年体で編まれている。編年体とは、いってみれば、歴史を一年ごとに輪切りにすることだ。輪切りにされた断面は、あたりまえのことだが、通史的展望にはおさまらない実に多様な相貌を見せている。

そのなかで、安岡章太郎の「ガラスの靴」は抜群の鮮度を保っている。それはおそらく、この小説が、今日にまでつづく戦後という時代の本質をあざやかにとらえているからだと思われる。実際、歴史の断面図としての本書のなかに収録されるとき、この可憐な青春小説、恋愛小説が、あたかも戦後という時代のアレゴリーであるかのように見えてくる。

「僕」にも悦子にも自分の住居というものがない。悦子は米軍軍医の家のメイドで、「僕」は猟銃店の夜番だ。それはいかにも「戦後占領期」的な状態だ。彼らの恋愛遊戯は、米軍軍医が接収家屋に買い蓄えてある豊富な食糧に依存し、かつ、軍医の休暇による三ヶ月の不在に依存している。つまり、この恋愛遊戯が成り立つためには庇護者としての米軍がいなければならず、かつ、権力者としての米軍がいてはならない。これは背理だが、しかし、戦後日本とはこの背理そのものだったのではないか。

一方に米軍（しかし武官ではなく軍医）が配され、他方に猟銃店が配される。この猟銃店の夜番として、「僕」は侵入者を警戒する役目だが、万一侵入者が現れても、「僕」は周囲に豊富な武器を手にして闘うことはないだろう。「闖入してくる盗賊とたたかう勇気は、僕にはなかった。僕はただ、火事と泥棒とがやってくるのを待つだけだ。」この論理はまるで、戦力にして戦力にあらず、軍隊にして軍隊にあらず、と解釈された自衛隊（五一年にはまだ警察予備隊だった）の論理のようではないだろうか。――こういう細部のさりげない仕掛けにおいて、安岡章太郎は実にしたたかな小説家だといわざるをえない。

軽さが輝きを発揮した最初の年

彼らは自分たちの遊戯が「夏休み」限りのものであることを知っている。それはモラトリアム（猶予期間）である。モラトリアムという言葉が一般的に使用されるようになるのは七〇年前後からだが、もはや子供ではないがいまだ大人でもないという背理の一時期として、青春とは本質的にモラトリアムである。人生上のこういうあいまいな季節は近代の高等教育の普及によって長期化したが、戦後社会はこの期間をいっそう引き延ばした。同時に、モラトリアムは、マッカーサーによって「十二歳の子供」だと評され、独立後もアメリカの庇護と抑圧（現実には核兵器の「傘」だが）を脱せない日本の状態のメタファーでもある。その意味でも、この小説は、たんに「占領期」に限らず、戦後という時代の本質をうがっているようではないか。

「ガラスの靴」の世界は、軽くて明るくて子供っぽい。もちろん悦子の子供らしさが演技でなく心の病であるかもしれないように、この軽さ明るさ子供っぽさの背後には、切迫感と痛ましさとが貼りついている。そしておそらく、一九五一年には、この軽さ明るさも、国際政治の力学によっては、一瞬のあぶくのようにはじけて消えかねない危うさも含んでいたのだ。彼らの「夏休み」、すなわち猶予期間はまもなく終わり、「本当の夏は、これからはじまる」のである。

しかし、実際には戦後日本の猶予期間は終ることなく継続し、軽さも明るさも子供っぽさも、ポストモダン、あるいは高度資本主義、高度消費社会と呼ばれた八〇年代以後、いっそう拍車がかかって現在に至るのだ。そういう観点から振り返るとき、一九五一年は、重く苦しい戦後、そして、重さ苦しさと取り組んできた戦後文学の歩みにおいて、軽さというものがにわかにきらめきはじめた最初の年ではなかったか。そんな気もしてくる。

（いぐち・ときお／文芸評論家）

戦後占領期短篇小説コレクション（全7巻）
【編集委員】紅野謙介・川崎賢子・寺田博
⑥ **一九五一年** 〈第五回配本〉【解説】井口時男
吉屋信子／由起しげ子／長谷川四郎／高見順／安岡章太郎／円地文子／安部公房／柴田錬三郎
四六変上製　三二〇頁　二六二五円

■第79回 新宿セミナー＠kinokuniya

〈鼎談〉今、なぜ後藤新平か

九月一二日（水）
紀伊國屋ホール

去る九月十二日（水）、紀伊國屋ホール（紀伊國屋書店新宿本店四階）にて、第七九回新宿セミナー＠kinokuniyaとして、青山佾、塩川正十郎、御厨貴の三氏を招いて、公開鼎談「今、なぜ後藤新平か」が開催された（主催＝紀伊國屋書店、協力＝藤原書店・後藤新平の会）。奇しくも、安倍晋三首相が突然の退陣を表明した折も折、政治・行政を知り抜いた三氏による、笑いも誘うリラックスした対話で、会場を訪れた二百名余の聴衆は大いに沸いた。

冒頭、小社店主が「人間・後藤新平の魅力」を語っていただきたい、と挨拶。それを受けてホスト役の御厨貴氏が「ふだん着の政治家」として後藤を語らいたいと口火を切った。

▲御厨貴氏

ニューヨークから帰国の足で会場に駆けつけた青山佾氏（元東京都副知事）は、「公の利益」を重視し社会資本を整備した後藤の仕事を紹介。初のラジオ放送の際のメッセージ、教育・職業訓練の重視、都市計画の手腕など、まずは後藤を知る上での基本事項的な知識を説明。

▲青山佾氏

塩川正十郎氏（元財務大臣）からは、政治の現場に居た方ならではのエピソード。後藤新平との出会いは、財務大臣時代、千円札の新しい肖像に野口英世が決まり、その郷里の東北を調査した時。第一印象は何と言っても「頭がでかい」こと。会場からは笑いが広がったが、原敬、柴五郎、野口英世など、東北の偉人に共通する特徴だという塩川氏の着眼に、皆もなるほど納得。また、後藤の経歴を見るに、「進むときには人に任せ、退くときは己で決しよ」という人生訓を地で行った人物であった、という指摘は、現在の政治状況への痛烈なアイロニーとなった。

▲塩川正十郎氏

御厨氏は、これだけ面白い後藤新平という人物の評伝は、どうしたら描けるか、という切り口から、原敬の司馬遼太郎的なひたすら直線的な主人公の成長物語と、後藤新平の山田風太郎的な登場人物たちの出会いによって横への思わぬ広がりを見せ展開してゆく物語という対比列伝を提唱。

さらに、後藤新平の衛生行政や海水浴の提唱から外交手腕まで、話題は幅広く展開されたが、塩川氏の「後藤を青山墓地から呼び戻して文部科学大臣に就任してもらおう」という提言には、「賊軍の地」水沢に生まれた後藤が、「官軍」側から教育を授けられたことで頭角を現したことを想起すると、次代の「後藤」の登場を期するのにふさわしいアイデアと他のお二人も意見が一致した。

（記・編集部）

〈朗読ミュージカル〉いのち愛づる姫

九月十三日(木)
京都府立府民ホールALTI

「朗読ミュージカル」!? 聞いたことがない方がほとんどではありませんか。「朗読」でもない、「ミュージカル」でもない……。

これは、山崎陽子さんが創り出された〝究極の舞台〟。舞台には、ピアノが一台、そして本を手にした演じ手が一人か二人。たったそれだけのシンプルな舞台です。だからこそいっそう、観客はそこで語られる言葉に、さまざまな想像を働かせます。公演が終った後の観客席は、必ず真っ赤に目を泣きはらしたおじさんや、こぼれるような笑顔の子どもたちでいっぱい。

文化庁芸術選奨を受賞したこの「朗読ミュージカル」は、〝知る人ぞ知る〟密かなブームをよんでいます。

さて、この度京都で催された「朗読ミュージカル」は、涙と笑いに、ちょっとひと味ついています。

どんな生きものも、たった一つの細胞から始まる、一つ一つが尊い「いのち」――生命科学者の中村桂子さんはこのことを、科学の言葉だけでなく、さまざまな形で、わかりやすく示してこられました。大阪府高槻市にある「生命誌研究館」もその一つでしょう。

中村さんと山崎さんが、「どんな生きものもたった一つの細胞から」という考えを何とか朗読ミュージカルにできないか、と苦心惨憺のすえできあがったのが、「いのち愛づる姫」なのです。

細胞の世界が、どのように舞台になるのでしょうか? なんとバクテリアは江戸っ子飛脚に、ミドリムシは京女に、ボルボックスは色男の若侍に……と化けてしまうのです。バックにはスライドで、細胞たちの本当の姿が映し出されます。三八億年の「いのち」の歴史が、めくるめくあざやかな舞台の上でくりひろげられます。

また、この「いのち愛づる姫」、画家の堀文子さんが微生物や花々の世界を描かれたすばらしい画がスライドとしてバックにながれます。

六月の東京公演でも大人気だった「いのち愛づる姫」、今後の機会を、どうぞお楽しみに。

〈演出〉山崎陽子〈作〉山崎陽子/中村桂子〈スライド画〉堀文子
〈歌・朗読〉森田克子・大野惠美
〈ピアノ〉沢里尊子　（記・編集部）

リレー連載　今、なぜ後藤新平か　26

後藤新平の謎

作家・詩人　辻井　喬

父が掛けた後藤の軸

後藤新平は矛盾した性格を一身に集めているところがあって、人物像をまとめにくい指導者である。そのために「大風呂敷」などと呼ばれたりもしていたのだが、十九歳年長の大隈重信なども「早稲田の大風呂敷」と言われたりしていたことを考えると、これは指導者のひとつの特性なのかもしれないという気がしてくる。

僕の父親の、玄関を入った広間の横の壁に戦国時代の武将小早川隆景が子孫のために残した家訓を、後藤新平が写したという横広の軸が掛けてあった。それは、

おもしろの遊芸や身を滅ぼさぬほど

に始まって、何事もほどほどにして我を忘れてはいけないという、年長者が後輩に向って言いそうな、いかにも平凡な言葉が書き連らねてある書だった。なかなかの達筆ではあったが、僕のなかにある後藤新平のイメージとは一致しないような気がしたのを覚えている。父が長くその軸を目立つところに掛けておいたのは、誰が読んでも抵抗のない内容であったからというよりも、自分と後藤新平の深い関係を誇示したかったからではないか。

実務的行政への関心

政治家としては、大隈重信の一番年少の弟子という立場にあった父は、大隈と後藤の関係が年齢の差以外にも、政治的な立場の違いもあってそれほど親密とは言えないのを知っていて、事業についての指導は後藤新平に受け、政治については大隈重信に、彼の没後は大隈門下生の先輩たちに教わっていたようであった。

それは適確な選択であったと僕には見える。後藤の政治についての野心はそれほど強いものではなかった。彼には四方八方に布石し政界の大勢力になろうと努力していた形跡は少ない。それよりも、当時は日本の植民地であった台湾の行政、満鉄（南満洲鉄道）の経営、そして関

東大震災後、知事として東京の復興に力を発揮する、といった、実務的行政に関心があったようである。

▲堤康次郎（1889–1964）

▲後藤新平（1857–1929）

後藤が指導した二つの事業

僕の父親が後藤新平の直接の指導を受けたと思われる事業が二つある。そのひとつは軽井沢地域の避暑地開発であり、もうひとつは国立《くにたち》における学園都市の建設である。

軽井沢の場合はすでに政界財界の有力者が避暑地として夏の間滞在するようになっていたが、後藤新平の発想は上流階級を対象とした別荘地の開発ではなかった。後藤の考えは近い将来、日本の中産階級も必ず別荘地で夏を過す時代がやってくる。そのためには考えられる限り安い土地を手に入れて総合計画を立てて開発すべし、というのであった。そのためには最少一千万坪は必要であり、発電、給排水などの基本設備は自前で用意すべし、というのであったらしい。

学園都市についてはヨーロッパの教会を中心にした学問のセンターを持つ都市を、日本の場合は計画的に造る必要があるという意見であった。ここには「文装的武備」という概念を提示してアジアを文明化し、世界に貢献しようとする後藤の思想の国内版がその片鱗を見せている。しかし、外国語の習得は苦手で留学生であった時も外人との交際を避けてばかりいたという後藤新平、教養の点でも、彼が男爵を授けられた時、人々はそれを蛮爵と呼んだという逸話が残っている彼が、都市の形成などについて計画性の弱い我国にあって、なぜこのようなアイデアを持つことができたのかは、後藤新平の謎を解く大きなテーマのように僕には思われる。

（つじい・たかし）

リレー連載　いま「アジア」を観る　58

アジアの「脱亜」

国分良成

慶應義塾の中でアジアを語るさい、ときに若干の補足説明が必要となる。創立者・福澤諭吉は「脱亜論」の提唱者として広く知られるからである。

一九九九年、私は学内研究組織である地域研究センターの所長に就任し、その後二〇〇三年、センターの名称を東アジア研究所に変更した。それまでのセンターの活動の多くが実質的に中国・朝鮮半島に集中していたこともあるが、今後予想される東アジアの重要性を考えてのことでもあった。

名称変更にあたって大きな抵抗はほとんどなかった。だが、予想通りの質問が出た。「福澤の慶應義塾でどうして東アジアなのか」と。前もって回答要領を頭の中でまとめていたが、そのうち次の二つのシナリオは最初から消えていた。一つは「福澤の意図はそこにはなかった。本当はアジアも重要と考えていた。例えば、福澤は韓国からの留学生をあれだけ積極的に慶應に入れたではないか」といった解釈。確かに福澤が韓国を大事に思ったのは事実だが、その思いが通じなかったところに「脱亜論」があったことを考えると、この解釈には限界がある。

もう一つは福澤の精神や思考の中に儒教等のアジア的要素があったとする解釈である。それはある意味で当然だが、にもかかわらずその上に新たな女性観や社会観が見られるところに福澤の真骨頂がある。その点でこれも不完全だ。

そこで私が用意した回答は概略以下のようなものであった。福澤の時代のアジアは今のアジアではない。旧態依然とした価値体系と閉鎖的な体制の中で、西洋に反発することのみ考え悲劇の道をたどった当時のアジアと、グローバルな価値体系と開放的な体制への志向性が明確な今の開かれたアジアとでは根本的に異なる。言うなれば、いまアジアでは旧来のアジアからの「脱亜」が進行している。つまりアジアがようやく福澤の思想に追いついたのだ、と。結局、これで誰からも反論はなかった。

いわば福澤を以って福澤を制す。これが慶應義塾でアジア研究を志す極意である。

（こくぶん・りょうせい／慶應義塾大学教授）

■連載・生きる言葉　7

二十一世紀の史学論を

粕谷一希

この法則性の認識と個別的認識とは歴史に対する二つの、しばしば相反的な方法として別個に提出されてきた。しかしこの両者を関連せしめることなくしては、歴史の問題は解かれることがない。

林健太郎『史学概論』
（昭和28年・一九五三）二三六頁

林健太郎は、今井登志喜門下の西洋史学の優等生であった。戦時中、京都学派の『世界史の哲学』を唯物史観の立場から批判したことは有名だが、戦後は次第にマルクス主義を離脱し、ソ連を先頭とする社会主義に疑問をもつようになり、そうした立場からの批評や歴史記述を精力的に執筆した。

『史学概論』はアカデミックな研究生活の最後のころに書かれた総決算的意味をもつ。唯物史観、新カント派、生の哲学の歴史理論を批判的に検討したすぐれた史学論で、今日まで、これを越える史学論は出ていない。林健太郎の文体は、鈴木成高のようにリズミカルなのびやかさはないし、また丸山眞男のようなホットな情熱を掻き立てる文体でもない。むしろ抑制的でクールで心理を沈静化させる傾向がある。

冷静で芯のしっかりした性格は、東大の文学部長として迎えた大学紛争で、一七〇時間に及ぶカンヅメ状態に耐えたことでもわかる。その剛直な性格を買われて東大総長、参議院議員といった道を歩んだが、その間も、リベラルで都会人の遊び心を失わなかった。

しかし、昭和史も終わった今日から考えると、『史学概論』につぐ著作が現れないことはいかにもさびしい。唯物史観、新カント学派、生の哲学といった十九世紀哲学の次に、実存哲学が歴史の偶然性を説き、精神医学が無意識の領域の重要性を説き、人類学が歴史の学問の空間的相対性を説いた。二十一世紀は新たな史学論を持たなければならない。

（かすや・かずき／評論家）

Le Monde

■連載・『ル・モンド』紙から世界を読む　56

ドイツの重み

加藤晴久

欧州連合第一の大国ドイツのメルケル首相が八月二九～三一日来日した。日本の首相との会談の記事はわたしの見ている新聞では、四面に三段で四五行。見出しは「日独、ポスト京都で協力」。「国際」面に載っていた四段五四行の「米議員トイレ・スキャンダル　隣の個室のぞき性的サイン送る」と題する記事より短い。京都入りを伝えた記事の見出しも「温暖化防止、京都で訴え　独首相、日本の技術に期待」。一日前の社説のタイトルも「独首相来日　温暖化防止を学ぶ機会に」。去年今年とライス米国務長官を押しのけて、『フォーブス』誌から「世界でもっとも力のある女性」と評価された大政治家が、まるで環境保護運動のおばちゃん活動家であるかのような扱いである。

メルケル政権が任期半ばを迎えようとしているこの時期、八月二四日付『ル・モンド』は一面トップに首相の大きな写真を掲げ、八面の半分、そして「ドイツのルネッサンス」と題する社説をついやしてドイツの現状を論評した。大連立を構成するキリスト教民主同盟と社会民主党に対する世論の支持率はそれぞれ三八%、二八%と低いのに、首相への支持率は七五%以上。EUやG8の議長としての沈着な指導力、米国やロシア、中国に対する毅然とした姿勢が評価されている。また、輸出の好調、内需の増大に支えられて二・五%を越えるだろう経済の年間成長率、したがって十五年来最低の数字になるだろう失業率、取り戻すだろう国家財政の均衡という予測もプラスに作用している。もちろん二年後の総選挙が近づくにつれて、労働市場の規制緩和を求める経済界の利害を代弁するキリスト教民主同盟と最低賃金制の導入、賃上げを要求する労組や左翼批判勢力の圧力を受ける社会民主党の対立が激化すると予想されるから、首相の舵取りはむずかしくなる。しかしメルケル首相の「ドイツのルネッサンスはフランスと欧州連合のルネッサンスを牽引する強力なエンジンである」というのが社説の結論である。

ドイツに「学ぶ」ことはたくさんある。

（かとう・はるひさ／東京大学名誉教授）

triple 8 vision 77

酸漿《ほおずき》、鏡花《きょうか》、省吾《しょうご》さん

吉増剛造

この夏の力（ちから……）のようなものが、まだ、残っている熊本のホテルの朝、この日（九'07月二十七日……）伺う高校二校（熊本西、熊本第一……）のための空気づくりをしていて、鼓膜が、二、三重奏、……あるいは、異世界の音楽が、不意にそこに織りあわされて、不図、「耳の地図」という言葉が湧いてきて、聞いていたわたくしの耳さえも、その物音に驚かされていた。耳の底の深い地図は、それこそ耳にも音にも貴賤なし、……誰もが気が付きもせずに携えているものであって、その精妙と底深さに気が付いた瞬間であったのかも知れなかった。

何が「耳の地図」という言葉を浮上させていたのか。『機』のここ二回の地図上のそぞろ歩き、泉鏡花の天瞳（テンノメ……）、水鏡、……あるいは〝天網恢恢疎ニシテ漏ラサズ〟という「老子」の言葉がほゞ同じときに、うっすらと脳裡に浮かんで来ていたことから察すると、大昔からこの言葉に親しんで来たであろう人々の〝天網〟のイメージもまた、「耳の地図」の上空には、明かに襲《かさ》なって居る。あるいは「ケータイ」のイメージさえも。朝食のテーブルに据えて、予習をして居たのは、堀口大學さんの名詩篇「母の声」。もう幾百度も、読んだり、聞いたりしてきたのに、この詩の底に、「地図」が、浮かんで来て居た。

母よ、
僕は尋ねる、
耳の奥に残るあなたの声を、
あなたが世に在られた最後の日、
幼い僕を呼ばれたであらうその最後の声を。
三半規管よ、
耳の奥に住む巻貝よ、
母のいまはの、その声を返せ。

おそらく〝耳の奥に住む巻貝〟から、古くまがりくねった耳の細道、耳の地図を、わたくしははじめてこの詩篇に読んでいたのだろうと思う。五十年の歳月（四歳で母を喪くして、五十歳過ぎまで、……）、この耳の迷路の地図を、小さな大學さんの姿が、心細そうに歩いて居た。一方、鏡花の耳の地図だとこうだ。〝ほのぼのと見《み》える材木《ざいもく》から又《また》ぱらぱらと、其處《そこ》ともなく、鋸《のこぎり》の屑《くづ》が溢《こぼ》れて落ちるのを、思《おも》はず耳《みみ》を澄《す》まして聞《き》いた。〟（『三角尺』）〝酸《ほお》漿《ずき》を指《ゆび》に取って、笑《えみ》を含《ふく》んで、クウクウと吹《ふ》き鳴《な》らすと、コロコロと拍子《ひょうし》を揃《そろ》えて、近《ちか》づいただけ音《ね》を高く、調子《ちょうし》が冴《さ》えてカタカタカタ――〟（『婦系図』）。鏡花の耳は絶品だ。お蔦《つた》（蔦吉《つたきち》姉さん）が、口に銜《くわ》えているらしい、酸漿《ほおずき》が羨ましくて、桜井裕子さん（映像助手さん、本欄担当……）に、入手方を頼んでみると〝市場にはもう出ていませんが、福岡の産地まで買いに行けば、……でも、流石に、酸《ほお》漿《ずき》をもとめて、フクオカまでは、……〟というご返事だった。行ってみる？　これは、誰の声？　更地《さらち》に、水の音を、「水の駅」をみた、偉才太田省吾さんなら、肯（うん……）行こうか……と。そうして、きっと、酸漿《ほおずき》が、太田さんには、よく似あうだろう。（よします・ごうぞう／詩人）

太田省吾氏（劇作家）。2007年7月13日で逝去

連載

帰林閑話 155

兵いろいろ

一海知義

新格言

昔——敗軍の将、兵を語らず。

今——敗軍の兵、将を語らず。

この夏、ある新聞の読者投稿欄に載った、現代版落首《らくしゅ》である。

参院選で与党が完敗したにもかかわらず、総理が「続投」を決めた直後であった。

一見おもしろい「落首」のようだが、この作者、「兵」という言葉について、誤解しているのではないか。

「兵を語らず」の「兵」は「いくさ」を意味し、「敗軍の兵」の「兵」は「兵隊」である。

「兵」という言葉には、いろいろな意味がある。

①武器、②兵隊、③いくさ、④戦術（兵法）、など。

①については、たとえば中国古代の歴史書『国語』（越語下）に、「兵なる者は凶器なり」、とある。

また哲学書『老子』（第三十一章）には、さらにくわしい説明がある。

「兵なる者は不祥《ふしょう》の（不吉な）器《うつわ》にして、君子の器にあらず。已《や》むを得ずしてこれを用うるには、恬淡《てんたん》（無欲）を上《じょう》となし、勝ちても美とせず（賛美せず）。もしこれを美とすれば、これ人を殺すを楽しむなり」。

戦争をする国を「美しい国」だとするなら、それは「殺人の国」だ、とも読める。

④の「戦術」については、「兵家」という語が、その意味をよく示している。

戦前戦中、海軍兵学校（略して海兵）という将校養成学校があった。陸軍は「士官」学校というのに、なぜ海軍は「兵」学校なのか。

実はこれは「兵」学校でなく、「兵学」校と読むべきである。「兵学」すなわち将校にとって必要な「兵法」（戦争のやり方）を教える学校であって、「兵隊」を養成する学校ではなかった。

さて、「怪」造内閣などとヤユされた新内閣は、兵も使わずに崩壊した。

（いっかい・ともよし／神戸大学名誉教授）

（「ガンガーの降下」と題された浮彫。中央の溝部分にナーガとナーギ／インド、ママラープラム）

連載・GATI　93

地上へ舞い降りた聖なる大河

—— 万物豊饒の根源、水神ナーガとナーギ／「龍と蛇」考 ⑮ ——

久田博幸
（スピリチュアル・フォトグラファー）

世界の建国神話や民話の主題《モチーフ》を席巻したのは蛇や龍である。古代人は大きな恵みをもたらす大河に豊饒神としてのそれを重ね、北欧では天空の銀河を大蛇《ヨルムンガルド》（＝ウロボロス）と考えた。日本神話にも高天原（天界）を流れる天《あめ》の安河《やすかわ》がある。

南インドのチェンナイ近郊のママラープラムに、幅三二m、高さ一〇mを超えるパッラバ朝（三〜九世紀）の巨大な岩盤浮彫《レリーフ》がある。彫刻の題《テーマ》は大叙事詩『マハーバーラタ』のクル族の王子アルジュナの苦行を描いたものとか、神話『ガンガー（ガンジス）の降下』におけるバギーラタ王の苦行図ともいう。

浮彫中央には天界から降下するガンジスの河床を連想《イメージ》した深い溝が彫られ、人頭蛇身のナーガ（男神）とナーギ（女神）が佇む。この蛇神をガンガー女神とする説もある。古代インド人も大河は天界を流れていると考えた。神話は「ガンガー女神が日照りで干上がった海を満たすために、シヴァ神の頭髪を伝って地上に降りた」という。今のガンジス河である。

インドでは聖なる河や海で禊《みそぎ》し、死してその屍は土ではなく、生命誕生の源、水に還る。

九月新刊

デリダ唯一の本格的マルクス論

マルクスの亡霊たち

負債状況＝国家、喪の作業、新しいインターナショナル

ジャック・デリダ

増田一夫 訳・解説

マルクスを相続せよ！だが何を？いかに？　マルクスの純化と脱政治化に抗し、その壊乱的テクストの切迫さを、テクストそのものにおいて相続せんとする亡霊的、怪物的著作。

四六上製　四四〇頁　五〇四〇円

ブローデル史学の航海図

〈ブローデル歴史集成〉III

日常の歴史　完結

フェルナン・ブローデル

浜名優美監訳　井上櫻子・北垣潔・平澤勝行・真野倫平・山上浩嗣訳

若き日のアルジェリアやブラジルでの学問修業、『アナール』との出会い、歴史への情熱。大西洋と地中海への考察を通じて「全体史」に到達したブローデルの知と経験が、回想、書評、対話のテクストから浮かび上がる。

A5上製　七八四頁　九九七五円

日常を侵食する便利で空虚なことば

プラスチック・ワード

歴史を喪失したことばの蔓延

ウヴェ・ペルクゼン

糟谷啓介訳

「発展」「コミュニケーション」「近代化」「情報」など、ブロックのように自由に組み合わせて、一見意味ありげな文を製造できることば。メディアの言説から日常会話にまで侵入するこのことばの不気味な蔓延を指摘した話題の書。

四六上製　二四〇頁　二九四〇円

「愛」がなければ、「知」はむなしい。

媒介する性

ひらかれた世界にむけて

河野信子

「女と男の関係史」に長年取り組み続けてきた著者が、男、女という二極性では捉えきれない、自然界に多様に存在する性から歴史を捉え直す意欲作。

四六上製　二八〇頁　二九四〇円

「戦後文学」を問い直す、画期的シリーズ！

戦後占領期 短篇小説コレクション（全7巻）

1　一九四五―四六年

[解説]小沢信男　[解題]紅野謙介

平林たい子／石川淳／織田作之助／永井龍男／川端康成／井伏鱒二／田村泰次郎／豊島与志雄／坂口安吾／八木義徳

四六変上製　三二〇頁　二六二五円

読者の声

戦後占領期短編小説コレクション④■

▼最近は、この時期のものがなかなか手に入りづらくなっており、大変有り難いシリーズだと思います。今後もこのようなシリーズ、期待しております。

（東京　会社員　**鈴木伸明**　39歳）

父のトランク■

▼作家を志した父の古いトランク。そこから父と子、世界の中心とトルコの関係、そして「書くとは何か」という問いへ読者を誘う、パムク自身が語るパムク文学のエッセンス。……という評に惹かれて、購読しました。「父のトランク」はノーベル文学賞受賞講演という語り口なので通常「ムツカシイ」と考えがちな内容が簡潔な言葉で語られていて理解し易く、またその中に深い意味が包含されていて読み甲斐がありました。

（兵庫　無職　**板木義法**　74歳）

▼オルハン・パムクの小説は未読ですが、現代トルコ小説・トルコ文化に触れる手がかりとして購入しました。文学、書くということの本質が語られていて、深く感銘を受けました。

（茨城　**山本彩**）

▼簡単なことばの訳での親しめる文が流れる水のように心に届きました。カバーの装丁も内容が汲みとれて好感が持てました。今後も世界に広がる視野の書物を期待しています。

（愛知　無職　**多田代志子**　67歳）

▼ようやく、やっとと言ってもよいかな、三冊読み終えることができました。私にとってとてもむつかしい作品群でした。作者が何を言おうとしているのかは、何とか分かったような気がしますが、実は何もわかっていないのではないか。この作品群が、トルコの文学の中で、どのような価値をもつのか、ピンと来ません。近代トルコの文学についての評がほしい所です。他の作品の日本語訳も引き続いて出るそうですので、楽しみに待っております。

（和歌山　公務員　**植田法彦**　63歳）

後藤新平の「仕事」■

▼『環』29号で、後藤新平についての多くの方のご意見を伺い、とても参考になりました。『〈決定版〉正伝後藤新平』を改めて精読しながら、当地で紹介できるものにまとめたいと思っています。日露戦争への建言、榊原先生のご意見と同感で、心強い次第です。

（岩手　**高橋通泰**　70歳）

貧しさ■

▼独的伝統精神とマルクス思想を現象学的立場（ハイデガー）から読書しています。

（福岡県　**高原盛明**）

環28号〈特集・鶴見和子の「詩学」〉■

▼〝美学〟白洲正子さん逝き、〝詩学〟鶴見和子さん逝く。年金生活者が知人、友人、子どもたちに『環』28号、読みたい！　欲しい！」と叫んでも誰も届けてくれない。七十歳古稀の祝いにと、こんなに頼んでいるのにである。一ヶ月、二ヶ月考え抜いて、やっと自分のお金で求めた。昭和三十年、夜学生時代に戻り、知的刺戟と満足感と。今迄私はどこをホッツキ歩いていたのか、かくて年二〇〇〇円の予算をたて「機」を申込む。よろしくお願いします。

（千葉　**大草洋子**　70歳）

いのち愛づる姫■

▼きれいな絵でいのちの本質がよく分かります。小学生の孫に読んで聞かせるつもり。

（北海道　無職　**河端淳一**　67歳）

清《ちゅ》らに生きる■

▼岡部先生は今も歩いて、「清らに生きる」幸福感を我々（自分のようなものにまで語りかけて下さる）に問いかけて下さる。素朴な疑問、真正直な勇気、己の弱さから逃げてはならないのだ。今の清らのために。

（島根　**池田一憲**）

高銀詩選集　いま、君に詩が来たのか■

▼鶴見和子女史及びP・ブルデュー氏の簡単な、紹介（注）が、あっても良いと思う。両氏を知っている読者ばかりではないと思うから（非常に著名な両氏では、あるが……）。良心的、学術的な本を出版し続ける貴社の発展を祈ります。今後も、がん張ってください。

（神奈川　自営業　**崔洙政**　62歳）

二・二六事件とは何だったのか■

▼多方面からの視点で著述されていたのでよかった。

（埼玉　元高校教諭　**藤岡保雄**　64歳）

いのちの叫び■

▼全篇感動を持って読ませて頂きました。「おばあちゃんの家」高野悦子さん執筆のエッセイで私も映画を見る機会がありましたが日本語に訳された「おばあちゃんの家」単行本は発刊されていないでしょうか。調べて頂けませんでしょうか。よろしくお願い致します。

（熊本　**小林成業**　80歳）

黒衣の女　ベルト・モリゾ■

▼期待通りの装丁と内容の充実、特にモリゾの生きた時代の周りの芸術家達の模様がよく書かれてあることに魅きつけられた。恥ずかしながらこの年齢になるまでモリゾの存在を知らなかった。出版されたことに感謝申し上げます。

（宮城　無職　**阿部章**　83歳）

強毒性新型インフルエンザの脅威■

▼インフルエンザが現在流行している。今後の対応についてこれからゆっくり読んでみたいと思っております。大へん役に立ちました。

（茨城　**湯原昭**）

いのちを纏う■

▼良心的な出版を心がけておられ、敬意を表します。

（愛知　大学講師　**粟屋誠陽**　75歳）

「アジア」の渚で■

▼要介護5の配偶者の食事補助（昼食夕食）が日課の私に、読書する時間は限られている。その中で出版社からの書籍紹介冊子、何を選択するかはきびしい批判力が必要になってくる。日本がおかれた状況はきれい事ではすまない。貧しさ、分裂、支配が徹底したこの国の根底にあることを実感している日々。リレー連載「いま『アジア』を観る」53、連載「帰林閑話」150につきぬけていく生活実態が私。

（兵庫　**日生昌子**）

〈決定版〉正伝　後藤新平③台湾時代■

▼此度、好著を手にする事ができ、一気に読むゾ！と決意しています。小生、塩を研究しており、どの程度、塩の問題が台湾、後藤新平で出るか、楽しみにして居ります。どうも有難うございました。

（岡山　教員　**太田健一**　71歳）

〈決定版〉正伝　後藤新平①医者時代■

▼学校時代、「後藤新平」の名は日本帝国主義における領土・精神拡張政策に一途に仕え、忠実にかつ確実に実行し、第二次世界大戦後における日本の恥ずかしいアジアの立場を作った張本人の一人として教えられて来た。今回、本人の足跡を辿り、冷静に見つめていきたい。

（東京　会社員　**鈴木仙太郎**　46歳）

あら皮■

▼とても素晴らしい小説だと思います。他のバルザックの小説もできるだけ安く出版して下さい。一冊二〇

○○円ぐらいでバルザックの小説を全部出してほしいです。「ふくろう党」以降の小説は全て天才的な作品です。　（大阪　**義久誠二**　39歳）

政治という虚構■

▼ハイデガーに対するには、距離の取り方が最も難しい。礼賛か全否定か。ラクー＝ラバルトは、その点絶妙な位置に立つことができた、私の知るなかでも数少い哲学者だと思う。　（神奈川　**斎藤亮**　31歳）

※みなさまのご感想・お便りをお待ちしています。お気軽に小社「読者の声」係まで、お送り下さい。掲載の方には粗品を進呈いたします。

書評日誌（八・一〜八・三一）

(書) 書評　(紹) 紹介　(記) 関連記事　(TV) 紹介、インタビュー

八・一　(記) 沖縄タイムス「環30号〈特集・今こそ、「琉球の自治」を〉」「琉球の『自治』」（「魚眼レンズ」／「琉球の自治を『環』で紹介」／松島泰勝）

八・五　(書) 読売新聞「戦後占領期短篇小説コレクション④」（「本よみうり堂」／「戦争と人間の残す余韻」／三浦しをん）

(紹) 西日本新聞「草の上の舞踏」（「なんしようと　福博ブラリぶら」／「新聞は天下の縮図である」／川上弘文）

八・五〜三一　(紹) 共同通信社配信「歴史の共有体としての東アジア」

八・五〜九　(紹) 共同通信社配信『水俣』の言説と表象」

八・六　(書) 公明新聞「ニュー・エコノミーの研究」（「情報革命による経済黄金時代到来説を批判」／福島清彦）

八・一〇　(記) 東京新聞「後藤新平の全仕事」（「TOKYO発」／「生誕一五〇周年」／『大風呂敷』の贈り物」／「集合住宅、橋、道路網…東京の礎残す」／「政権より偉業」／吉田薫）

八・一一　(紹) 読売新聞「〈決定版〉正伝後藤新平」「後藤新平の『仕事』」「後藤新平大全」（「五郎ワールド」／「『御親兵一割の損』の教え」／「人材を『簡抜』せよ」／橋本五郎）

八・一三　(書) 読売新聞「戦後占領期短篇小説コレクション②」（「本よみうり堂」／「読書委員が選ぶ『夏のコワ〜イ一冊』」／西川美和）

八・一四　(書) 熊本日日新聞『水俣』の言説と表象」（「『水俣』の言説と表象」に寄せて」／「反省の視点欠落したメディア」／佐藤卓己）

八・一五　(記) 西日本新聞「清らに生きる」（「岡部伊都子・清らに生きる」／「春秋」）

八・一九　(書) 読売ウィークリー「能の見える風景」（「この本が好き！」／「半身の自由と声を失った著者が　科学を超えた存在を能に求める」／乳井昌史）

(書) 読売新聞『水俣』の言説と表象」（「本よみうり堂」／「自覚欠いた報道の責任」／佐藤卓己）

八・二一　(書) 読売新聞「イスタンブール」（「注目の翻訳」／「居心地の悪さ　分かち合う時間」／小野正嗣）

(紹) エコノミスト「ニュー・エコノミーの研究」（「新刊」）

八・三〇　(紹) 聖教新聞「いのち愛づる姫」（「生命のつながりと尊さを感じる心を」／「平安時代の話をもとにした朗読ミュージカル」／中村桂子）

八月号　(書) 本の花束「遺言」（「〈いま〉を考える」／「稀有な思想家の最後のメッセージ」）

(書) 泣いて笑ってホッとして……「帝国以後」（「『識字化』と『受胎調節』が世界史を動かす」／浅沼ヒロシ）

十一月新刊

＊タイトルは仮題

〝現場〟と歴史観を併せ持つ小田実の全体像

環

学芸総合誌・季刊 【歴史・環境・文明】 Vol.31

〔特集〕**わたしの小田実**

〈寄稿〉金大中／高銀／鶴見俊輔／加藤周一／D・キーン／H・ジン／N・チョムスキー／J・ミュルダール／M・バナール／玄基栄／黄晳暎／鎌田慧／高史明／米谷ふみ子／子安宣邦／坂上弘／澤地久枝／志位和夫／柴田翔／辻元清美／ドウス昌代／中山千夏／吉岡忍／吉川勇一 ほか

〈未発表〉「近代日本精神史序説」小田実

〈小特集〉**鶴見和子一周忌を偲ぶ**

「長女の社会学」鶴見俊輔／佐佐木幸綱／大石芳野／黒田杏子／柳瀬睦男／加賀乙彦／羽田澄子／蝋山道雄／清成忠男／内山章子／三輪公忠

〈鼎談〉「文明間に通底する価値を求めて」伊東俊太郎＋川勝平太＋服部英二

〈論文〉小林英夫／西川長夫

〈新連載〉鈴木一策「マルクスとハムレット」

〈連載〉多田富雄／石井洋二郎／浅利誠／金時鐘／榊原英資／石牟礼道子他

名著の誉れ高い長英評伝の決定版

高野長英

鶴見俊輔

江戸後期の東北・水沢に生まれ、シーボルトに医学・蘭学を学び、崩壊に向う幕府の弾圧を受け、身を隠しながら、世界の中の日本の針路を問い続けた高野長英。文書、聞き書き、現地調査を駆使してこの伝説的存在に迫り、実証と伝承の境界線上に、新しい高野長英像を描いた第一級の評伝。

人びとのまなざしの奥にあるもの

魂を写す

大石芳野＋鶴見和子

未開のパプア・ニューギニアや戦乱によって破壊されたカンボジア、ベトナムの地を、あるいは水俣病に苦しむ現地の人びとの肉声を取材してきた二人が、女性や子どもたちの瞳の奥底に見出す、絶望を超えるための光とは何か。フォトジャーナリズムの第一人者との、昨年急逝した社会学者最晩年の徹底対話。

写真多数

「戦後文学」を問い直す、画期的シリーズ！

戦後占領期 短篇小説コレクション

⑦ 一九五二年

〔解説〕髙村薫　〔最終配本〕〔解題〕紅野謙介

富士正晴「童貞」／田宮虎彦「銀心中」／堀田善衞「断層」／井上光晴「一九四五年三月」／西野辰吉「米系日人」／小島信夫「燕京大学部隊」／松本清張「或る『小倉日記』伝」

完結

クローン病を知っていますか？

クローン病とともに

ジョアン・ゴメス

前島良雄・前島真理訳

お腹の調子が慢性的に悪い、でも病院では胃腸の風邪との診断……そんな貴方、クローン病かもしれません。

10月の新刊

タイトルは仮題

歌集 **山姥** 鶴見和子 *
佐佐木幸綱編・解説 [跋]鶴見俊輔
菊上製 三二〇頁 四八三〇円
〈豪華愛蔵特装版〉三百部限定 口絵・写真八頁 九二四〇円

実践理性 行動の理論について *
P・ブルデュー/加藤晴久・石井洋二郎・三浦信孝・安田尚訳
四六上製 三二〇頁 三三六〇円

明治国家をつくる *
地方経営と首都計画
御厨貴 [解説]牧原出
[解説対談]藤森照信・御厨貴
A5上製 六九六頁 九九七五円

蘆花の妻、愛子 *
阿修羅のごとき夫(つま)なれど
本田節子
四六上製 三八四頁(口絵二頁) 二九四〇円

〈戦後占領期短篇小説コレクション〉(全7巻)
6 **一九五一年** * [第5回配本]
[解説]井口時男 [解題]紅野謙介
四六変上製 三二〇頁 二六二五円

〈石牟礼道子全集 不知火〉13(全17巻・別巻一)
春の城 ほか * [第12回配本]
[解説]河瀬直美
[月報]桜井国俊・家中茂・伊藤洋典・豊田伸治
A5上製布クロス装貼函入 七八四頁 八九二五円

近刊

『**環**』歴史・環境・文明 ㉛ 07・秋号 *
〈特集・わたしの小田実〉

高野長英 *
鶴見俊輔

クローン病とともに *
J・ゴメス/前島良雄・前島真理訳

〈戦後占領期短篇小説コレクション〉(全7巻)
7 **一九五二年** * [第6回配本]
[解説]高村薫 [解題]紅野謙介 完結

魂を写す *
大石芳野・鶴見和子

好評既刊書

マルクスの亡霊たち *
負債状況=国家、喪の作業、新しいインターナショナル
J・デリダ/増田一夫訳・解説
四六上製 四四〇頁 五〇四〇円

〈ブローデル歴史集成〉III(全3巻)
日常の歴史 * 完結
F・ブローデル/浜名優美監訳
A5上製 七八四頁 九九七五円

プラスチック・ワード *
歴史を喪失したことばの蔓延
U・ペルクゼン/糟谷啓介訳
四六上製 二四〇頁 二九四〇円

媒介する性 ひらかれた世界にむけて *
河野信子
四六上製 二八〇頁 二九四〇円

〈戦後占領期短篇小説コレクション〉(全7巻)
1 **一九四五–四六年** * [第4回配本]
[解説]小沢信男 [解題]紅野謙介
四六変上製 三二〇頁 二六二五円

〈社会思想史研究〉31
思想史研究における歴史地理
思想史の方法論的視座を問う(3)
社会思想史学会編
A5判 一六八頁 二一〇〇円

河上肇の遺墨
一海知義+魚住和晃
A4上製 一二八頁 八四〇〇円

草の上の舞踏
日本と朝鮮半島の間に生きて
森崎和江
四六上製 二九六頁 二五二〇円

〈戦後占領期短篇小説コレクション〉(全7巻)
3 **一九四八年** [第3回配本]
[解説]川崎賢子 [解題]紅野謙介
四六変上製 三一二頁 二六二五円

イスタンブール 思い出とこの町
O・パムク/和久井路子訳
四六変上製 四九六頁 三七八〇円

*の商品は今号に紹介記事を掲載しております。併せてご覧戴ければ幸いです。

書店様へ

▼BS「週刊ブックレビュー」で絶讃紹介された『**いのち愛づる姫**』(大増刷3刷)。9/13(木)京都初の**朗読ミュージカル**による上演が大好評を博し各紙で紹介。さらに、堀文子さんがNHK「新・日曜美術館」に出演されたり、各地の高島屋で「堀文子展」が催されるなど話題が絶えません。引き続き大きくご展開下さい。
▼近代日本を代表する経済学者、河上肇の遺墨を初めて集成した『**河上肇の遺墨**』。9/8(土)『読売』「五郎ワールド」で大きく紹介。その他各紙で編者インタビュー記事などが今後も予定。外商活動用のチラシご用意しています。図書館、団体、研究室などへぜひ。
▼地方統一選から参院、そして解散総選挙までありうる「選挙イヤー」の今年、けれども政治家たちのコトバは全くわれわれに届いてきません。政治家のコトバをもう一度検証してみませんか? 便利だけれど空虚なコトバたちがわれわれを蝕む現状を暴く『**プラスチック・ワード**』、大好評です。(**営業部**)

生誕一五〇周年記念事業

後藤新平フェスティバル

第一部

〈アニメ上映〉「映画演説　政治の倫理化」
弁士・**神田紅**　幸内純一作品（一九二六）

〈リレー講演〉**後藤新平の「全仕事」**

〈講演者〉
岡田晴恵「公衆衛生と医療」
小林英夫「台湾・満洲経営」
橋本五郎「情報とメディア」
藤森照信「都市計画」
御厨　貴「内政と外交」

〈日時〉二〇〇七年十一月二日（金）
第一部　午後二時〜五時
第二部　午後六時〜
〈場所〉有楽町朝日ホール　マリオン

第二部

〈映像上映〉「映像で見る後藤新平」

〈シンポジウム〉**今、日本をどう立て直すのか**
――後藤新平から学ぶ――

〈パネリスト〉
大宅映子（評論家）
小倉和夫（元フランス・韓国大使）
粕谷一希（評論家）
佐藤　優（外務省元主任分析官）
塩川正十郎（元財務大臣）

〈司会〉**橋本五郎**

〈入場料〉全日　三〇〇〇円
各部　二〇〇〇円　自由席・入替制
＊お申込・お問合せは藤原書店まで。
☎〇三―五二七二―〇三〇一

出版随想

▼昨夏七月三十一日、享年八十八歳で亡くなられた鶴見和子さんの最終歌集が今月出版される。若き頃、佐佐木信綱に師事し短歌を学んだ鶴見さん。その最後の歌集として信綱の孫である幸綱氏によってまとめられた逸品だ。前作の『回生』や『花道』に比べ、その三倍を超える大作になった。前半は、淡々と作られた短歌も段々と死期が近くなるにつれ、鶴見さんの死生観がジワジワとにじみ出てくる短歌になっている。そして、辞世の歌は、万事終え、心穏やかな姿を彷彿とさせる。

そよそよと宇治高原の梅雨晴れの風に吹かれて最後の日々を妹と過ごす

▼年のせいか、人の名前が出てこない時がよくある。鶴見さんは年老いてからもすばらしい記憶力の持ち主だった。ある時、その片鱗を垣間みさせていただいた。中村桂子さんとの対談を放映するために、NHK・TVの方々が七、八人来られた時のことだ。まず一人一人自己紹介し、そのあと鶴見さんが一人一人の名前を声に出して確認される。終わるや否や、「もう覚えました。こんどは、私からお一人ずつあなた方の名前をいいます。〇〇さん、××さん、……」と、一人の名前も間違わずに呼ばれた時には、はっきりいってびっくりした。鶴見さんは、お会いになる一人一人、裏方の人までも大事にされた方だ。しかし、この鶴見さんの〝記憶力〟のたしかさは、（勿論、頭の良さはいうまでもないが）不断の努力があって、齢八十を大きく超えても衰えなかったものだと思う。なかなか見習うことができぬが、是非とも見習いたいものだ。（亮）